AF356873

MADAME DE TENCIN

(1682-1749)

PAR

PIERRE-MAURICE MASSON

Professeur de littérature française à l'Université de Fribourg (Suisse)

PARIS

LIBRAIRIE HACHETTE ET Cⁱᵉ

79, BOULEVARD SAINT-GERMAIN, 79

1909

3 fr. 50

UNE VIE DE FEMME AU XVIII° SIÈCLE

———

MADAME DE TENCIN

(1682-1749)

DU MÊME AUTEUR

Fénelon et Mme Guyon, documents nouveaux et inédits, (Paris, Hachette et Cie, 1907). 1 vol. in-16, broché. . . . . 3 fr. 50

Alfred de Vigny (Académie française, prix d'éloquence, 1906). Essai accompagné d'une note bibliographique et de lettres inédites (Paris, Bloud, 1908). 1 vol. in-8°. . . . . 1 fr. »

En préparation :

La Chute d'un Ange, de LAMARTINE (Édition des *Grands écrivains de la France*, Deuxième série, dirigée par M. Gustave Lanson).

La Religion de J.-J. Rousseau, Essai sur la transformation des idées religieuses dans la littérature française de Rousseau à Chateaubriand.

La Profession de foi du Vicaire Savoyard, édition critique d'après les manuscrits de Neuchâtel, Genève et Paris, avec une introduction et un commentaire historiques.

1-09. — Saint-Germain-lès Corbeil. Imp. F. LEROY.

MADAME DE TENCIN

(1682-1749)

PAR

PIERRE-MAURICE MASSON

Professeur de littérature française à l'Université de Fribourg (Suisse)

PARIS

LIBRAIRIE HACHETTE ET Cⁱᵉ

79, BOULEVARD SAINT-GERMAIN, 79

1909

AVANT-PROPOS

Mme de Tencin n'a laissé ni journal ni mémoires ; et l'on est obligé d'écrire sa vie avec ceux des autres. Elle l'a pourtant contée, et presque au jour le jour, dans des lettres sans nombre : mais il en reste à peine cent : c'est là, du moins, tout ce que j'ai su retrouver. Beaucoup, sans doute, subsistent encore dans des archives ou des collections particulières, et n'attendent, pour paraître, que le hasard d'une recherche ou la bonne volonté d'un possesseur. Quand toute cette correspondance éparse aura été reconstituée, si quelqu'un se rencontre alors pour s'intéresser à la dame de Tencin, il pourra récrire ce livre, qui ne saurait se présenter aujourd'hui que comme un essai provisoire.

P.-M. M.

Paris, 25 Octobre 1908.

N.-B. — Pour ne pas trop alourdir le bas des pages, en restant néanmoins précis dans une histoire dont il a fallu chercher les éléments mêmes à des sources très diverses, — j'ai essayé de simplifier les références : les chiffres entre crochets renvoient au n° des *Appendices* sous lequel le texte ou le livre cité à son signalement bibliographique ; le chiffre romain désigne, sauf indication contraire, le tome, et le chiffre suivant la page ou le folio.

MADAME DE TENCIN

(1682-1749)

CHAPITRE PREMIER

LE COUVENT ET LES DÉBUTS A PARIS

(1682-1726)

Nous l'appelons « la marquise de Tencin », et chacun sait qu'elle est la mère de d'Alembert. A dire vrai, elle n'était point marquise[1], et d'Alembert ne fut dans sa vie qu'un incident ou plutôt un accident. Ne la faisons ni trop « princesse »[2], ni trop « mère de famille » : Claudine-Alexandrine Guérin de Tencin, damoiselle, dame de la baronnie de Saint-Martin de l'île de Ré, doit rester pour nous ce qu'elle était pour Saint-Simon et pour Diderot, « la religieuse Tencin »[3], « la belle et scélérate chanoinesse Tencin »[4], qui fit de son frère un cardinal ministre, de ses amis des académiciens, et de

---

1. Cf. à la fin du volume, *Appendices, V*, la note sur *Le marquisat de Mme de Tencin.*

2. Mme Geoffrin recueillit l'héritage de Mme de Tencin, dit Villemain, « comme une bourgeoise succède à une *princesse* » (*Littérature française au* XVIIIe *siècle* [148], 366).

3. *Mémoires* [79], 351.

4. *Entretien entre D'Alembert et Diderot* [114 A], 119.

sa vie le plus divers des romans. Femme galante, et
dont les gazettes jasèrent, elle parvint à conquérir pour
sa maturité la considération, et pour sa vieillesse le
respect; petite aventurière de province, elle devint une
des reines de Paris, et presque un parti dans l'État;
nonne défroquée, elle sut trouver des jésuites zélés, de
saints évêques, des cardinaux graves, pour l'accepter
comme une « Mère de l'Église » [1], jusqu'à un pape docte
et pieux pour entretenir avec elle une amicale correspondance. Une Pompadour ou même une Geoffrin
semblent plus à l'aise dans leur siècle et mieux en
refléter l'esprit. Mais nulle femme alors n'a fait vibrer
plus fortement, ni sur une plus large étendue, le clavier
des passions et des idées contemporaines, que cette
femme de lettres, qui fut aussi femme d'affaires, femme
d'alcôve, de salon, d'antichambre, de concile et d'académie.

Elle naquit à Grenoble, le 27 avril 1682, dans l'hôtel
tout neuf, où son père, conseiller au parlement, venait à
peine de s'installer, et qui symbolisait en quelque sorte
l'achèvement de la fortune familiale [2]. Saint-Simon, qui
détestait les Tencin, frère et sœur, est tout heureux de
dénoncer la « gueuserie » de leur race. Selon lui, leur
arrière-grand-père était orfèvre : « *Guérin* était leur
nom, et *Tencin* celui d'une petite terre, qui servait à

______

1. Saint-Simon, *Annotations à Dangeau* [78], 161.
2. C'est l'ancien hôtel, connu sous le nom d'hôtel du gouvernement, aujourd'hui démoli ; cf. A. Prudhomme, *Notes pour servir
à l'histoire de Mme de Tencin* [39 D], 9.

toute la famille »[1]. En fait, les Guérin de Tencin avaient
à peine un siècle de noblesse derrière eux, et le trisaïeul
du conseiller avait été colporteur. De père en fils, depuis
plus de cent ans, ils étaient magistrats, et, à chaque
génération, s'élevaient d'un degré. Fonctionnaires
exacts et habiles, tous ces Guérin avaient le sens des
affaires : ils savaient se marier honorablement et con-
fortablement, arrondir leurs terres par le menu, et faire
figure décente dans l'aristocratie provinciale. Le père
d'Alexandrine[2], Antoine de Tencin, avait épousé Louise
de Buffevant, d'une très vieille famille du Viennois ; il
achètera bientôt une charge de président à mortier, et
ne la résignera en 1696 que pour aller à Chambéry
comme premier président du Sénat de Savoie. Mais
c'est de ses enfants que lui viendra le plus clair, sinon
le meilleur, de son lustre[3].

Ils étaient déjà quatre : Angélique, qui devint dame
de Ferriol, François, qui fut président aux mêmes cours
que son père, Françoise, plus tard comtesse de Grolée,
Pierre enfin, qui fut le cardinal. On les retrouvera au
cours de ce récit. Ils forment, devant leur sœur cadette,
comme une remuante et peu vertueuse avant-garde[4].

Alexandrine arriva la dernière, et fut baptisée sans

---

1. *Mémoires* [79], 350.

2. Il faut, je crois, renoncer au joli prénom de *Claudine* ; les très
rares fois, où Mme de Tencin signe de son prénom habituel, elle
ne garde que celui d'*Alexandrine* : cf. *Registre d'écrou de son
entrée à la Bastille* [57], 4 ; *Acte constitutif de la Banque de 1719*
[46], 18. Cf. encore *Dictionnaire de la Noblesse* [121], 514.

3. Cf. les documents relatifs à la famille de Tencin [39 A-D].

4. Ils étaient nés, Angélique le 21 août 1674, François le 15 février 1676, Françoise le 12 juillet 1678, Pierre le 22 août 1679 ; cf.
A. Prudhomme, *Notes* [39 D], 10-14.

grand appareil, en l'église Saint-Hugues-et-Saint-
Jean, le surlendemain de sa naissance. « Monseigneur,
l'illustrissime et révérendissime évêque et prince de
Grenoble » s'était dérangé pour le baptême du fils
aîné ; le curé de la paroisse était venu baptiser les
autres enfants ; ce fut un simple vicaire qui reçut à son
entrée dans le monde celle qui devait être Mme de
Tencin [1]. Ces débuts sont modestes ; et cette vie si
bruyante eût, semble-t-il, un prologue sans tapage. La
seconde fois qu'apparaît son nom sur un document
officiel, Alexandrine de Tencin est marraine d'un
enfant d'ouvrier : elle a huit ans [2]. La troisième fois elle
est religieuse au monastère royal de Montfleury, où
elle vient de prononcer ses vœux : elle a seize ans (1698) [3].
Pourquoi était-elle entrée au couvent ? Pourquoi son
frère Pierre était-il déjà clerc ? Les deux questions
eussent paru aussi ingénues à M. le président de Tencin.
N'étaient-ils pas cadets ? L'Église leur devait une com
pensation. On leur donna l'habit, qui « assez souvent,

1. Acte de baptême de Mme de Tencin [40] :

« Ce vingt-neuvième avril mille six cents quatre vins et deux, a
esté baptisée Alexandrine Claude, née avant-hier, fille légitime de
messire Antoine de Guérin, seigneur de Tencin, conseiller du Roy
et de dame Louise de Buffevant. Son parrain a esté messire
Thomas de Bouffein, seigneur d'Argenson, et sa marraine dame
Marguerite-Alexandrine de Francon, épouse de messire Balthazar
de Beaussozel, seigneur de Mongontier, tous habitans de cette
ville de Grenoble, présens les soussignés :

GUÉRIN DE TENCIN, M. DE FRANCON,
T. BOFFIN D'ARGENSON, M. GRAUGNARD, *vicaire*. »

2. Registres paroissiaux de Saint-Hugues, 28 août 1690 [39 D],
16.

3. Maillefaud, *Recherches historiques* [41], 146.

dira leur ami Fontenelle, accoutume les enfants à croire qu'ils y sont appelés »[1].

Elle ne se sentait d' « appel » que pour le monde. Ne serait-ce point à son passé qu'elle aurait songé plus tard, en racontant l'histoire d'une novice, à qui la raison seule servait de vocation : « Deux années s'écoulèrent encore, et amenèrent le temps où elle devait s'engager : sa répugnance augmentait à mesure qu'elle voyait ce moment de plus près » ? Elle dut alors, elle aussi, maudire les « injustes projets » de sa famille[2] ; mais il fallut les accepter,... provisoirement du moins.

L'ancien régime finissant avait multiplié pour les cadettes de la noblesse ces précoces maisons de retraite qui s'appelaient des abbayes, et dont les jeunes prisonnières, religieuses forcées, essayaient moins d'aimer Dieu que d'oublier le monde, qu'on leur interdisait. Pour beaucoup, ni l'oubli, ni même la résignation ne venait jamais. Jeunes et jolies, elles se le laissaient dire : « Si Votre Sainteté voyait Madame l'Abbesse de Chelles, répondait un jour l'abbé de Tencin au pape Benoît XIII, qui se plaignait de la fille du Régent, — Elle aurait peut-être de la peine à la haïr[3] ». Que d'abbesses on « avait peine à haïr », lorsqu'on les avait vues ! Sous la pression de ces jeunesses mondaines, imparfaitement assagies et matées, les anciennes règles des couvents, jadis austères, fléchissaient, parfois même se brisaient. Quand la mère Angélique voulut réformer l'abbaye de

1. *Éloge du chevalier de Louville, OEuvres de Fontenelle*, Paris, Salmon et Peytieux, 1825, 5 vol. in-8, t. II, p. 316.
2. *Les Malheurs de l'Amour* [34], 362-3, 392.
3. Tencin à Dubois, 17 août 1723 [51], 649, f° 241.

Maubuisson, l'abbesse, Mme d'Estrées, sœur de Gabrielle, fit mettre la réformatrice à la porte, pistolet sous la gorge, par les jeunes gentilshommes installés au monastère pour le divertissement des nonnes [1]. Celle de Joye, Anne de Beauvillier, sœur du très pieux duc, accueillait avec tant de bonne grâce le jeune marquis de Ségur, mousquetaire noir « parfaitement bien fait », qui tenait quartier à Nemours, près de l'abbaye, elle se laissait « charmer si bien par les oreilles et par les yeux », que ses religieuses, quelques mois plus tard, la croyaient malade et priaient pour son rétablissement. L'abbesse leur annonçait qu'elle irait se rétablir aux eaux ; mais elle avait mal pris ses mesures ; et, à la première étape, dans une méchante auberge de Fontainebleau, elle accouchait sous les yeux goguenards de la valetaille [2]. L'histoire était encore toute fraîche, quand la demoiselle de Tencin fut mise à Montfleury. Elle trouvera bientôt dans ces récents souvenirs une excuse, presque un encouragement.

Son couvent, où la règle de Saint-Dominique s'était faite plus accommodante, offrait un agréable asile aux filles de qualité que leurs parents invitaient à renoncer au monde. L'excellent cardinal Le Camus, qui ne vivait plus que de « ses chères légumes », et qui essayait d'oublier dans les austérités les plus dures ses libertinages d'antan [3], aurait voulu rétablir dans le monas-

---

1. Racine, *Abrégé de l'histoire de Port-Royal*. Œuvres complètes, édition Paul Mesnard, Paris, Hachette, t. IV. 1865, p. 392-3.

2. Saint-Simon, *Mémoires* (1701), édition A. de Boislisle, Paris, Hachette, t. IX, 1892, p. 2-4.

3. Id., *Id* (1707), éd. cit., t. XV, 1901, p. 266-271.

tère une discipline et une clôture plus exactes, disons plus « affreuses », pour parler comme la noblesse delphinoise[1]. Mais la résistance de toutes les grandes familles de la province et le mauvais vouloir de Louis XIV avaient été plus forts que son zèle. Il avait dû céder ; et, si les dames de Montfleury portaient encore sur leurs robes blanches le scapulaire blanc et le manteau noir des dominicaines, elles gardaient pour le reste une « honnête liberté ». Le lieu était charmant, et de Grenoble on y venait en promenade par la plus belle route. C'était alors, dans le jardin et dans les vignes du monastère, de libres conversations avec les parents et amis, des collations offertes aux visiteurs, des « concerts de voix et d'instruments », toute une vie facile, très séculière et presque « thélémite »[2]. D'Alembert,

1. Dans sa protestation contre l'ordonnance de Le Camus. Voici la fin de ce document, où se révèle un si curieux état d'esprit [41], 169 : « Comme le monastère a été de tout temps rempli de filles de qualité et de familles nobles, surtout de la province de Dauphiné, pour lesquelles Humbert, dernier dauphin de Viennois, le destina, lorsqu'il en fit la fondation en 1342, ils [les nobles soussignés] sont très notablement intéressés à empêcher une nouveauté par laquelle les jeunes demoiselles de la province pourraient être détournées d'entrer dans le monastère, soit pour y être élevées comme pensionnaires, soit pour y faire profession comme religieuses. L'honnête liberté, dont les dites dames ont joui jusqu'à présent, a toujours été un puissant attrait pour engager de jeunes demoiselles à renoncer au monde et à se retirer dans cette maison dont la clôture leur paraissait moins rude, et dans laquelle elles ne prendraient jamais la pensée d'entrer, si elle était aussi affreuse que M. de Grenoble l'a prescrite par son ordonnance, ce qui causerait un préjudice notable à toutes les familles nobles de la province ».

2. Cf. le rapport du cardinal Le Camus après sa visite au monastère, le 12 avril 1683 [41], 92 : « Il apprit que ces dames sortaient

qui saura se faire ouvrir, lui aussi, « les portes du délicieux jardin » où sa mère s'était promenée tant de fois,
qui saura y « parler d'amour » avec quelque « petite
friponne »[1] de pensionnaire, écrivait plus tard à une
prieure de Montfleury : « Qu'il est digne d'envie le séjour
que votre monastère présente à une âme bien née !
Loin du tumulte des cours, tous vos jours sont filés de
soie »[2] !

Ce n'était donc point « s'enterrer toute vive »[3] que
prendre un voile en cette accueillante maison. Ni laide,
ni sotte, la jeune religieuse attira bien vite auprès
d'elle la meilleure société de Grenoble ; et le parloir
du couvent fut son premier salon. Quelques moines,

sans scrupule de leur maison pour aller dans une salle extérieure
située sous l'appartement des confesseurs ; qu'on les voyait du
grand chemin se promener sur leurs terrasses, s'entretenant avec
différentes personnes, pères, mères, frères, sœurs, parents et
amis ; ce qu'elles faisaient aussi dans leur cour et leur jardin ;
qu'elles donnaient à manger aux séculiers dans une salle extérieure, partageant même quelquefois leurs repas, sans parler des
concerts de voix et d'instruments ; que, de plus, au temps des ven-
danges, elles allaient au petit Montfleury et dans les vignes
situées hors de leur enceinte ; il les y avait vues lui-même par
occasion, en passant par le grand chemin et en allant faire ses
visites dans les paroisses voisines ».

1. Lettre à Mlle de Dol***, pensionnaire du couvent de Montfleury,
s. d., *OEuvres de d'Alembert*, Paris, Belin, 1822, t. V, p. 470. Cette
lettre, ainsi qu'une autre à Mme de Saint-And***, religieuse, et
deux à Mme de P***, prieure de Montfleury (p. 469-471), a dû être
écrite par d'Alembert pendant le séjour qu'il fit au château de
Bouquéron. L'éditeur donne pour la dernière de ces lettres la date
de 1732, qui est évidemment fausse. Cette correspondance de
d'Alembert avec les dames de Montfleury montre assez dans le
couvent les infiltrations mondaines.

2. Lettre à Mme de P***, *Id.*, id., p. 470.

3. *Les Malheurs de l'Amour* [34], 360.

beaux-esprits, s'essayaient aux badinages galants dans
ce petit cercle féminin. J'ai retrouvé, parmi les manuscrits de l'Arsenal[1], un billet en vers du P. Maniquet,
religieux minime, qui était alors l'un des moines familiers du monastère. Le bon Père, qui habite Grenoble,
est en peine de Montfleury, car voici quelques jours
qu'il n'a pu y aller. Il pleut, les chemins sont mauvais,
il voudrait bien qu'on lui prêtât carrosse. Il adresse
sa supplique à quelque dévote dame de ses amies :

> A vous, madame, Madame Bailly,
> à qui la vertu n'a jamais failli.

Faudrait-il en conclure que les dames de Montfleury
avaient la vertu plus « faillible » ? Ce seraient là d'indis-
crètes conjectures. Le Révérend Père continue :

> Vous l'entendez : c'est Montfleury,
> où il ne fut depuis lundy,
> et où n'ira de la semaine,
> si la saison n'est plus humaine.
> Or il sait que chevaux avez,
> qui s'échauffent sur le pavé,
> et à qui quatre pas hors la ville
> pourraient bien rafraîchir la bile.
> Si vouliez donc les lui prêter,
> sous serment de ne point trotter,
> il pourrait faire le voyage
> tranquillement en équipage.

On croirait lire l'épître d'un M. Thibaudier à quelque
comtesse d'Escarbagnas. Il est consolant d'apprendre,
par ailleurs et par une plume peu suspecte[2], que le

---

1. Mss. français, n° 3329, f° 36.
2. *Suite des nouvelles ecclésiastiques* [73], 22 février 1729, p. 13.
On verra plus loin, chap. II, p. 63, que le P. Maniquet fut un des
« Pères » du concile d'Embrun.

P. Maniquet avait « de l'esprit et beaucoup de littérature ». Au reste, je ne veux ici m'intéresser à lui que
parce qu'il semble avoir été le directeur intellectuel
d'Alexandrine de Tencin, et son initiateur à la philosophie cartésienne. Les vers qu'on vient de lire sont
datés de 1706. Au mois de juin de cette même année,
le Révérend Père avait résumé *Les Principes de la
Philosophie* à l'usage de sa dirigée. Mais elle n'était
pas une Armande. Les « tourbillons » et les « mondes
tombants » la laissaient indifférente ; et elle ne cherchait
dans toute cette physique que des métaphores ou des
suggestions pour mieux comprendre la vie humaine et
quotidienne, qui seule l'attirait : « Je ne sais, lui écrivait-elle en guise de remerciement[1], si vous m'avez
fait du bien ou du mal de me donner quelque connaissance de la philosophie de M. Descartes. Il ne s'en faut
guère que je ne m'égare dans les idées qu'elle me
fournit : tous les tourbillons qui composent l'univers me
font imaginer que chaque homme en particulier pourrait bien être un tourbillon ». Le reste de la lettre n'est
que le développement spirituel de cette première com-
paraison. Elle se rallie dès l'abord et sans incertitude
au maître principe de La Rochefoucauld : « Je regarde
l'amour-propre, qui est le principe de tous les mouvements, comme la matière céleste dans laquelle nous
nageons. Le cœur de l'homme est le centre de son
tourbillon ; les passions sont les planètes qui l'environnent. Chaque planète entraîne après elle d'autres
petites planètes qui sont à son égard ce que la lune est

---

1. Cf. le texte complet de cette lettre aux *Appendices*, n° 9.

notre terre : l'amour, par exemple, emporte la jalousie ; elles s'éclairent réciproquement par réflexion ; toute leur lumière ne vient que de celle que le cœur leur envoie ». Elle s'arrête longuement à l'ambition, en femme qui en soupçonne déjà les joies ardentes : « Je place l'ambition après l'amour : elle n'est pas si près du cœur que la première ; aussi la chaleur qu'elle en reçoit lui donne un peu moins de vivacité ». Chez les uns, avoue-t-elle, l'ambition entraîne après soi « la vanité, la bassesse, l'intérêt, les inquiétudes », mais chez d'autres — et c'est son idéal inconscient qui s'exprime ici — elle a pour « satellites » « la véritable valeur, la grandeur d'âme et l'amour de la gloire ».

« La raison, continue-t-elle, aura aussi sa place dans le tourbillon, mais elle est la dernière : c'est le bon Saturne ; nous ne sentons les effets de sa révolution qu'après trente ans. Les comètes ne sont autre chose dans mon système que les réflexions : ce sont ces corps étrangers qui, après bien des détours, viennent passer dans le tourbillon des passions. L'expérience nous apprend qu'elles n'ont nulle part ni bonnes ni mauvaises influences ». La lettre se termine par une amusante assimilation des taches du soleil aux effets de l'âge : « Il affaiblit peu à peu et fait enfin cesser la chaleur naturelle dont le cœur tire toute sa vivacité. Peut-être que le temps fera la même chose sur notre soleil : nous ne différons avec lui que du plus ou moins de durée ». La religieuse qui écrivait ces méditations astro-psychologiques avait alors vingt-quatre ans. Plus tard, sans doute, elle ne placera plus l'ambition après l'amour ; mais, dès à présent, il n'y a pas chez cette

jeune apprentie philosophe intempérance d'idéalisme
ou de sentimentalité. Elle est déjà la femme positive
qui se servira d'autant plus utilement de l'humanité
qu'elle la connaîtra mieux.

Elle la connaissait assez déjà pour désirer en jouir et
s'y mêler. Elle n'avait point l'âme claustrale, et les
commodités qui lui étaient offertes ne faisaient qu'irri-
ter ses désirs : « Dans un couvent, écrira-t-elle vers la
fin de sa vie, il ne suffit pas de vouloir être contente
pour l'être,... et les chaînes y sont bien pesantes, quand
la raison seule est chargée de les porter »[1]. Il n'y
avait là, semble-t-il, nulle répugnance religieuse,
nulle révolte « philosophique », mais elle était femme
et voulait vivre. On le sentit trop facilement dans
la petite cour provinciale qu'elle s'était faite : « On la
venait trouver, dit Saint-Simon, avec tout le succès
qu'on eût pu désirer ailleurs »[2] ; et ce fut de la façon
la plus vulgaire qu'Alexandrine défroqua. Quand
et comment abandonna-t-elle Montfleury ? La rupture
fut-elle brutale et scandaleuse ? ou cette ingénieuse
diplomate sut-elle trouver un accommodement ? Les
documents font défaut ou sont peu sûrs. Quelques
historiographes réduisent à cinq années son séjour au
couvent, et la font ainsi défroquer dès 1703[3]. Mais la
lettre au P. Maniquet, de juin 1706, semble bien avoir
été écrite à Montfleury ; il serait, d'ailleurs, étonnant,
qu'après une émancipation si prompte, il fallut encore

1. *Les Malheurs de l'Amour* [34], 327, 363.
2. *Mémoires* [79], 350.
3. Guasco, *Notes* [117] 259, note 2 ; Delandine, *Observations sur
les Romans* [126], p. xvi.

près de dix ans pour qu'on entendît parler d'elle. « Vers
la fin de la vie du Roi », dit Saint-Simon, sa famille
parvint « de religieuse à la faire chanoinesse de je ne
sais d'où, et où elle n'alla jamais »[1]. Ce « je ne sais où »
est le noble Chapitre de Neuville-les-Dames-en-Bresse,
près de Lyon, où la règle était encore plus lâche et la
résidence moins nécessaire qu'à Montfleury[2]. Peut-être,
en effet, n'y prit-elle jamais possession de sa stalle ; elle
y prit du moins le titre de chanoinesse : c'était une
demi-sécularisation. Elle-même, bien des années après,
expliquant à Duclos sa sortie de Montfleury, prétendait
qu'elle avait toujours protesté contre des vœux forcés,
et, dès le premier jour, cherché à les rompre. Un directeur borné, et inconsciemment amoureux, aurait été le
très zélé et très docile instrument de sa libération[3]. La
chronique contemporaine ajoute, il est vrai, que le
« bon ecclésiastique » ne fut pas seul à plaider contre
les vœux de sa pénitente et que plusieurs accidents
trop visibles, arrivés coup sur coup et mal dissimulés
dans de soi-disant « saisons d'eaux », rendaient la rupture inévitable et définitive[4]. Un nouvelliste anonyme
du XVIIIe siècle, qui se proclame « une personne des
mieux instruites », mais dont je ne puis garantir la
véracité, nous apporte même le nom du premier vain-

1. *Mémoires* [79], 351.
2. Duclos, *Mémoires secrets* [120], 418 ; cf. *Statuts du chapitre
de Neuville* [108], et abbé A. Gourmand, *Notice sur l'ancien Chapitre noble de Neuville-les-Dames*, Bourg, Milliet-Bottier, 1865,
1 vol. in-8.
3. Duclos, *Id.*, id.
4. Boisjourdain, *Mélanges* [140], II, 33 ; Saint-Simon, *Mémoires*
[79], 350.

queur : ce serait le comte irlandais, Arthur Dillon[1],
alors lieutenant-général du maréchal de Médavy, et
qui, à diverses reprises, de 1707 à 1712, commanda un
corps d'armée en Dauphiné[2]. Dillon aurait donné deux
enfants à sa maîtresse[3]. Plus favorisée que l'abbesse
de Joye, la religieuse Tencin aurait pu quitter à temps
son monastère, et parvenir à Annonay pour y accoucher[4].
La suite de son histoire donne quelque vraisemblance
à ces récits; et la réticence même de ses aveux à Duclos
les confirme presque : bruyante ou précautionnée,
l'émancipation de la chanoinesse se fit peu canoniquement.

Libérée du couvent, elle ne lui tint pas rancune : elle
en garda pour toujours, sinon la dévotion même,
qu'elle n'eût sans doute jamais, du moins le goût des
relations dévotes, une tendresse médiocre pour les
« intrigues de moinerie »[5], mais le sens de la diplo-
matie ecclésiastique. Elle n'oubliera pas non plus ce
qu'elle avait senti et vu autour d'elle durant tant d'années. Certaines préoccupations, certaines images lui
resteront : ces promenades dans le parc, où la religieuse
solitaire rencontre le visiteur amoureux, ces entrevues
du parloir claustral, où l'on échange des paroles décisives; ces prises de voile, parfois si douloureuses pour

1. *Mémoire pour Jacques de la Grye* [54]; cf. encore *Mémoire
pour servir*, etc. [102], 14 : Maurepas, *Mémoires* [131]. IV, 34.
2. Saint-Simon, *Mémoires*, édit. cit. de A. de Boislisle, XIV, 83 et
note, XV, 217.
3. *Mémoire pour servir*, etc. [102], 14 ; Boisjourdain, *Mélanges*
[140], II. 33.
4. *Mémoire pour Jacques de la Gyre* [54].
5. Lettre à Richelieu du 10 décembre 1742 [2], 27.

l'amant éconduit, toutes ces scènes monastiques ont passé de ses souvenirs dans ses romans pour y laisser leur pittoresque un peu triste et leur mystère.

Il ne pouvait plus y avoir place à la maison familiale pour la religieuse émancipée; on peut même supposer qu'elle ne le désirait point. Son père était mort depuis 1705, et sa mère, très honnête femme, révoltée par la conduite de sa fille, devait bientôt en « mourir de douleur »[1]. Elle vint donc à Paris, ordinaire et sûr refuge de tous les défroqués et « évadés ». C'était, semble-t-il, aux environs de 1710[2]. Elle y trouva sa sœur, Mme de Ferriol, qui, ayant besoin de l'indulgence des autres, lui donna la sienne. Elle y trouva surtout son frère, l'abbé, de trois ans plus âgé qu'elle, ancien conclaviste du cardinal Le Camus, abbé de Vézelay, docteur en Sorbonne, déjà grand vicaire de Sens, qui venait à Paris intriguer pour de plus hautes charges et de plus opulents bénéfices[3]. C'était un homme « doux, insinuant, faux comme un jeton, ignorant comme un prédicateur »[4]. Les jansénistes, qu'il a si âprement malmenés, se sont vengés sur sa réputation, et la lui ont faite plus que fâcheuse. Il est difficile aujourd'hui de vérifier tous leurs dires ; mais ses lettres

1. Le Président Bouhier à Mathieu Marais, lettre du 19 avril 1726 [67], I, 102.

2. Cf. le tableau de Jacques Autreau, *Appendices*, IV, *Note iconographique* [175]; dès 1712, Mme de Tencin faisait campagne académique pour Danchet (Trublet [112], 207), ce qui suppose déjà qu'elle avait derrière elle quelque temps de vie parisienne.

3. Cf. Audouy, *Notice* [156], 2-4.

4. Hénault, *Mémoires* [146], 393-4. Le portrait de Saint-Simon, *Mémoires* [79], 351-3, n'est pas plus flatté, mais paraît moins exact.

de Rome suffisent[1] : elles révèlent une âme vulgaire, fielleuse, sans générosité, embarrassée dans des haines mesquines, tour à tour méprisante et vile. Le masque seul, chez lui, avait bonne apparence. Ses hypocrisies étaient dignes, sa figure assez régulièrement belle et sérieuse : s'il restait silencieux, on pouvait le croire profond. Son vrai mérite est d'avoir par instants senti toutes ses tares et d'avoir aspiré de tout son cœur à la petite vie médiocre qui aurait dû être la sienne ; mais, à ces heures de relâche, sa sœur, qui sera comme sa conscience virile, lui interdira le repos. Il était allé vers elle[2] : elle le garda. Désormais, ils auront partie liée ; ils s'installent ensemble, et vont se pousser cyniquement l'un l'autre par « un système suivi » d'adulations réciproques qu'ils « porteront jusqu'au dégoût »[3].

Après deux ou trois années de démarches et d'intrigues, grâce à Fontenelle, qu'elle avait rencontré chez Mme de Ferriol, grâce aussi à quelques ecclésiastiques complaisants, l'ex-Augustine de Montfleury obtint vers 1714 ou 1715 un rescrit en cour de Rome qui la relevait de ses vœux ; mais, comme il était « subreptice » et rendu sur un faux exposé, il ne fut point « fulminé »[4]. Ce qu'on ne lui donnait pas, Alexandrine de Tencin le prit ; et « la religieuse Tencin », devenue Mme de Tencin, aura dès lors une vie plus que laïque. Elle pensait avec Bolingbroke qu'il « eût été en vérité

1. A Dubois et à sa sœur : cf. *Bibliographie*, n°s 49, 50, 51.
2. Les *Mémoires de Richelieu*, [130 A], III. 29, prétendent même que c'est lui qui fit enlever sa sœur du couvent.
3. Duclos, *Mémoires secrets* [120], 417.
4. *Mémoire pour servir*, etc. [102], 14 ; Saint-Simon [79], 351 ; *Mémoires de Richelieu* [130 A], II. 272, III. 29.

Hommage de laisser rouiller d'aussi beaux talents que
les siens » [1]. Au reste, il était temps ; elle avait dépassé
la trentaine ; c'était tard pour les débuts d'une femme,
à l'époque de la Régence surtout. Mme de Tencin le
sentit ; et c'est ce qui donnera à son attaque cette
ardeur fiévreuse et un peu indiscrète qui lui nuira parfois. Il s'en fallait qu'elle fût laide [2]. On l'eût même
proclamée très belle, s'il y avait eu sur son visage cette
sérénité et ce repos qui sont comme la conscience de
la beauté ; la sienne était plutôt, si l'on ose dire, une
beauté active et toujours en travail de conquête. Le
cou, flexible et long, avait des courbes insinuantes ; la
bouche, assez grande, était mobile, expressive et fraîche ; les yeux, légèrement troubles, traduisaient avec
vivacité l'impression du moment ; et, sur cette physionomie sans cesse renouvelée, on sentait passer, dit
Marivaux, « l'âme la plus agile qui fut jamais » [3].

Les succès furent rapides et vifs. Elle les trouva
d'abord chez Mme de Ferriol. La maison de sa sœur
était hospitalière. Le mari, discret, déjà vieux et sourd,
y tenait une place assez mince, et se montrait satisfait pourvu qu'on lui laissât son confesseur moliniste.
Le maréchal d'Uxelles, son voisin, plus que mûr, lui
aussi, le suppléait auprès de Mme de Ferriol, sans
enthousiasme, il est vrai, mais pour la plus grande joie
de sa vaniteuse maîtresse [4]. Agitée, rapace et pédante,

1. Lettre à Mme de Ferriol du 3 juin 1715 [42 B], II, 431.
2. Cf. *Appendices*, IV, *Note iconographique* ; Boisjourdain, *Mélanges* [140], II, 32.
3. *Vie de Marianne* [82], 279.
4. Cf. les *Lettres* de Mlle Aïssé [68] (années 1728-9), 237,

vive et spirituelle malgré tout, la Ferriol s'était fait
une manière de salon, première esquisse de celui de sa
sœur : Des poètes et des savants, des ecclésiastiques
et des diplomates, des étrangers de distinction, tous
les adorateurs de « la belle Circassienne » Aïssé, que
le comte de Ferriol avait achetée à Constantinople et
mise en pension chez sa belle-sœur [1], bientôt les amis
des fils de la maison, Pont-de-Veyle et d'Argental,
tout ce monde divers et bigarré venait volontiers chez
cette jolie femme encore jeune. On y vint davantage,
quand on y rencontra la chanoinesse : « je n'ai garde
d'oublier Mme de Ferriol, répondait le 9 septembre 1712
Mathew Prior à Bolingbroke ; elle a une sœur qui s'est
échappée du couvent, et qui est en train de plaider
pour l'annulation de ses vœux » [2]. Mathieu, toujours
galant, quoique proche de la cinquantaine, avait trouvé là matière à chansons nouvelles. Il était, comme on
sait, admirateur passionné des anciens, mais il soutenait la cause des femmes « modernes » [3]. Son esprit,
sa dignité d'ambassadeur, ses relations politiques, ses

241-2, etc. M. de Ferriol, qui avait environ un quart de siècle de
plus que sa femme, était né vers 1650. Il avait été successivement
conseiller et président honoraire au parlement de Metz, trésorier-
receveur des finances du Dauphiné. Les Ferriol habitaient rue
Neuve-Saint-Augustin. Leur hôtel communiquait par le jardin avec
celui du maréchal d'Uxelles. Sur la liaison du maréchal avec
Mme de Ferriol, cf. encore une chanson de 1716 [43 B], XIII, 279.

1. Cf. Eugène Asse, *Notice sur Mlle Aïssé* [68], 156-163.

2. « She has a sister that is run away from a nunnery, and now
pleading the causes of her renunciation » [42 A], VII, 32.

3. Bolingbroke à Prior, lettre du 8 septembre 1713 [42 A], VII,
491 : « You are so taken up with modern ladies, that you forget
old authors ».

multiples influences, le rajeunirent sans peine pour
Mme de Tencin ; et « la nonne défroquée » supplanta
« la fille aux cheveux chatains », fille anonyme, qui
égayait alors les loisirs parisiens du diplomate-poète[1].
On lui demanda des compensations : il lui fallut travailler aux affaires de la famille. Le Roi avait nommé
l'abbé de Tencin à l'Abbaye d'Abondance, mais il lui
manquait la confirmation du duc de Savoie. Bolingbroke déjà sollicité par Mme de Ferriol, avait obtenu
la promesse du duc[2]. Prior dut venir à la rescousse :
« Il faut encore que j'écrive, avoue-t-il à son ami, et il
faut que ce frère, qui ne me paraît pas valoir la corde,
soit établi dans son Abbaye d'Abondance[3] ».

Il y avait aussi pour ces hommes graves des négociations moins frivoles. Bolingbroke, qui avait à Paris
quelques chères amitiés féminines, les ravivait par de
menus cadeaux. Des caisses de vin d'Espagne, d'eau
de miel, d'eau des Barbades arrivaient à Prior, qui
devait les répartir avec tact entre les dames de Torcy,
de Croissy, de Noailles, de Ferriol et autres. C'était de
très délicates opérations: « Je vous proteste, écrivait
Bolingbroke à Prior, que j'ai contribué à faire le partage de l'Europe sans être aussi embarrassé que je le
serais, s'il fallait que je fisse la répartition de cette car-

1. Bolingbroke à sir Thomas Hanmer, lettre de janvier 1713 [42
A], VII, 169 : « We hear much of a certain eloped nun, who has
supplanted the nut-brown maid ».

2. Lettre à Mme de Ferriol du 11 novembre 1712 [42 A], VII, 94.

3. Lettre du 17 octobre 1712, Id. 97 : « I must write, and this
brother (not worth hanging, I fancy, after all) must be esta-
blished in his Abbaye de l'Abondance » ; cf. *Gallia Christiana*,
t. XVI, Paris, Didot, 1865, p. 479.

gaison » [1]. Prior le faisait en homme impartial et prudent ; mais on suspectait son honnêteté : « Mathieu est fripon naturellement, disait la duchesse de Noailles, il en a bien la mine. Pardi ! il a volé la moitié de mon eau de miel et l'a donnée à sa religieuse défroquée [2]. »

Cette « religieuse défroquée » faisait mieux que de voler à ces dames « la moitié de leur eau de miel » ; elle leur volait Bolingbroke. Quand, à l'avènement de Georges Ier, le noble lord revint à Paris, il fut un de ceux qui la traitèrent le plus vite et le plus galamment en sécularisée. Bientôt, il la nomma « sa reine » avec le plus amoureux respect : « Ayez, je vous supplie, la bonté, écrivait-il à Mme de Ferriol, de l'assurer que dans tous ses états, elle n'a pas un sujet plus fidèle ou plus dévoué que je le suis » [3]. Et « fidèle » il lui resta à la barbe du Régent [4].

Elle, cependant, qui ne se piquait point de constance,

1. Lettre du 8 septembre 1713, Id., 492.
2. Prior à Bolingbroke, lettre du 27 octobre 1713, Id., 551 ; en français dans le texte.
3. Lettre du 3 juin 1715 [42 B], II. 431.
4. Cf. une chanson de 1716 (?) [43 B], XIII. 279 ; je cite le texte plus adouci d'un manuscrit de la Mazarine, n° 3982, p. 54 :

> Bolingbroke es-tu possédé ?
> Quelle est ton idée chimérique
> de t'amuser à caresser
> la fille de Saint-Dominique ?
>
> . . . .
>
> Penses-tu donc plaire au Régent,
> suivant toujours cette guenippe
> qui l'a quitté depuis trois ans.
> Il a juré par saint Philippe,
> qu'il mépriserait tout mortel
> sacrifiant à cet autel.

'étendait son « règne ». Le chevalier Destouches, lieutenant-général de l'artillerie, qu'on appelait Destouches-
Canon pour le distinguer du faiseur de comédies, s'était
offert, et n'avait pas été refusé. Il avait environ quarante-cinq ans. C'était un esprit facile, délicat, très
artiste, adorateur de Virgile, un cœur « vrai, droit,
noble et tout à ses amis »[1]; mais le tempérament était
mou et libertin : le chevalier aimait les plaisirs, la table
et les femmes. Fénelon, qui l'avait connu lors du passage
de l'armée à Cambrai, le jugeait délicieux, et ne pouvait s'empêcher de l'aimer : « Si vous alliez montrer ma
lettre à quelque grave et sévère censeur, lui écrivait-il
un jour, il ne manquerait pas de dire : pourquoi ce vieil
évêque aime-t-il tant un homme si profane? Voilà un
grand scandale, je l'avoue ; mais quel moyen de s'en
corriger »[2]? Et il ne s'en corrigeait pas ; il continuait à
l'appeler « mon cher bonhomme »[3], et à lui insinuer
la morale chrétienne sous le couvert d'Horace, d'une
plume légère, affectueuse et discrète. Il faut être très
indulgent au chevalier Destouches, puisque Fénelon l'a
tant aimé, lui être aussi très reconnaissant, puisqu'il a
mis un dernier sourire à la vieillesse de son noble ami.
— L'esprit, la verve, les grâces encore fraîches de
Mme de Tencin, durent le séduire infiniment. Il songeait même à l'épouser, mais on lui fit savoir au Parlement que la situation irrégulière de la chanoinesse

1. Fénelon à Destouches, lettre du 12 avril 1714, *Lettres et
Opuscules inédits de Fénelon*, Paris, Leclère, 1850, 1 vol. in-8,
p. 108-9.
2. Id. *id.*, p. 109.
3. Id. lettre du 20 août 1712, etc. p. 64 et passim.

ferait casser le mariage[1]. Ils restèrent ainsi en marge
des épousailles. Quand, en 1717, Destouches reçut
l'ordre de partir aux Antilles, son amie était grosse de
six mois[2].

L'accident, on se le rappelle, lui était déjà survenu.
Elle y remédia cette fois, comme sans doute elle avait
fait les autres. L'enfant fut exposé sur les marches de
la petite église Saint-Jean-le-Rond, et baptisé le 17 novembre dans la chapelle des Enfants-trouvés de l'Enfance de Jésus[3]. On l'appela Jean Le Rond ; il s'appela
bientôt d'Alembert. Le chevalier, revenu de mission,
s'informa de l'enfant : Il était « sensible », et sa pater-
nité lui était chère. On put retrouver son fils. Il avait
six mois, et la tête grosse comme une pomme. Le père
parcourut tout Paris, ayant l'enfant bien emballé dans
son carrosse, à la recherche d'une nourrice. Aucune ne
voulait s'en charger. Enfin la bonne mère Rousseau[4],
la femme du vitrier, accepta le petit être chétif. Elle fut
pour lui une si tendre maman, qu'il ne la quitta que
très tard, et pour aller vivre chez Mlle de Lespinasse.
Mais Destouches ne se contenta point de trouver une

1. *Mémoire pour servir*, etc. [102], 14-15 ; Maurepas, *Mémoires*
[131], IV, 31.

2. Ce détail, et les autres qui suivent, sur la naissance et l'enfance de d'Alembert, sont empruntés, sauf indication contraire, aux
Mémoires sur M. Suard [142], 146-150.

3. Acte de baptême de d'Alembert [44] : « Jean Le Rond, baptisé
le 17 novembre [1717] ; le parrain le susd. Perreau, la marraine
Marie de Rocourt dem[te] parvis Notre-Dame paro[e] St-Christophe,
lesquels ont signé : *Grangé* [aumônier de la chapelle], *Perreau,
M. de Rocou* ».

4. « Geneviève-Elisabeth Legrand, femme du vitrier Pierre
Rousseau, demeurant à la porte Saint-Michel » [44], 1304.

nourrice à l'enfant. Pendant les neuf ans qu'il vécut encore, il s'intéressa, et intéressa sa famille aux premières études de son fils. En mourant, il lui laissait une petite fortune : « Je donne et lègue, disait son testament,.... au sieur Jean d'Arembert en pension chez Bérée, faubourg Saint-Antoine, 1200 livres de pension viagère, que je veux et j'entends qui lui soient régulièrement payées et par préférence à tous autres legs, *en ayant touché les fonds de ceux à qui il appartient* »[1]. Que signifie cette dernière et obscure parenthèse? Serait-ce Mme de Tencin qui aurait ainsi discrètement assuré l'avenir de son fils? La chose paraîtra peu probable à ceux qui suivront sa vie jusqu'au bout. Elle devait être alors très détachée d'aussi minuscules affaires. Depuis plusieurs années déjà elle avait trouvé en haut lieu de plus puissantes amours, et commençait à « nager en grande eau »[2].

Introduite, par Fontenelle sans doute[3], au Palais-Royal, elle n'avait pas tardé à s'apercevoir que le Régent aimait toutes les belles qui voulaient bien le lui permettre. Elle le lui permit[4]. Mais elle alla trop vite en affaires. Le Régent lui parlait d'amour, elle lui parlait de son frère, dont il n'avait cure. Il eut pour la renvoyer un mot brutal[5] ; et Mme de Tencin tomba ou

1. Ap. Joseph Bertrand, *D'Alembert* [160], 13-14.
2. Saint-Simon, *Mémoires* [79], 350.
3. *Mémoires de Richelieu* [130 A], III, 29; Trublet [112], 208 : « M. de Fontenelle y a logé (au Palais-Royal) jusqu'en 1730 ».
4. *Mémoires de Richelieu* [130 A], II, 244; *Mémoire pour servir*, etc. [102], 15; Raynal [103], I, 385; cf. encore la chanson citée plus haut à propos de Bolingbroke.
5. « Il dit qu'il n'aimait pas les p..... qui parlent d'affaires entre deux draps » (Duclos, *Mémoires secrets*, [120], 419).

retomba — on ne sait exactement — « du maître au
valet ». Ce fut pour toute la famille une profitable chute.

Quelques jours avant sa mort, le cardinal Dubois,
qui venait de recevoir de Rome les dernières dépêches
de l'abbé de Tencin, essayait encore de badiner avec sa
sœur: « Il n'y a rien de plus malheureux qu'un pape,
lui disait-il; le sérieux de sa place ne souffre aucun
adoucissement »[1]. Plus heureux qu'un pape, Dubois
avait su se procurer une « place » plus accommodante,
quoique « sérieuse » aussi; et Mme de Tencin avait été
un des « adoucissements » de sa vie. D'abord prudente
et presque secrète, leur liaison ne tarda pas à trouver
une sécurité officielle dans la fortune croissante du
ministre. La Tencin, dit Saint-Simon, devint alors
« maîtresse publique »[2], et le nouvel archevêque de
Cambrai eut en cette ancienne religieuse une auxiliaire
adroite et sans scrupule. Dans des *Mémoires* d'une
véracité suspecte[3], elle apparaît comme la trop ingé-

1. Hénault, *Mémoires inédits* [107], 1998. — Dans un livre, d'ailleurs, très soigneusement informé et très doctement écrit [170],
le R. P. Bliard, S. J. a essayé — souvent avec succès — de réhabiliter Dubois homme d'État. Mais il entend aussi réhabiliter
l'homme. Il le veut chaste et vertueux. Malgré tous les textes
qu'on trouvera rassemblés ici, et qu'il semble connaître, il nie sa
liaison avec Mme de Tencin : « Il ne put, écrit-il (II, 274), entrer
en rapport avec elle que vers 1714, alors qu'il était presque sexa-
génaire... Comment enfin, n'a-t-on jamais divulgué le nom de
quelque fruit de ces unions si prolongées »? On sera peut-être
plus sensible à la candeur de ces objections qu'à leur force
démonstrative.

2. *Mémoires* [79], 351-2 : « dominant chez lui à découvert, et
tenant une cour chez elle, comme étant le véritable canal des
grâces et de la fortune ».

3. *Mémoires de Richelieu* [130 A], III, 302-308; cf. aussi *Bibliographie*, n° 35.

nieuse intendante des orgies nocturnes et renouvelées de l'antique — *Fêtes d'Adam, Fêtes des flagellants,* — que Dubois aurait organisées à Saint-Cloud pour amollir les énergies ou énerver les résistances du Régent : une *Chronique scandaleuse du genre humain,* compilation ordurière, rédigée par elle, aurait offert à l'imagination fatiguée d'un prince toujours en quête de nouveaux plaisirs le programme multiforme des plus rares débauches qu'a enregistrées l'histoire. Et tout cela n'est pas impossible.

Des documents plus sûrs nous la montrent dans les milieux diplomatiques faisant de l'espionnage pour le compte du cardinal. Déjà par Bolingbroke elle avait pu connaître les projets des Jacobites ; il semble même qu'elle ait servi d'intermédiaire entre le noble lord et le gouvernement du Régent[1]. Mais ce fut surtout quand le chevalier Schaub[2] devint résident d'Angleterre à Paris (1722), et son frère, l'abbé, chargé d'affaires à Rome (1721), qu'elle pût être, entre les mains de Dubois, un précieux agent d'information, et, le cas échéant, un truchement dans les affaires anglaises.

A Rome, l'abbé faisait assidûment sa cour à celui qui s'intitulait encore Jacques III, roi d'Angleterre, mais que les Français appelaient plus familièrement le *Chevalier de Saint-Georges,* et les Anglais le *Prétendant.* Il avait su le circonvenir, lui et quelques-uns de ses

1. *Dictionary of national biography,* London, Smith, Elder, t. L, 1897, p. 137 : « Bolingbroke had carried on some indirect intrigues with him [le Régent] through Mme de Tencin ».

2. Sur le chevalier Schaub, cf. *Vie du comte de Hoym* [155], I, 230-242.

intimes, comme le colonel et Madame Hay: « Il ne
bougeait de chez le *Roi*, était de toutes les parties et
gouvernait tout » [1]. Le *Roi*, « bonhomme » et sans
défiance, bavardait devant lui avec abandon. L'abbé
l'avait persuadé que c'était lui, Tencin, qui lui avait
valu le rétablissement de sa pension par le gouvernement français. A vrai dire, il cherchait surtout à
l'écorner en la faisant passer par ses mains [2]. Le *Roi*,
qui voulait s'acquitter, lui promettait déjà le chapeau [3] :
« Serait-il possible, s'écriait le cardinal de Polignac tout
scandalisé, qu'après avoir trahi le Prétendant, il en
retirât encore ce prix-là » ? L'on savait bien, d'ailleurs,
qui profitait de la « trahison », puisque le roi Georges
avait pris la Tencin sous sa protection [4].

A Paris, la sœur de l'abbé vivait dans un petit cercle
de diplomates dont elle était la reine, mais reine familière et gaie. Elle appelait Schaub *le Petit*, et le comte
de Hoym, ambassadeur de Saxe-Pologne, *mon cher
Grand*. Elle-même s'appelait en plaisantant *la femme
de Schaub*. Il est vraisemblable que le chevalier n'avait
point de secrets pour « sa femme » [5]. Enfin elle était

1. Montesquieu, *Voyage en Italie* [74], 40.
2. Tencin à sa sœur. lettre de Mai 1723 [49], 332 : « S'il était possible de faire passer par moi ce qui va au Roi d'Angleterre, ce
serait une bonne affaire. Il y aurait 24000 francs à gagner par an
sur le pied où sont les choses ».
3. Id., 331 : « Le Roi d'Angleterre, après m'avoir fait mille
amitiés, m'a parlé de façon à me faire croire qu'il me donnerait
de tout son cœur sa nomination .... Si M. le cardinal Dubois le
veut un peu, mon chapeau serait plus sûr que ne l'a été, j'ose le
dire, le sien, avant que je ne m'en sois mêlé ».
4. Montesquieu, *Voyage en Italie* [74], 40-1.
5. *Vie du comte de Hoym* [155], I. 27-34 ; cf. *Appendices*, n° 21,

« en relation intime » avec un agent louche qui se prétendait « résident de Sa Majesté Britannique en qualité seulement de duc de Hanovre ». C'est elle qui lui fournissait toutes les nouvelles qu'il envoyait à La Haye, à Vienne et à Londres[1]. Ainsi, par elle et par les indiscrétions de ses amis, Dubois pouvait pénétrer plus facilement les dessous de la politique anglaise. Mais avait-il en sa maîtresse une informatrice loyale? Et, comme le faisait remarquer l'agent prussien auquel j'emprunte une partie de ces renseignements, le chevalier Schaub ne se servait-il pas, lui aussi, de « sa femme » pour espionner le cardinal[2]? Nous savons donc mal ce que Mme de Tencin fit pour Dubois. Nous savons mieux ce que Dubois fit pour elle.

Elle était venue pauvre à Paris. Quelques années plus tard, — Dubois vivait encore, — elle avait amassé, sinon la très grosse fortune que lui prêtent les chansonniers de l'époque[3], du moins une aisance plus qu'honnête. Quand, en 1719, il fallut pour le bien de la chose publique opérer la conversion du presbytérien Law[4], elle sut obtenir pour son frère ce lucratif honneur, car « l'opération » ne fut pas seulement ecclésiastique : « Elle le fit gorger par Law » dit Saint-Simon[5]; et « le

la lettre où elle charge Chesterfield « de sa tendresse pour *son mari* ».

1. Note anonyme à la suite de la lettre du sieur Bradchet [59].

2. Rapport du 5 juin 1722 [47].

3. « Monstre enrichi par l'impudence et le larcin » [43 A], 163, etc.

4. A Melun, le 17 septembre 1719 : cf. *Mémoire pour servir*, etc. [102], 5.

5. *Mémoires* [79], 352 ; cf. encore Raynal, *Correspondance littéraire* [103], I, 386.

gorgé » eût beau protester de son désintéressement et de ses vues toutes spirituelles [1], l'opinion publique resta scandalisée, et ne vit dans cette conversion qu'un trafic. Croyons-en pourtant le convertisseur, admettons qu'avec des mains nettes il ait écarté la pluie d'or, — elle retomba sur sa sœur. Deux mois et six jours après que l'auteur du « Système » eût abjuré entre les mains de l'abbé, le 28 novembre 1719, Mme de Tencin, qui sentait revivre en elle quelque chose de son aïeul le banquier Guérin, ouvrait rue Quincampoix un comptoir d'agio. Nous avons encore l'acte constitutif de la société en commandite qu'elle parvint à réunir autour d'elle, et où elle avait fait entrer frère, sœur, cousin, amis et amant, sans oublier un « secrétaire de M. le Garde des Sceaux », pour être toujours en règle avec la justice [2]. C'est chez Mme de Tencin que la compagnie a son siège social [3] ; et, dans le respectable capital engagé,

1. « Je ne suis pas ému par la crainte que l'on nous soupçonne d'avoir fait des gains immenses. C'est assez souffrir de la sottise de ne les avoir pas faits » (Lettre à sa sœur de mai 1723 [49], 331). — « Si je suis coupable du Système, je le suis avec ceux-là même qui gouvernent. Je veux qu'on croie que j'en ai profité ainsi que bien d'autres, mes amis savent le contraire ». (A sa sœur, décembre 1723 [49], 334).

2. Voici la liste des associés [46], 18 : « Dame Angélique de Fériol ; dame Alexandrine de Tencin ; messire François de Tencin, président au Parlement de Grenoble ; messire Charles, abbé de Mongontier ; messire Antoine de La Mésangère ; messire Louis Camus Destouches, maréchal de camp des armées du Roy ; messire N. de la Colombière, conseiller au Parlement de Grenoble ; messire C. J. François Hénault, président au Parlement de Paris ; messire François Duché, escuyer, seigneur de La Motte ; messire Louis de Grangemont ; M. Jean-Baptiste de Chabert, bourgeois de Paris ; M. Du Pin, secrétaire de M. le Garde des sceaux ».

3. Article 8, p. 22 : « L'original de la présente société estant porté

3 156 852 livres, c'est elle, la cadette, la religieuse évadée, qui fournit le plus gros apport, près de 700 000 livres [1], récompense et bilan de tout un passé. Les associés, dit l'article 3 de l'acte constitutif, « seront obligés de remettre leurs fonds » entre les mains du caissier « ce jour vingt-huitième courant à quatre heures précises pour tout délai... lesquels fonds seront employés ce même jour autant que faire se pourra ». Les associés sont fiévreux, ils veulent le soir même, tenir la fortune dans leurs mains. Est-il imprudent de reconnaître ici la poussée de Mme de Tencin, toujours ardente quand il s'agit de conquérir ?

Ce n'est pas, d'ailleurs, la seule entreprise financière où cette femme, désireuse de posséder, et de posséder pour dominer, ait engagé son argent et ses rêves. La protection du cardinal Dubois, la complaisance du lieutenant de police d'Argenson l'ont plus d'une fois servie en des moments difficiles. Sa vie en apparence est alors tout amoureuse, mais les affaires, les intrigues, les marchés en font la trame : « Je vous prie, mon cher petit, écrit-elle à d'Argenson le 4 Juillet 1723, de vouloir vous adoucir pour les sieurs Besson et Vernet. Une personne pour qui je m'intéresse m'a demandé d'écrire en leur faveur. J'espère que vous voudrez bien, à ma prière, ne leur être pas contraire [2] ». Les sieurs

sur un livre, il restera, signé de tous les intéressés, entre les mains de Mme de Tencin, l'une de nous, sur lequel livre les délibérations nouvelles, que la compagnie jugera à propos de faire, seront portées et suivies exactement ».

1. Exactement 691 879 livres, Mme de Ferriol n'en apporte que 208 220, et le Président de Tencin 337 205 (article 2, p. 19).

2. Cf. *Appendices*, lettre n° 14.

Besson et Vernet sont des financiers véreux, qui viennent d'être arrêtés pour manœuvres frauduleuses. C'est
dans ce monde interlope que Mme de Tencin choisit
« les personnes pour qui elle s'intéresse ». Quelques
mois plus tôt, elle avait remis au cardinal « un mémoire
concernant les bois et les forges de la province du
Dauphiné ». « Cette affaire, lui disait-elle, est d'une
très grande importance pour le commerce et pour la
plus grande partie de la noblesse, et *mes frères y sont
particulièrement intéressés* ». Le parlement est sur le
point de la régler ; il faut que le procureur général impose au parlement la volonté du ministre ou plutôt la
volonté de sa maîtresse : « Je supplie Votre Éminence
de faire écrire au procureur général de suspendre cette
affaire, jusqu'à ce qu'Elle ait le temps de s'en faire
rendre compte[1] ». Ce qui met quelque noblesse, ou du
moins quelque désintéressement dans tous ces tripots,
c'est que Mme de Tencin ne fait la chasse à l'or que
pour la faire plus sûrement au pouvoir, et ne les conquiert tous deux que pour ce frère médiocre, en qui
elle a placé toutes ses ambitieuses esperances.

Au printemps de 1721, le pape Clément XI étant
mort, l'abbé, sur les ordres de Dubois, part à Rome
comme conclaviste du cardinal de Bissy[2]. Celui-ci eut
d'abord « un peu de peine à digérer qu'on lui associât
l'aumônier de Jean Law et un homme qui sortait de
la rue Quincampoix[3] » : une récente affaire de simonie,

1. Lettre à Dubois du 7 mars 1723 ; cf. *Appendices,* lettre n° 12.
2. Cf. sur les intrigues romaines de l'abbé de Tencin, le livre de
M. Maurice Boutry [171], 26 sq.
3. *Mémoire pour servir,* etc. [102], 9.

l'affaire du prieuré de Merlou, quelques mensonges effrontés en plein Parlement avaient achevé de le discréditer à Paris[1], et sa réputation avait besoin de se rafraîchir à l'étranger. Après tout, la place était modeste, puisque c'était celle-là même qu'il avait occupée vingt et un ans plus tôt auprès du cardinal Le Camus. Mais Dubois, qui voulait entrer avec la pourpre dans la série des Mazarin et des Richelieu, avait envoyé là-bas ce maquignon sans dignité pour qu'il lui achetât le chapeau. Le cardinal de Rohan était chargé de la demande officielle. Dubois laissait à l'abbé les négociations les plus décisives, les négociations d'antichambre. Il écrivait à son protégé des lettres caressantes et attendries, qui permettaient à Tencin de tout espérer pour l'avenir : « Vous avez toujours souhaité, Monsieur, lui disait-il, d'être à portée de rendre service à un imbécile : vous y voilà, et vous vous y mettez à ce que je vois jusqu'aux oreilles. Dans la grippe qui vous a pris pour moi, je crois que vous avez satisfaction en travaillant selon votre cœur avec les personnes qui se portent à mon avancement avec tant de générosité... Continuez à m'aimer non pas le plus longtemps qu'il vous sera possible, mais toute votre vie ; et, si on

1. L'abbé de Tencin, qui prétendait que le prieuré de Merlou relevait de son bénéfice de Vézelay, venait de perdre son procès contre l'abbé de Vaissière, avec des considérants fâcheux pour sa réputation ; cf. *Suite des nouvelles ecclésiastiques du 16 juin 1728* [73], 67, la plupart des mémorialistes de la Régence et les pamphlétaires du concile d'Embrun. Cf. encore lettre à sa sœur de Février 1713 [50] 210 : « Ce diable de procès est celui des événements de ma vie qui me fait le plus de peine ». — On trouvera réunies toutes les pièces de ce procès à la Bibliothèque Nationale. Mss. Clairambault, 1209, fᵒˢ 36-80.

vous faisait regarder cette passion comme une maladie, je vous supplie de ne jamais prendre de
rhubarbe, si la rhubarbe peut vous en guérir (on
retrouve ici le fils de l'apothicaire). Pour moi, c'est
pour le reste de mes jours ; et je n'oublierai jamais le
service que vous m'avez rendu, *en me fournissant des
encensoirs pour parfumer l'ambassade du Grand Turc.*
(« Le Grand Turc », est sans doute ici le nom irrévéren-
cieux du pape ; et ces métaphores musulmanes
désignent les bons offices de Tencin en faveur de Dubois auprès de la cour romaine.) En reconnaissance, je
vous garde du baume de La Mecque (Ne serait-ce pas
la promesse de la consécration épiscopale ?) et je
vous assure que vous n'aurez jamais d'ami qui soit
plus parfaitement que je suis, etc. [1] ».

Tencin lui montra « comme il savait servir [2] ». Il
s'était acoquiné avec l'abbé Scaglione, le conclaviste du
cardinal Conti, qu'on allait faire pape. Innocent XIII
élu, et Scaglione nommé secrétaire des brefs aux
princes, — la chasse au chapeau se poursuivait avec
plus d'ardeur. Scaglione montrait à Tencin ses grands
appartements mal meublés, et Tencin lui insinuait
avec un sourire : « Monseigneur, je suis sûr que la
même providence, qui fera éclore la promotion de
M. l'archevêque de Cambrai, pourvoiera en même temps
à l'ameublement de votre appartement [3] ». Comment

1. Dépêche du 26 mai 1721 [171], 36-7.
2. Tencin à sa sœur, lettre de septembre 1723 [49], 322 ; cf. encore
Dubois à Tencin, dépêche du 11 juillet 1721 [171], 52. « M. de Sisteron
m'a fait votre portrait par un seul mot d'une de ses lettres où il dit :
M. l'abbé de Tencin n'entend point raillerie sur ce qui vous regarde ».
3. Tencin à Dubois, dépêche du 24 mai 1721 [171], 44.

le pauvre pape aurait-il pu résister aux arguments de son ancien conclaviste? Le 15 Juillet 1721, il se résignait à faire de Dubois un cardinal. Quatre jours plus tôt Dubois, encore incertain sur son sort, avait écrit à l'abbé : « Je suis extrêmement sensible aux marques d'amitié que vous me donnez, et je voudrais cesser d'être aussi décontenancé et aussi garrotté que je le suis pour lever l'étendard de la reconnaissance [1] ». Le triomphe obtenu, « l'étendard » fut levé ; et, tandis que le cardinal de Rohan, sa mission terminée, quittait Rome, Tencin y restait comme chargé d'affaires, en remplacement du jésuite Laffitau, évêque de Sisteron, dont les « turpitudes sans nombre » avaient mérité une éclatante disgrâce,... à ce que prétendait, du moins, son vertueux successeur [2] : « Vous reconnaîtrez enfin, lui écrivait Dubois en lui envoyant ses lettres de créance, que je ne vous ai pas donné un mauvais conseil, quand je vous ai invité d'aller à Rome, et que mon principal objet n'était pas d'y recevoir des marques utiles de votre amitié, mais de vous en donner d'authentiques de mon estime et de ma gratitude [3] ».

Il est grand dommage qu'à l'exception d'un court billet [4], les lettres de Mme de Tencin à son frère durant ces années romaines soient aujourd'hui perdues. Il nous reste heureusement, pour y suppléer, les lettres du frère à la sœur, celles de tous deux à Dubois, et les réponses de celui-ci. Le représentant de Sa Majesté

1. Dubois à Tencin, dépêche du 11 juillet 1721 [171], 52.
2. Tencin à sa sœur, lettre d'avril 1723 [49], 319.
3. Dépêche du 6 novembre 1721 [171], 65.
4. Cf. *Appendices*, lettre n° 16.

très Chrétienne auprès du Saint-Siège ne tomba pas à Rome dans ce qu'il appelait « le tic de la dévotion [1] » ; il se contenta d'adapter à l'italienne la vie qu'il menait à Paris. Il faisait merveille à la cour pontificale : « En vérité, écrivait-il à sa sœur, je puis dire que j'ai le vol de ces messieurs-là... Il est vrai que j'ai un talent pour leur dire des douceurs avec un air de candeur et de vérité auquel je sens moi-même qu'il est très difficile de résister [2] ». Presque tous les jours, on le trouvait chez le « Roi d'Angleterre », causant tête-à-tête avec la « Reine [3] », travaillant déjà pour son chapeau près du trop naïf Prétendant [4]. Il donnait à dîner aux « meilleures têtes » des *monsignori* ; et, comme s'il avait pressenti l'avenir, il se liait d'étroite amitié avec le futur Benoît XIV, Prosper Lambertini, « un prélat du premier ordre », disait-il, qui « pense très modérément sur les affaires de religion », et « qui est le meilleur comique qui soit au monde [5] ». Le soir, en Romain bien acclimaté, il allait au rosaire, puis restait à souper dans des maisons amies, à voir jouer et danser, à recueillir les anecdotes scandaleuses qui divertiraient sa sœur [6]. Parfois même, il se détendait davantage :

1. Tencin à sa sœur, juin 1724 [49], 324.
2. Id., juin 1724 [50], 208.
3. Id., septembre 1723 [49], 307.
4. Id., 26 août 1722 [49], 321 : (Si Fleury n'a pas pour le chapeau la nomination du Roi de France), « comptez qu'on pensera à celle du Roi d'Angleterre, et que tous *nos* projets seront renversés, quoiqu'ils deviennent tous les jours plus faisables ».
5. Id., janvier, février, août 1723 [49], 307 ; Tencin à Dubois, dépêche (chiffrée) du 29 septembre 1722 [51], 642, f° 286.
6. Tencin à sa sœur, mai 1723 [49], 331 ; 22 juillet 1722 [50], 206, etc.

« J'allai hier, écrit-il à Mme de Tencin, chez le connétable Colonna, où je fis quelques friponneries avec sa fille [1] ». D'autres fois : « J'allai hier me délasser à la musique du cardinal Colonna, et ensuite faire quelques friponneries dans la maison Celaricci... J'allai hier chez le cardinal Alexandre ; je friponnai un peu avec donna Agnès [2] ».

Parmi tous ces « délassements », il rédigeait à Dubois de laborieuses dépêches, toutes pleines d'insinuations, qui voulaient être habiles, et d'effusions sentimentales : La vie était chère à Rome, et la représentation dispendieuse ; avare pour lui-même, il croyait devoir être prodigue pour le service du Roi [3]. Il ne « cultivait que des gens de mérite et de vertu », mais ils étaient pauvres, il fallait les soutenir [4]. Le Cardinal travaillait trop, il devrait ménager une santé si précieuse, et tranquilliser ses amis [5].

Les lettres à sa sœur étaient d'un ton au-dessous. Plus de grandes vues politiques, d'affectueuses protestations, d'enthousiasme pour le cardinal. Le bas trafiquant et l'âme médiocre s'y livraient sans vergogne : les hautes charges que sa sœur rêve pour lui, il est le premier à sentir qu'elle dépassent « ses forces, ses capacités, et plus encore ses désirs [6] ». « Vous avez beau faire, lui dit-il, vous ne me ferez pas croire que je vaille beaucoup. Je n'ai point de mémoire, je suis

---

1. Id., mai 1723 [49], 330.
2. Id., octobre 1723 [49], 333.
3. Tencin à Dubois, dépêche du 19 mai 1722 [171], 77.
4. Id., dépêche du 22 septembre 1722 [51], 642, f° 286.
5. Id., lettre du 25 mai 1723 [51], 648, f° 153.
6. Tencin à sa sœur, juillet 1723 [49], 320 ; août 1723, 333.

abstrait, sérieux ; je me crois le plus souvent très en-
nuyeux. Ce que je veux faire un peu bien me coûte
infiniment, et ce bien n'est jamais que médiocre[1] ». —
« Je sens visiblement que je baisse, lui confesse-t-il un
autre jour, tirez-moi d'ici... ma santé s'use ; dix ans
de vie valent mieux que toute la fortune que je pour-
rais faire[2] ». Et, comme elle essaie de stimuler en lui
les ambitions qui dorment : « Je suis un sot, je l'avoue,
lui répond-il ; l'ambition, loin de se réveiller en moi,
s'éteint tous les jours davantage. Je ne désire bien réel-
lement et bien sincèrement que de me retirer et vivre
tranquillement[3] ».

Elle, qui a besoin de lui et de sa gloire, le secoue
et le réconforte tout ensemble ; elle le virilise, lui rend
confiance en soi-même, et lui persuade « qu'il vaut
quelque chose ». Il n'est service, petit ou grand,
qu'elle ne soit prête à lui rendre. S'il a besoin d'un
cuisinier français, elle saura utiliser le courrier minis-
tériel et faire voyager son homme aux frais de l'Éminence[4]. Si de vieilles histoires circulent dans Paris, qui
rappellent fâcheusement le souvenir de l'abbé, l'indignation vertueuse de la sœur saura répandre le
contrepoison[5]. S'il faut entretenir la bienveillance du
Sacré-Collège à l'égard du chargé d'affaires de France,
elle écrira aux cardinaux les plus respectueuses, les

1. Id., mai 1724 [49], 335.
2. Id., mai 1723 [49], 332.
3. Id., janvier 1724 [50], 211.
4. Dubois à Mme de Tencin [48] ; le même à Tencin, 25 juin
1723 [51], 648, fᵒ 260 vᵒ.
5. Tencin à sa sœur, février et décembre 1723 [49], 334 ; [50],
210.

plus reconnaissantes lettres[1]. Si ce diplomate sans style désire « enchâsser » dans ses dépêches quelques morceaux de haute allure, elle fera composer par M. de La Motte « des lettres de compliment suivant l'occasion, des pensées pour distribuer au Roi, à M. le duc d'Orléans et autres[2] ». Elle lui garantit surtout la protection de Dubois par des interventions incessantes. Que de fois l'a-t-on vue venir chez le cardinal, pour lui parler de son frère et prendre langue avec lui[3] ! Quand les « quartiers » échus tardent trop à venir, c'est elle qui assume l'ingrate mission de rappeler sa parole à celui « qui a rétabli la vérité et la confiance dans l'Europe[4] ». C'est elle qui « se concerte » avec Dubois pour tirer son frère des mauvaises passes, pour réparer ses grosses bévues ou les malhonnêtetés inhabiles qui achèveraient de ruiner sa réputation[5]. Elle craint tant que l'indulgence du ministre finisse par se lasser, qu'elle exagère « les plaintes » discrètes qu'il la prie de transmettre à

1. Cf. sa lettre au cardinal Gualterio. *Appendices*, n° 11.

2. Tencin à sa sœur, octobre 1723 [49], 333.

3. Dubois à Tencin, dépêches du 27 janvier, 10 février, 3 mars, 14 avril, 12 juin 1722 [51], 638, f°s 44. 117 v°, 237; 639, f° 145 v°; 640, f° 130 v°.

4. Mme de Tencin à Dubois, 7 mars et 12 avril 1723 [12 et 13].

5. Cf., en particulier, l'affaire du courrier de Laffitau : Tencin avait ouvert un paquet adressé à son ennemi, l'évêque de Sisteron : « Je vis, lui écrit Dubois, que le paquet avait été si mal recacheté qu'il n'était pas possible de ne pas reconnaître qu'il avait été ouvert, *ce qui me fit prendre la résolution, de concert avec Mme votre sœur, de ne pas faire rendre ce paquet*, parce que rien n'est si capital à un ministre que de pouvoir être soupçonné qu'il abuse du secret et de la religion des lettres qui passent par ses mains » (Dépêche du 12 mai 1722 [51]. 639, f° 338).

Rome [1] : « Vous m'avez attiré, Monseigneur, écrit un jour à Dubois l'abbé tout penaud, une rude mercuriale de Mme de Tencin. Sa colère est une preuve de son respect et de son attachement pour Votre Éminence ; jamais personne ne s'est trouvé plus embarrassé qu'elle pour concilier les sentiments qu'elle sait que j'ai pour Votre Éminence avec une faute aussi grossière. Je vous prie de la tranquilliser en lui disant que je n'étais point coupable [2] ». — « Laissez craindre Mme de Tencin, lui répondait paternellement le cardinal, et soyez assuré que, quand même vous feriez des peccadilles, ce dont vous n'êtes pas capable, rien ne peut diminuer l'estime et l'amitié que j'ai pour vous, et que personne ne vous honore, Monsieur, plus que je fais [3] ».

Comme il arrive souvent, plus Dubois donnait aux Tencin, plus les Tencin exigeaient de lui. Chaque jour il devenait davantage prisonnier d'une liaison que sa faiblesse libertine avait d'abord acceptée, et qui maintenant s'imposait à lui avec des sommations presque impérieuses, malgré la servilité câline des flatteries prodiguées : « J'ose dire que vous devez m'aimer », lui écrivait Mme de Tencin, dans une lettre pourtant officielle, en lui réclamant de l'argent [4]. L'abbé, qui sentait bien que tout son fragile avenir était lié à sa sœur, la poussait toujours plus fortement dans les bras de son patron. Il aimait proclamer la chose jusque dans les audiences pontificales : « Puisque

---

1. Dubois à Tencin, dépêche du 3 mars 1722 [51], 638, f° 237.
2. Tencin à Dubois, 16 février 1722 [51], 636, f° 341 v°.
3. Dubois à Tencin, 24 mars 1722 [51], 639, f° 41 v°.
4. Mme de Tencin à Dubois, lettre du 12 avril 1723 [13].

votre sœur aime si fort le cardinal, lui disait le Pape en badinant, je ne souffrirai plus qu'elle m'embrasse ». Et Tencin, qui racontait la plaisanterie qu'il avait provoquée, ajoutait à Dubois : « Votre Éminence voit qu'elle est obligée en conscience de dédommager ma sœur de ce qu'elle perd de ce côté-ci[1] ». Dubois se laissait faire : « Vous savez bien, Madame, lui écrivait-il, que, quand il vous plaira de venir à Meudon, vous serez la bienvenue[2] ». Elle allait donc à Meudon. Elle y alla jusqu'aux derniers jours, tant que l'espoir d'une guérison resta possible. Elle entrait dans la chambre du cardinal malade, seule femme au milieu des intimes, Hénault, Schaub, La Motte, Fontenelle. Le cardinal, sans pudeur, soignait ses infirmités devant son ancienne maîtresse, comme il eût fait devant son valet de chambre, et s'efforçait encore de sourire et de paraître léger : « Pendant tout le temps que nous fûmes dans sa chambre, raconte Hénault, je remarquai qu'il prit son pot de chambre cinq ou six fois ; et, quoique je l'observasse fort, il ne parut aucune altération sur son visage ». Chirac et La Peyronie, déjà très inquiets, laissaient alors quelque espoir, et disaient à Mme de Tencin que, s'il voulait souffrir l'opération, il pourrait se tirer d'affaire. L'opération eut lieu, et ne fit que brusquer les choses[3].

Dès que l'agonie commença, dès que les puissances

1. Tencin à Dubois, dépêche (chiffrée) du 20 juillet 1723 [51], 649, f°s 121-2.

2. Dubois à Mme de Tencin, lettre du 25 juin 1723 [48].

3. Hénault, *Mémoires inédits* [107], 1997-9. Dubois mourut, — d'un abcès à la vessie, semble-t-il, — le 23 août 1723.

du lendemain se préparèrent au Palais-Royal, on ne vit plus Mme de Tencin dans les antichambres de Meudon. Elle ne se piquait point d'une fidélité qui eût pu gâter l'avenir. Quand le cardinal mourut, l'abbé était encore à Rome. La mort, qui enlevait aux deux protégés du défunt des espérances si longtemps caressées, leur rendit toute leur liberté d'esprit ; et l'oraison funèbre que la sœur envoya à son frère valait plus sans doute par l'objectivité de la critique que par la piété du souvenir, si l'on en juge par la réponse de ce dernier : « Vous n'aurez nulle peine, lui disait-il, à me faire convenir des non-valeurs du cardinal Dubois. Il m'a manqué essentiellement : il me devait tout. J'ai bien du regret de ne pas lui avoir écrit des lettres à cheval de son vivant »[1].

Comme il ne les lui avait pas écrites, et que cette indépendance posthume restait suspecte, les victimes, maintenant triomphantes, du feu cardinal ne demandaient qu'à se ruer sur les Tencin, et à leur faire expier une faveur trop cyniquement exploitée. S'il n'avait tenu, par exemple, qu'au marquis de Nocé, la sœur eût été envoyée aux Petites-Maisons, ou même à la potence[2]. Le Régent, bon prince, ne pendit personne ; il mourut, d'ailleurs, peu après[3].

1. Tencin à sa sœur, lettre d'octobre 1723 [49], 333.
2. Buvat [53], II, 457. On connaît mal les raisons de la rancune de Nocé contre les Tencin. Peut-être Mme de Tencin avait-elle poussé Dubois à l'exiler ; cf. Tencin à Dubois, dépêche (chiffrée) du 5 mai 1722 [54], 637, f° 1. En tout cas elle le craignait et le haïssait cordialement : cf. Tencin à sa sœur, mai 1723 [49], 330. La Fresnais prétendra qu' « elle a fait tout ce qu'elle a pu pour faire assassiner M. de Nocé ». (*Testament* [1]).
3. Le 2 décembre 1723.

Cependant l'abbé à Rome restait toujours abbé, et
« faisait des réflexions sur la singularité de son étoile ».
Il songeait à ce « fripon » de Laffitau, et se comparait
tristement à lui : « Un malheureux moine, écrivait-il à
sa sœur, est fait évêque pour entrer dans le ministère
de Rome, et moi, au bout de deux ans et demi, sagement, heureusement et utilement employés, je ne puis
pas voir mon établissement assuré[1] ». C'était vrai,
« Dubois lui avait manqué essentiellement », puisqu'il
avait eu l'indélicatesse de mourir sans avoir casé son
protégé. Il fallait opérer une sortie décente et rentrer
en France par un évêché. Mme de Tencin repart en
campagne, fait le siège de Morville, le nouveau secrétaire d'État aux Affaires étrangères[2], et enrôle au service de l'abbé, tout le bataillon de ses amis : Fontenelle
portera lui-même au ministère les lettres du solliciteur,
et rappellera à Morville les promesses de Dubois[3]. Si
le comte de Hoym va à Versailles, il devra se souvenir
qu'il y a des sièges vacants, et y glisser, s'il le peut, le
candidat perpétuel[4]. Ces bonnes amitiés « consolent
Tencin de toutes les ingratitudes qu'il a éprouvées[5] »,
et réparent la négligence de Dubois. En juin 1724, il
est nommé prince-archevêque d'Embrun. Cet archevêché « mit une grande tranquillité dans son âme[6] ».

1. Tencin à sa sœur, octobre 1723 [49], 305-6.
2. Morville à Tencin, dépêche du 3 mai 1724 [52], 655, f° 430 ;
Mme de Tencin à son frère, lettre du 31 juillet 1724 [16].
3. Tencin à M. de Morville, dépêche du 9 novembre 1723 ; Morville à Tencin, 21 décembre 1723 [52], 651, f°' 73 v° et 223 ; Mme de
Tencin à son frère, lettre du 31 juillet 1724 [16].
4. Mme de Tencin à Hoym, lettre du début de 1724 (?) [15].
5. Tencin à sa sœur, mai 1724 [49], 335.
6. Id. juin 1724 [49], 335.

Le nouveau pape, Benoît XIII, — que l'abbé, dans ses lettres à sa sœur, appelle irrévérencieusement « un saint à la vérité, mais un saint extravagant, un fou ignorantissime, le Père éternel des Petites-Maisons [1] », — ce très vieux saint homme, bien cajolé par Tencin, lui proposa de le sacrer lui-même, « honneur très distingué que les seuls cardinaux ont coutume de recevoir [2] ». Le sacre de l'archevêque d'Embrun se fit donc par le pape en l'Église Saint-Philippe de Néri. Sa Majesté le Roi d'Angleterre y assista. La sortie fut plus que digne, elle fut triomphale [3].

Mais il était sage de se tenir coi, et de se faire oublier quelque temps. Depuis plusieurs années, Mme de Tencin surveillait la faveur naissante de Fleury. Elle avait su « s'accorder » avec lui, et faire « l'acquisition d'un homme aussi vertueux » : Elle était « sûre de lui » [4]. Sans faire la chasse aux bonnes grâces passagères de la marquise de Prie, — prudemment, sans bruit, elle orienta sa fortune et celle de son frère vers l'astre à peine levé ; et, quand, le 11 juin 1726, le Roi désigna M. de Fréjus pour son premier ministre, les Tencin étaient dans sa clientèle.

1. Id. Mai et juin 1724 [50], 207, [49], 306.
2. Id. juin 1724 [50], 208.
3. 2 juillet 1724 [171], 111-2.
4. Tencin à sa sœur, août 1722, avril et novembre 1723, avril 1724 [49], 319, 321-3.

CHAPITRE II

AFFAIRES D'ARGENT, D'AMOUR ET D'ÉGLISE
(1726-1736)

Jusqu'ici la jolie Alexandrine de Tencin n'a été qu'une étonnante et peu édifiante aventurière. Sa vie est une vie de coulisses, de tripots, d'antichambre et d'alcôve. Ses amants, qui ne sont pas toujours des amants successifs, s'étalent si nombreux et si publics qu'ils ne peuvent même plus s'appeler des amants, et que le vieux nom gaulois, dont les chansonniers d'alors ne se font pas faute de la gratifier, paraît à peine un peu vif[1]. Parmi ceux qui ont passé ainsi chez elle, amants à la semaine ou au mois, plusieurs nous sont connus par les médisances des mémorialistes. Quelques-uns, comme on l'a vu, portaient des noms sonores : Le lieutenant-général Arthur, comte Dillon, — le Très-Honorable Henry Saint-John, lord vicomte Bolingbroke, — Leurs Excellences les ministres plénipotentiaires Prior et Schaub, — Son Éminence le cardinal Dubois, — Son Altesse Royale Monseigneur le duc d'Orléans. D'autres encore méritent d'être retenus, qui ne sont point sans quelque lustre : C'est l'abbé de Louvois, qui avait intri-

---

1. Chanson de 1742 : *On dit qu'on objecte au Tencin* [88 A], 159 ; cf. encore Maurepas [131], IV, 32, Grimm [103], VI, 203, etc.

gué en cour de Rome pour l'annulation de ses vœux [1] ;
— c'est le lieutenant de police, comte d'Argenson, dont
la laideur aurait dû repousser l'amour et garantir l'austérité, mais dont il était si précieux, pour une nonne
défroquée, de savoir bander les yeux [2] ; — c'est le duc
de Richelieu, qui ne pouvait voir une jolie femme sans
la vouloir pour lui, et qui, incapable de rester un
amant fidèle, devint, du moins, un ami sûr [3] ; — le
contrôleur Law, que son frère avait converti, et
dont elle « convertit » les billets en bon or français [4] ;
— c'est le maréchal de Médavy, qui ne dédaignait pas
de succéder à Dillon, son lieutenant [5] ; — Fontenelle le
« vieil amant », qui « fut pris, dit-on, sur le fait, comme
il nous assure dans quelques-uns de ses profonds ouvrages que les philosophes prennent la nature [6] » ;

1. Richelieu [130 A], II, 272.
2. Id. II, 267 ; Maurepas [131], I, 165, IV, 31 ; cf. encore une
chanson de 1716 (?) [43 B], XIII, 279 :

> D'Argenson vous avez séduit,
> pour mieux éviter la poursuite
> de votre affreux débordement,
> qui vous fit chasser du couvent.

Une note manuscrite ajoute : « Elle a agioté sous la protection
de M. d'Argenson, lieutenant de police, son tenant... ; et dans le
besoin elle lui a aussi servi d'espion ». Ce lieutenant de police
est le père du comte d'Argenson, également lieutenant de police,
auquel est adressée la lettre en faveur des sieurs Besson et
Vernet [14].
3. Richelieu [130 A], II, 244.
4. *Mémoire pour servir*, etc. [102], 14 ; Saint-Simon [79], 352
Barbier [69], I, 420.
5. *Mémoire pour servir*, etc. [102], 14 ; Maurepas [131], IV, 31.
6. La Fresnais, *Testament* [1] : Bolingbroke, lettre à l'abbé
Alari du 20 mai 1726 [42 B], III, 288.

— c'est Astruc, son médecin,

> Ce lascif empirique,
> qui se distille et s'alambique
> au profit du corps délicat
> de la nonne, sœur du prélat [1] ;

— c'est le bon Houdar de La Motte, qui tout « moderne » qu'il était, aurait aimé à de certaines heures s'enfuir léger comme un « Ancien [2] » ; — c'est le conseiller de La Fresnais, qui devait mettre une note tragique parmi toutes ces fructueuses idylles ; — le comte d'Argental, son neveu, qu'on soupçonnera plus tard d'une collaboration plus spirituelle [3] ; — et, pour finir dans l'intimité familiale, c'est l'abbé de Tencin lui-même, « l'incestueux coquin », à qui sa sœur ne savait rien refuser [4].

Sur cette liste fournie par des chroniqueurs peut-être trop généreux, quelques noms, il faut l'avouer, paraissent d'une vraisemblance médiocre ; et, par

1. *La Chimère Embrunoise*, chanson de 1731 [43 B], XVII, 333.
2. Marais, lettre à Bouhier du 15 mai 1726 [66 B], III, 417.
3. La Fresnais, *Testament* [4].
4. Chanson de 1742 [88 A], 177 ; cf. Id. 59, 108 :

> On dit que, sous la régence
> de ce grand opérateur,
> de Rome il viendra dispense
> de coucher avec sa sœur.

Id., 132, 159, 163 :

> Ce cardinal si mal famé,....
> cet amant de sa propre sœur.

Cf. encore Bouhier, lettre à Mathieu Marais du 19 avril 1726 [67], I, 102 ; Toussaint [96 B], 237 ; Richelieu [130 B], V, 77 ; Boisjourdain [140], II, 29, 50 ; etc.

exemple, les soixante-dix ans du « gentil Fontenelle »[1] peuvent inspirer quelques doutes : « Je ne la crois pas si dupe, disait le Président Bouhier, à moins qu'elle ne ressemble à la princesse qui baisa publiquement la bouche d'Alain Chartier, mais ce n'est pas de notre siècle [2] ».

Ni Prior, ni d'Argenson, il est vrai, n'étaient de tout jeunes gens [3] ; et Dubois n'était-il pas déjà vieux et « très usé », quand Mme de Tencin le connut [4] ? On voudrait croire aussi, malgré l'insistance et le nombre des accusateurs, que les amours du frère et de la sœur sont pure calomnie. On peut rétrospectivement le désirer, sans oublier toutefois qu'ils étaient l'un et l'autre « capables de tout exactement » [5]. Au reste, dans toutes ces aventures amoureuses, y eut-il jamais quelque amour vrai? *Chi lo sa ?* Peut-être eut-elle une fois aussi son roman secret, discret et désintéressé. Les romans qu'elle écrivit plus tard permettraient de le supposer. Mais, si elle les a vécus, nous ne les connaissons point ; nous ne connaissons que ses liaisons publiques, qui sont avant tout des affaires. Elle écrivait un jour à Richelieu, alors que depuis longtemps elle avait pris sa retraite de « femme galante [6] » : « Une femme adroite sait mêler le plaisir aux intérêts généraux, et parvient sans ennuyer son amant à lui faire

1. Bolingbroke, lettre citée à l'abbé Alari [42 B], III, 288.
2. Lettre à Mathieu Marais du 23 mai 1726 [67], I, 107.
3. Prior était né en 1664 et d'Argenson en 1652.
4. Boisjourdain [140], I, 423. Il était né en 1656 et avait environ 60 ans quand Mme de Tencin put le connaître.
5. Chamfort [134], 217.
6. Barbier [69], I. 420.

faire ce qu'elle veut[1] ». On devine assez les « intérêts généraux » qui pouvaient se « mêler » à l' « amour » d'un lieutenant de police, d'un contrôleur des finances, ou d'un premier ministre. Si nous étions mieux renseignés, nous saurions retrouver ces « intérêts » partout. N'avait-elle pas su enrôler dans sa banque l'aimable chevalier Destouches, et le cas du conseiller de La Fresnais n'éclaire-t-il pas tous les autres ?

Il ne faudrait pourtant pas trop s'attendrir sur lui[2]. Charles-Joseph de la Fresnais était « un homme de six pieds et plus de haut, et qui pouvait servir les dames[3] ». Il les « servait » si bien, et de tant de façons, qu'il se ruinait à leur service, et que sa femme, après dix-huit mois de mariage était revenue près de ses parents, avec son fils, mourir de chagrin à vingt et un ans[4]. On le croyait très riche. Avant de devenir un de « Nos seigneurs du Grand Conseil », il avait été capitaine de la patache de l'île de Ré[5] et banquier expéditionnaire en cour de Rome. Il était ainsi entré en relations avec Mme de Tencin, lorsqu'elle faisait à son frère des envois d'argent. Il avait été très utile au frère et à la sœur, « lors des diminutions d'espèces, en leur facilitant les moyens de ne rien perdre ». Sur les bénéfices qu'il avait fait ainsi réaliser à l'abbé de Tencin, il avait

1. Lettre du 1er août 1743 [4], 423.
2. Dans le récit de l'affaire La Fresnais, les détails sans référence sont empruntés soit au *Testament* de La Fresnais, qu'on trouvera aux *Appendices* [1], soit à la requête de Mme de Tencin au Grand Conseil [61].
3. Marais, lettre à Bouhier du 14 avril 1726 [66 B] III, 411.
4. *Insula Rhea* [93 A], 105.
5. *Mémoire pour servir*, etc. [102], 15.

gardé pour lui une assez forte somme, mais en s'en reconnaissant débiteur, et en donnant à sa reconnaissance
une garantie hypothécaire[1]. Mme de Tencin, à son
tour, l'avait mis en relation avec les agioteurs qui
avaient fait sa fortune, avec le sieur Chabert, par
exemple, l'ancien caissier de la société en commandite
fondée par elle en 1719. Comme elle, d'ailleurs, il s'était
enrichi un instant au « Système », et restait passionné
pour le jeu[2]. Ensemble, pendant quatre ans, ils firent
l'agio et l'amour. A la fin, chacun prétendit que l'autre
l'avait volé. Des deux voleurs, soyons sûrs, avant toute
chose, que ce ne fut pas Mme de Tencin la plus volée :
« Le caractère de M. de La Fresnais est plein de probité », avouait-elle à un ami commun[3]. Nous pouvons
traduire : le conseiller était un naïf. En 1724, voulant
copier sa maîtresse, il avait fondé, lui aussi, une petite
banque avec un certain comte de Flohr et le jeune sieur
de La Grye. Il s'y fit gruger par Flohr et ses amis, se
laissa voler quatre-vingts actions, essaya de rendre
La Grye responsable des vols, demanda vainement
contre lui une lettre de cachet, enfin lui intenta un
procès, qu'il perdit. C'était la ruine[4].

Il lui restait quelques valeurs sur l'île de Ré.
En 1718, il y avait épousé Aimée Masseau, fille d'un
marchand enrichi qui avait acheté la baronnie de Ré.
Possédait-il lui-même des terres dans l'île, soit en
propre, soit de l'héritage de sa femme ? Avait-il quel-

<hr>

1. Lettre du sieur Bradchet du 16 avril 1726 [59].
2. Barbier [69], I, 420 ; *Mémoire pour servir*, etc. [102], 15-16.
3. Lettre à M. Cottin du 2 octobre 1725 [17].
4. Cf. le *Mémoire pour le sieur Jacques de La Grye* [54].

ques créances sur ses beau-père et beau-frère, qui se trouvaient, eux aussi, dans une situation difficile ? la chose est incertaine, et serait d'un intérêt médiocre, si de toutes ces affaires très embrouillées Mme de Tencin ne devait sortir en 1743 baronne de l'île de Ré[1]. Il semble en tout cas, qu'au moment de sa grande débâcle financière à la fin de 1724, ses titres sur l'île de Ré aient représenté le meilleur de sa fortune. Pour mettre cette épave à l'abri, il crut très habile de placer fictivement sur la tête de sa maîtresse ce qu'il essayait de soustraire au pillage de ses créanciers. Par des actes notariés du 4 septembre 1724 et du 5 septembre 1725, et par les contre-lettres qui les accompagnaient, il « transporta » contrats de rente et obligations à Mme de Tencin.

Elle prit très au sérieux ces « transports simulés », et garda tout avec une conscience tranquille : « C'est le moindre paiement que je puisse recevoir pour avoir couché avec vous », répondit-elle aux sommations de son ami. Quand le propos serait inexact, il ne serait pas indigne de son positivisme. Admirablement précautionnée contre les revendications possibles, elle avait conservé toutes les pièces où son amant s'était engagé par sa signature, mais ne lui avait laissé aucun papier qui pût la compromettre : « Dieu a permis, dira-t-elle plus tard dans sa requête au Grand Conseil, qu'on ait trouvé, sous le scellé mis à l'appartement de ce malheureux, différents états et comptes écrits de sa main : il n'y en a aucun où la suppliante soit comprise

1. *Insula Rhea* [93 A], 106-7.

comme débitrice », il y en avait plusieurs où elle était
reconnue comme créancière. Que valaient tous ces
papiers? Nous ne le savons point. Un seul fait apparaît
certain. A son ancien ami, qui l'avait peut-être aimée,
sûrement aidée, et qui, maintenant inutile pour elle,
était acculé à la ruine, Mme de Tencin se déroba avec
le plus égoïste sang-froid. Il y eut des pleurs, des
menaces, des supplications ; elle ne se laissa point tou-
cher. Par une lettre très habile, d'un ton très digne et
presque ému, elle lui fit dire de ne plus songer à la
voir : « Nous ne pouvons plus penser l'un pour l'autre,
écrivit-elle, comme nous avons pensé. Quand la tendresse a été altérée jusqu'à un certain point, elle ne
peut revenir comme elle a été ». Les soupçons qu'il
avait eus sur sa conduite, « soupçons, dont mon caractère (*sic*), disait-elle, devait m'épargner la honte », la
trouvaient indignée. Elle se voyait « dans la nécessité de
faire un effort, pour s'arracher des sentiments qui faisaient le malheur de sa vie, et qui devaient en faire le
bonheur ». En offrant encore son « amitié » à l'amant
ruiné, elle lui signifiait pourtant la rupture[1].

Ceci se passait à l'automne de 1725. Devant tant
d'infortunes financières et sentimentales, La Fresnais
s'affola. Mme de Tencin l'avait volé; il se persuada
qu'elle le tuerait. Sous cette idée fixe, il rédigea son
testament le 18 février 1726. Le 20 mars, il le relut,
et le signa de nouveau, comme s'il sentait sa mort
imminente. Cependant, tandis qu'il accusait Mme de
Tencin de comploter son assassinat, il la menaçait de

1. Lettre à M. Cottin du 2 octobre 1725 [17].

se tuer pour lui faire pièce, si elle ne lui rouvrait sa porte. Craignant un scandale, elle l'autorise à revenir quelquefois. Le 5 avril, après avoir dîné chez elle, il passa chez son collègue du Grand Conseil, M. de Sacy, et lui remit deux paquets cachetés. L'un portait en suscription : « Ceci est mon testament, que je veux être déposé chez un notaire, pour être ouvert après ma mort en présence de mes créanciers » ; l'autre était une lettre écrite le jour même et destinée à l'archevêque d'Embrun. Dans le testament, il affirmait qu'il serait tué sous peu par Mme de Tencin ; la lettre était déjà une lettre d'outre-tombe : il y parlait de sa mort comme d'une mort volontaire et comme d'une manière de satisfaction à ses créanciers. La contradiction de ces deux documents laisse voir la fêlure dans le cerveau du conseiller. La lettre disait : « Monsieur, je suis bien fâché de mourir sans être en état de vous payer ; j'ai fait les derniers efforts pour vous payer ce que je vous dois : mon impuissance vient de votre sœur. Après avoir eu un commerce d'amour pendant trois ans, aux yeux de ses domestiques et des vôtres, elle s'est emparée de tout mon bien, abusant de la confiance que j'ai eue de le mettre sous son nom. Elle m'a mis dans la cruelle nécessité de périr. Si vous voulez éviter la punition de Dieu, envoyez-la dans son couvent, dont elle n'est assurément pas sortie canoniquement » [1].

Ayant confié les deux paquets à M. de Sacy, il revint chez Mme de Tencin, et y passa une partie de la soirée. Le lendemain matin vers dix heures, il sortit, en re-

1. Mathieu Marais [66 B], III, 417.

commandant à son domestique de lui tenir prêt son
dîner, pour le cas où il rentrerait[1]. Il s'en fut chez
Mme de Tencin. Elle était souffrante. Autour de son lit,
sa sœur, la comtesse de Grolée, son neveu, le chevalier
de Tencin, un docteur de Sorbonne, et un chanoine
d'Embrun, l'abbé Michel, faisaient cercle[2]. Il s'assit,
recommença ses habituelles lamentations, puis resta
taciturne et pensif. Quelques minutes plus tard, il se
lève, l'air égaré, les yeux mornes, passe dans un cabinet
voisin sous prétexte d'y écrire une lettre. On entend une
détonation ; on accourt : il râlait sur un sofa, le pistolet
à la main.

L'archevêque d'Embrun logeait dans la maison. Vite
il descendit à la porte cochère, et la ferma : le voilà
pour le reste du jour concierge de l'hôtel, et les domestiques ne pourront jaser dans le quartier[3]. D'Argental, conseiller au Parlement, mandé par son oncle,
arriva au conseil de famille[4]. Ce mort était gênant.
Avant tout il fallait s'en débarrasser, et sans bruit. En
hâte, on consulte un avocat de renom, et le Grand
Conseil est prévenu. Son Premier Président, son Procureur général, une commission composée des doyens du
corps, se transportent sur l'heure à la Porte Saint-
Honoré. Anéantie par l'émotion et par la fièvre, la
dame de Tencin ne peut recevoir la Cour, mais celle-ci
se montre accommodante : son procureur accepte de

1. Rapport de police du 7 avril [55], 243.
2. Lettre du sieur Bradchet [59] ; Mathieu Marais, lettres à
Bouhier des 12 et 14 avril 1726 [66 B] III, 408-9.
3. *Histoire de la procédure de Mme de Tencin* [60], 60.
4. Lettre du sieur Bradchet [59].

recevoir l'affaire, comme si le Grand Conseil était directement intéressé par la mort d'un de ses membres. La cour s'installe donc en séance improvisée, fait requérir le chirurgien, le curé, les fossoyeurs. Les conseillers enregistrent les dépositions, délibèrent, rédigent des procès-verbaux de constat, le tout presque à jeun. Le curé arriva ; malgré les instances de l'archevêque d'Embrun, craignant davantage celui de Paris, il refusa d'enterrer son paroissien. Il lui faut un arrêt de la Cour pour mettre sa conscience en sûreté ; et c'est à minuit seulement que par l'huissier du Grand Conseil il reçoit l'injonction d'inhumer le suicidé. Pendant qu'on enterre à Saint-Roch le pauvre géant mal empaqueté dans une grande bière faite exprès, la Cour s'en va réveiller Persoonk, domestique du défunt, lui apprend la mort de son maître, et pose des scellés partout. Il était deux heures du matin, et c'était dimanche. La Cour s'en fut se reposer [1].

Mais La Fresnais s'était réservé une vengeance posthume. Le lendemain tout étonné d'accomplir si tôt sa mission, M. de Sacy va déposer le testament chez un notaire et remettre le second paquet aux commissaires du Grand Conseil. En présence du lieutenant civil, le testament est ouvert. C'était le plus perfide et le plus brutal réquisitoire contre Mme de Tencin. Tout le passé de sa maîtresse y était révélé et sali. Elle l'avait ruiné, disait le mort, ou plutôt effrontément volé ; elle voulait l'assassiner ; elle avait fait du reste tout ce qu'elle avait

1. *Histoire de la procédure*, etc. [60], 64-2 ; rapport de police des 7 et 8 avril [55], 213-5 ; Mathieu Marais, lettres à Bouhier des 12 et 14 avril [66 B], III, 406-411.

pu pour en assassiner d'autres, M. de Nocé par exemple ;
c'était une coquine, qui couchait avec tout le monde,
qu'il fallait séquestrer au plus vite dans un couvent, et
dont il appartenait à la justice de faire cesser la vie
infâme.

La justice vint. Le soi-disant testament, n'étant qu'une
dénonciation, avait passé au greffe criminel du Châtelet.
Celui-ci, tout heureux de faire sentir sa puissance à une
Cour supérieure, affecta d'ignorer la procédure et les
arrêts du Grand Conseil. Déjà le dimanche soir, un petit
fonctionnaire du Châtelet, le commissaire du quartier,
était venu chez Mme de Tencin, recueillir les premières
informations et la déposition des domestiques. De là, il
s'était rendu au domicile de La Fresnais, avec le procureur et le lieutenant criminel, et, en leur présence,
avait « contrescellé » sur les scellés posés le matin[1].

Le Grand Conseil pourtant continuait son enquête,
et, dès le lundi, avait désigné « un curateur à la mémoire du mort[2] ». Le même jour, s'étant transporté
chez le défunt, pour y lever les scellés, il trouve ceux
du Châtelet « croisés » sur les siens, et décide de passer
outre. Le procureur du Roi au Châtelet fait opposition
à l'arrêt, et demande des ordres à Versailles. Le ministre répond que « l'intention de Son Altesse Sérénis-
sime est de laisser la justice suivre son cours ordinaire ».
C'était le triomphe du Châtelet[3].

Les instructions de Versailles étaient arrivées le

1. Rapport de police du 7 avril, huit heures du soir [55], 213.
2. *Addition de mémoire*, etc. [63], 10-11.
3. Addition au rapport de police du 8 avril [55], 218 ; Lettres
de Maurepas au procureur et au procureur général du Roi au
Châtelet [55], 219 ; *Archives de la Bastille* [56 A], 126.

mercredi 10, à la fin de la journée. Le lieutenant criminel, joyeux de tenir une belle affaire, se hâta. Le soir même, il est chez Mme de Tencin, se dépêche de recevoir la déclaration de l'intéressée et celle de ses gens, puis, sans informer davantage, la décrète de prise de corps. En pleine nuit, l'arrêt s'exécute. Mme de Tencin, toujours malade, est emmenée sous escorte au Châtelet, La Fresnais tiré de la chaux vive où il commençait à se calciner, et la prévenue confrontée avec le cadavre. Ce fut une rude nuit : sept heures durant, à ce qu'elle raconte, le lieutenant criminel l'interrogea sans pitié, malgré la grosse fièvre qui l'accablait. Il affecta de la questionner « sur une infinité de choses inutiles, qui n'avaient aucun rapport au fait en question », c'est-à-dire qu'il obligea l'infortunée à convenir de ses débauches avec le mort, et à lui en raconter le détail. M. le lieutenant criminel se divertit sans doute en cet interrogatoire, mais il resta peu galant. Mme de Tencin réclamait son élargissement provisoire, ou du moins l'une de ses femmes pour la soigner. On lui refusa tout ; et, demi-morte de fatigue, d'humiliation et d'énervement, elle acheva sa journée dans la prison sans air du Châtelet[1].

Elle n'y acheva point la nuit. La famille, désespérée, multipliait les démarches. L'archevêque allégua la santé de sa sœur, et obtint pour elle une lettre de cachet. Le 12, au petit jour, un officier du guet à cheval conduisait Mme de Tencin à la Bastille[2]. Elle y entra presque en

1. Mathieu Marais, lettres à Bouhier des 14 avril et 3 mai [66 B], 408-9 et 412.

2. Billet d'écrou du 12 avril 1726 [57], 4.

même temps que Voltaire : « Nous étions comme
Pyrame et Thisbé, écrivait-il un mois plus tard à
Mme de Ferriol, mais nous ne nous baisions point par
la fente de la cloison [1] ». Avec l'abbé Margon, cela
faisait « un beau trio bastillé [2] ».

Au reste, ce transfert n'arrêtait point la procédure ;
l'instruction du Châtelet suivait son cours, et le lieutenant criminel continuait à la Bastille ses interrogatoires [3].
Deux fois la prisonnière rentra dans Paris, escortée
par des officiers de robe courte, pour assister chez elle
et chez La Fresnais à la levée des scellés [4] ; mais ces
deux sorties furent brèves, et la réclusion dura près de
trois mois. La bienveillance de Mgr le duc y apporta
des adoucissements. On rendit à Mme de Tencin sa
femme de chambre [5], on l'autorisa à se promener sur
les tours et dans les jardins de la forteresse [6], on lui
permit de recevoir des visiteurs choisis [7]. L'Archevêque

1. Lettre du 6 mai 1726 [70], XXXIII, 158. Ce n'est pas ici une
allusion au *Pyrame et Thisbé* de Théophile, mais à l'opéra de
Francœur et Rebel, qui eut un vif succès en 1726 : cf. Mlle Aïssé,
lettre de novembre 1726 [68], 180-1.

2. Marais, lettre à Bouhier du 2 mai 1726 [66 A], VII, 143.

3. Maurepas, Lettres à M. Lecomte, lieutenant criminel, du
11 avril, à M. de Launey, gouverneur de la Bastille, du 16, *Archives de la Bastille* [56 A], 127.

4. Moreau, procureur au Châtelet, lettres à M. de Launey des
19 avril et 10 mai [58], 133 et 136.

5. Id. 14 avril [58], 131.

6. Maurepas, lettre à M. de Launey du 20 avril [56 B], 89.

7. Cf. la liste des visiteurs dans les lettres du procureur Moreau
[58], 132-6 : l'archevêque d'Embrun, M. et Mme de Ferriol, le Président de Tencin, Mme de Grolée, le chevalier de Tencin, d'Argental, Fontenelle, La Motte, les abbés d'Hugues, Dugère, Des
Michelles (Michel), Veyret, etc.

fut admis le premier, puis ses sœurs, son beau-frère, ses amis : les ecclésiastiques furent particulièrement assidus à ces réconfortants entretiens. Sa chambre de la Bastille devint un salon, où Fontenelle et La Motte lui venaient faire la cour comme à la rue Saint-Honoré. Il n'est même pas impossible que l'un ou l'autre — plus vraisemblablement La Motte — ait rédigé la longue supplique à *Nos seigneurs du Grand Conseil*, une assez belle pièce d'éloquence judiciaire, claire, serrée, habile, indignée [1].

Famille, prêtres et amis, tout cela se remuait et intriguait à Versailles, avec l'aide des Jésuites et du maréchal d'Uxelles, pour restituer au Grand Conseil la connaissance de l'affaire [2] ; ils l'obtinrent le 3 juin en Conseil d'État [3]. Le 16, le Roi ordonnait à M. de Launey, gouverneur de la Bastille, de mettre Mme de Tencin en liberté, dès que son procès serait jugé [4], c'était faire entendre dans quel sens il le serait. Enfin, le 3 juillet, le Grand Conseil, statuant sur le fond, « condamnait la mémoire de Charles-Joseph de La Fresnais à perpétuité, et son libelle qualifié de testament à être lacéré par un huissier de service ; déchargeait Claudine-Alexandrine Guérin de Tencin de l'accusation intentée contre elle, et lui permettait de faire imprimer et afficher le présent arrêt [5] ». Il fut au coin de toutes les rues.

Mme de Tencin, acquittée et légalement enrichie des

1. Cf. *Bibliographie*, n° 61.
2. Boisjourdain [140], II, 38.
3. *Arrest du Grand Conseil* [65], 1.
4. A M. de Launey, capitaine et gouverneur de mon château de la Bastille [57], 6, 7.
5. *Arrest du Grand Conseil* [65], 4.

dépouilles de sa victime, sortit mourante de la Bastille :
« La voilà innocente, disait-on, elle va mourir[1] » ! Elle ne
mourut point, mais ne ressuscita pas sur le coup. Les
eaux de Passy calmèrent un peu ses nerfs surmenés.
A peine convalescente, accompagnée de son frère, elle
partit en Dauphiné cacher leur victoire et chercher
l'oubli[2]. Il fut lent à venir. Le scandale, énorme, avait,
durant six mois, alimenté les conversations et les chansons parisiennes ; de nombreuses copies du testament
avaient circulé dans le public[3] ; on en avait parlé
jusqu'à Londres[4]. Le verdict du Grand Conseil fit peut-
être plus de bruit encore que l'arrestation par le Châtelet. On cria à l'acquittement par ordre. Après avoir lu
les pièces du procès, « l'innocence » de Mme de Tencin
apparaît évidente. Le coup eût été, d'ailleurs, trop grossier et trop naïf pour cette femme habile. Mais l'hypothèse de l'assassinat satisfaisait davantage l'imagination toujours simpliste du public[5] ; et le Président
Bouhier traduisait le sentiment général, quand il écrivait à son ami Mathieu Marais le 12 juillet 1726 : « Il
est difficile que la lessive du Grand Conseil n'ait laissé
quelque tache à la dame de Tencin, que toutes les eaux
de Passy n'effaceront point[6] ».

Cette tragi-comédie clôt définitivement la jeunesse

1. Marais, lettre à Bouhier du 12 juillet 1726 [66 B], III, 437.
2. Id., 17 août 1726 [66 B], III, 441.
3. *A Nos seigneurs du Grand Conseil* [61], 5.
4. Bolingbroke, lettre à l'abbé Alari du 20 mai 1726 [42 B], III, 288.
5. Cf. les chansons sur Mme de Tencin de 1727 à 1730 [43 B],
XL, 26, etc.; *Dictionnaire historique, littéraire*, etc. [109], 430, etc.
6. [67], I, 119.

de Mme de Tencin. La femme galante est morte, la femme de salon commence : « Mme de Tencin est toujours malade, écrit en 1727 Mlle Aïssé ; les savants et les prêtres sont presque les seules personnes qui lui font la cour ». Ces deux sortes de courtisans vont être le symbole de sa nouvelle vie. Les semaines douloureuses qu'elle a vécues l'ont laissée épuisée. Pendant plus d'un an, elle eut la fièvre presque incessante[1]. Le cœur surtout restait irrité, et cette inélégante aventure, dit ailleurs Mlle Aïssé, « l'aigrissait contre tous les gens dont elle n'avait pas besoin[2] ». Désormais, elle gardera rancune, sinon à l'amour même, du moins aux galanteries faciles, où elle s'était complue jusqu'ici. Les mystérieux inconnus auxquels elle dédiera plus tard *Le Siège de Calais* et *Les Malheurs de l'Amour*, celui qui « était l'Univers pour elle », celui « à qui elle devait le bonheur d'aimer », ne sont peut-être pas des créatures de rêve[3]. Mais, si elle les a aimés, ce fut sans tapage, et « avec toute la décence possible »[4]. Au reste, elle atteignait quarante-cinq ans, et la graisse commençait à l'empâter[5]. Il fallait songer à la retraite. Elle n'était point dévote, elle se fit bel esprit. Non qu'elle eût renoncé aux intrigues politiques, mais, ne pouvant plus s'imposer par l'amour, elle voulut se façonner d'autres instruments de domination. Elle comprit, qu'à son âge et dans son siècle, seule la gent littéraire pou-

1. Lettres à Mme Calandrini [68], 208, 218, 240, 245.
2. Lettre de décembre 1728 (?) [68], 288.
3. Cf. *Bibliographie*, n°s 24 et 25.
4. Duclos [86], 94.
5. Mlle Aïssé, lettre d'août 1727 [68], 240.

vait lui rendre l'honorabilité sociale, et faire d'elle une
puissance[1]. La conversion se fit peu à peu : pendant
plusieurs années encore le salon de Mme de Tencin
resta sans affectation précise ; on y coudoyait plus de
jésuites que d'académiciens. Tous néanmoins y étaient
également disciplinés et surtout utilisés ; et l'on va voir
comment, par la grâce de Mme de Tencin, un médecin
et un poète, enrôlés au service d'un archevêque, lui
composaient ses mandements et préparaient les délibérations d'un concile.

Il y avait à peine un an que Mme de Tencin était
sortie de la Bastille ; et déjà le frère et la sœur machi-
naient une grande manifestation pour rentrer sur la scène
publique, et y rentrer pieusement. Après avoir cherché
le chapeau pour les autres, l'archevêque le voulait
pour lui. Son zèle dévot était d'autant plus vif que son
passé était plus compromis. A défaut d'autres scrupules, ce docteur de Sorbonne avait du moins celui de
la doctrine, et, pontife tout fraîchement consacré, il se
sentait un prosélytisme jeune : « Je n'ai jamais fait plus
sagement, écrivait-il à sa sœur dès 1723, que de me
faire ami des jésuites[2] ». Il allait donner maintenant
des preuves effectives de cette « sagesse » en prenant à
son compte les rancunes de la Compagnie, qui étaient
aussi celles de la Cour.

On sait que depuis 1713, depuis que sur les instances
et presque les sommations de Louis XIV et du P. Le

---

1. Toutes ces idées sont exprimées par Mme de Tonins, en qui
Duclos semble avoir voulu peindre Mme de Tencin : cf. *Les Confessions du comte de* X*** [86], 93-5.

2. Lettre d'avril 1723 [49], 320.

Tellier, le pape Clément XI avait condamné, par la Bulle ou Constitution *Unigenitus* cent et une propositions des *Réflexions morales* du P. Quesnel, et, derrière ces propositions, le jansénisme toujours vivace, — l'Église de France n'avait plus retrouvé son unité. Des évêques aux derniers fidèles, on était *constitutionnaire* ou *anticonstitutionnaire*, *acceptant* ou *appelant* de la Bulle. « Les acceptants, écrit Voltaire dans une formule trop simplificative, mais peu inexacte, étaient les cent évêques qui avaient adhéré sous Louis XIV, avec les Jésuites et les Capucins. Les refusants (on disait plus communément « les appelants ») étaient quinze évêques et toute la nation. Les acceptants se prévalaient de Rome ; les autres des universités, des parlements et du peuple[1] ».

Parmi les évêques qui « appelaient » de la Bulle à un futur concile, dut-il ne se tenir jamais, nul n'était plus vénérable, plus pieux et plus entêté que le vieil évêque de Senez, Jean Soanen. Il avait quatre-vingts ans, et toutes les vertus qui font le saint populaire. En 1726, comme dans le public on le disait mort, il montra qu'il restait bien vivant : L'*Instruction pastorale de Monseigneur l'évêque de Senez, dans laquelle, à l'occasion des bruits qui se sont répandus à l'occasion de sa mort, il rend son clergé et son peuple dépositaire de ses derniers sentiments sur les constitutions qui agitent l'Église, du vingt-huit août mil sept cent vingt-six*, cette instruction pastorale, agressive pour le pape, le roi et les évêques constitutionnaires, se faisait emphatiquement élogieuse pour tous les martyrs de « la Vérité »,

1. *Siècle de Louis XIV*, chap. XXXVII, [70], XV, 58.

et invitait les vrais fidèles à la défense de cette « Vérité » proscrite, sans se laisser effrayer ni par leur petit nombre ni par les attaques de l'ennemi. Que ce mande- ment ait été écrit par Soanen lui-même ou par un certain abbé Cadry, théologien des appelants, la responsa- bilité en retombait sur M. de Senez. Son évêché appar- tenait à la province d'Embrun. Belle occasion, pour le docteur qui en était l'archevêque, de secourir la foi en danger. Il demanda, et la cour autorisa, la réunion d'un concile provincial, qui fut convoqué à Embrun pour le 16 août 1727[1].

Les Tencin avaient le sens familial : l'annulation des vœux de la chanoinesse, la conquête de l'abbaye d'Abondance, le procès du prieuré de Merlou, la banque de la rue Quincampoix, les intrigues romaines de l'abbé, le suicide de La Fresnais, avaient été des affaires de famille. Le concile d'Embrun fut de même[2]. On en con- naît l'histoire, et nous en avons les actes. Si l'on veut pourtant en goûter la saveur et l'esprit, mieux vaut ne point s'arrêter à la majestueuse parade que préside M. d'Embrun, et s'initier au travail souterrain, mais efficace, de la sœur.

A elle aussi, il fallait un masque de gravité pour son

---

1. Cf. la *Relation de ce qui s'est passé dans le concile provincial d'Embrun au sujet de la condamnation des écrits de M. de Senez et du jugement prononcé contre la personne de ce prélat*, par M. l'abbé de Michel, secrétaire du concile, Paris, Mazières et Gar- nier, 1728, 1 vol. in-4. L'abbé de Michel était une créature de Tencin ; sa « Relation » est plus que tendancieuse.

2. *Suite des nouvelles ecclésiastiques du 5 juillet 1728*, [73], non paginée : « le concile d'Embrun est devenu une affaire de famille ».

nouveau rôle de matrone : dans les couloirs d'un concile, elle se referait une vertu. Ce fut une vraie croisade, qu'elle prêcha partout avec la même conviction remuante et bruyante qu'autrefois le « Système ». Tout ce qui était sous sa main dut marcher pour la cause sainte, depuis son neveu, le chevalier de Tencin, dont elle fit son secrétaire, jusqu'à son professeur de philosophie, le P. Maniquet, provincial des minimes, jadis opposant de la Bulle, mais qui, mieux instruit par son ancienne élève, mit tout son « esprit », toute sa « littérature » au service du parti constitutionnaire, et se fit l'un des théologiens attitrés du concile[1]. Elle obtint encore de plus étonnantes conversions : son médecin Astruc, qui déjà s'intéressait à l'exégèse, dut pour elle apprendre la théologie[2], et le vieil Houdar de La Motte la rapprendre.

Car il en savait quelques mots. Les chansonniers l'appelaient « moine défroqué »[3], parce qu'après son premier échec au théâtre, il s'était enfermé quelques semaines à la Trappe, et en était sorti sur le conseil de

1. *Id.* id. ; *Suite des nouvelles du 8 décembre 1728*, p. 13-4, *du 22 février 1729*, p. 13 sq.

2. Cf. Mme de Mimeure, lettre au comte de Hoym du 1er avril 1731 [45], II, 245 : « Vos amis Tencin, La Motte, Fontenelle et Astruc sont très maltraités. On prétend que c'est ce dernier qui a fait le mandement de l'archevêque d'Embrun qui est écrit avec tout le feu et le fiel imaginables ». Ce mandement est sans doute « *l'Instruction pastorale de Monseigneur l'archevêque-prince d'Embrun sur un écrit signé de 40 avocats et intitulé : « Mémoire pour les sieurs Samson, curé d'Olivet..... appelants, comme d'abus »* (26 janvier 1731). — Sur les préoccupations exégétiques d'Astruc ; cf. plus loin, chap. V, p. 185-6.

3. *La Chimère Embrunoise*, chanson de 1731 [43 B], XVII, 333.

Rancé[1]. Il avait du goût pour les choses religieuses, et
en parlait congrûment[2]. Quatre ans plus tôt, on se le
rappelle, il avait préparé pour le frère de son amie des
« compliments » et des « pensées » diplomatiques. Il
devait prêter, cette fois, son éloquence et son onction à
ce Père de l'Église improvisé. « Le fait est mémorable,
écrira Voltaire ; un archevêque condamne un évêque,
et c'est un auteur d'opéras et de comédies qui fait le
sermon de l'archevêque »[3].

Le concile s'ouvrit officiellement à Embrun, et officieusement à Paris, dans le salon de Mme de Tencin.
C'est là que la pieuse comédie eut sa répétition générale, et La Motte y donna lecture de tous les discours

1. Cf. Dupont, *Houdar de La Motte*, Paris, Hachette, 1898, 1 vol.
in-8, p. 3.

2. Trublet [112], 375 ; cf. *Œuvres complètes* de La Motte, Paris,
Prault, 1754, t. VIII : *Plan des preuves de la Religion*, etc.

3. *Ecrivains français du siècle de Louis XIV* [70], XIV, 87 ;
Trublet, qui fut secrétaire de Tencin, est aussi affirmatif [112],
374 : « Voici quelques ouvrages que je sais être de M. de La
Motte :... l'exhortation au peuple prononcée par l'archevêque
d'Embrun le 16 août 1727 ». Cette *exhortation* a, d'ailleurs, belle
allure, et Tencin put remercier sa sœur de la lui avoir procurée ;
on en jugera par ce fragment d'exorde : « Que la présence de l'Esprit-
Saint, qui va habiter parmi nous, fasse dans vos cœurs, la même
impression qu'y fait le sacrement de nos autels, quand nous
l'exposons à votre piété ! Dans l'un de ces mystères, c'est un Dieu
mort qui vous rappelle à lui ; dans l'autre, c'est un Dieu conso-
lateur qui vous instruit et qui veut se faire un temple de votre
cœur. Dans l'un, c'est un Dieu qui vous a racheté de son sang ;
dans l'autre, c'est un Dieu qui vous sanctifie par sa grâce : également digne de toutes vos adorations dans les différents effets de
sa miséricorde ». (*Exhortation au peuple, prononcée par Monseigneur l'archevêque d'Embrun, après l'Evangile de la messe solen-
nelle du Saint-Esprit, qu'il célébra le jour de la première session
du concile provincial*, Grenoble, Faure, in-4, p. 2.)

qui seraient prononcés deux mois plus tard et dans une assemblée plus sainte, par des bouches plus autorisées [1]. Quand il mourut, en 1731, Mme de Tencin, prudente, s'en fut retirer chez lui tous ces brouillons compromettants, pour que le scandale ne devînt pas public [2]. Le bon Houdar expia du reste son dévouement à la cause : les épigrammes jansénistes lui furent cruelles ; on rappela méchamment que toutes ces « lumières » partaient d'un aveugle ; et Voltaire, en son *Jansénius*, « poème héroïque », édifiant et très austère, qu'il jugea plus sage de garder inédit, appelait les vengeances de l'Esprit-Saint sur ce « mercenaire auteur »,

> qui, doublement aveugle et prophète menteur,
> à la fausse doctrine, à la noire cabale,
> prête sa voix servile et sa plume vénale [3].

D'autres amis de Mme de Tencin travaillaient « à la noire cabale ». La « Chimère Embrunoise » a trois têtes, disait un chansonnier : Houdar, Fontenelle, Astruc [4]. Elle en avait cent. Ce concile était organisé comme une conjuration, comme un « brigandage »,

1. *Brevet de la calotte pour M. de La Motte, à l'occasion de la Relation qu'il a faite du Concile d'Embrun* (1727) [43 B], XXXIX, 252.

2. Marais, lettre à Bouhier du 31 décembre 1731 [66 B], IV, 328.

3. Il existe, à ma connaissance, plusieurs copies du *Jansénius* : deux à la Bibliothèque Nationale, [43 C], XIV, 461-8, XVI, 365-9, et deux dans les collections de M. A. Gazier. Les vers sur La Motte (XVI, 365) manquent dans la première copie de la Nationale et dans l'une de celles qui appartiennent à M. Gazier.

4. *La Chimère Embrunoise* [42 B], XVII, 333 (c'est Satan qui parle) :

> Tencin, dit-il, pour notre part,
> prête-nous tes suppôts célèbres,
> les Fontenelle, Astruc, Houdar.

suivant le mot des jansénistes. Les principaux « larrons » appartenaient à la même « bande » : le « promoteur » du concile était l'abbé d'Hugues, le secrétaire, l'abbé Michel ; je les retrouve tous deux parmi les visiteurs privilégiés que recevait la prisonnière de la Bastille[1] ; et l'abbé Michel, on s'en souvient peut-être, se trouvait dans la chambre de Mme de Tencin, près de son lit, quand La Fresnais vint s'y suicider. Elle-même, du reste, payait de sa personne. Sa maison de la rue Saint-Honoré était devenue le bureau d'expédition pour les affaires du Concile. C'est de là que partaient les chansons, les petits pamphlets qui entretenaient ou réveillaient la curiosité du public. C'est elle qui les faisait imprimer à ses frais et en approvisionnait les colporteurs[2]. Il est probable qu'elle en rédigeait elle-même quelques-uns ; et j'imagine que l'*Avocat de province* ou le *Savetier Neutelet* — celui qu'on appelait « le savetier de la Constitution », et qui savait si bien « resaveter la Bulle »[3] — n'écrivaient peut-être en leurs factums que ce qu'elle leur avait soufflé ; factums, d'ailleurs, bien médiocres, dont l'esprit, s'ils en eurent, est aujourd'hui évaporé, mais qui manifestaient la vitalité combative du parti[4]. C'est elle encore qui envoyait

1. Moreau, procureur du Roi, à M. de Launey, lettres des 16 et 28 avril 1726 [58], 132-4.

2. *Suite des nouvelles ecclésiastiques du 26 juin 1728* [73], non paginée.

3. Sur ce savetier pamphlétaire, que patronnaient les évêques constitutionnaires ; cf. *Les habitants de Sarcelles désabusés au sujet de la Constitution Unigenitus, seconde harangue à Monseigneur l'archevêque de Paris* [43 C], XVIII, 44, sq.

4. « C'est de ce bureau (le bureau de Mme de Tencin) que sont parties les *Lettres d'un avocat de province à M. Aubri* et les

toutes les semaines au gazetier de Hollande le bulletin tendancieux des travaux du Concile[1], pour riposter aux accusations de la feuille janséniste, les *Nouvelles ecclésiastiques*. Il faut lire la *Gazette d'Amsterdam* de septembre et octobre 1727 ; le lecteur édifié y trouvera quelques beaux morceaux d'éloquence sacrée et de nouveaux motifs pour louer Dieu en M. d'Embrun : « Le pape a écrit de sa main au président du Concile pour célébrer son zèle, pour l'exhorter à finir avec courage une affaire aussi importante pour la Religion... M. d'Embrun, s'est lavé victorieusement devant Soanen du crime de simonie... Il a toujours, pour son calomniateur, toutes sortes d'égards et d'attentions... Malgré les outrages personnels qu'il a essuyés de sa part, il pratique sur lui les règles de la charité... M. de Senez lui-même ne peut résister à tant de vertu ; il déclare qu'il regrette ses injures, qu'il voudrait les laver de son sang. M. d'Embrun répond que les injures qu'il avait tâché de lui faire n'avaient pas altéré son cœur... Et M. de Senez part en exil dans la litière de M. d'Em-

---

Lettres du célèbre Neutelet, maître-savetier de Paris » (*Nouvelles ecclésiastiques*, n° cit.). — Il est inutile de s'arrêter à tous ces factums ; mais dans la *Troisième lettre d'un avocat de province à M. Aubri, au sujet de sa dernière consultation en faveur de M. de Senez* (B. N., L d⁴ 1559), je note, p. 1, le passage suivant, qui pourrait bien avoir été directement inspiré par Mme de Tencin : « Je connais plusieurs dames jansénistes, dont la piété est célèbre dans le parti, qui ont dévoré les premières pages de votre Consultation, mais dont le zèle s'est bientôt refroidi à la seconde partie, comme vous l'avez prévu, dès que l'attrait de la médisance a commencé de manquer ».

1. *Suite des nouvelles ecclésiastiques du 26 juin 1728* [73], non paginée.

brun[1] ». Il est difficile de n'être point touché. L'auteur du *Siège de Calais* débutait dans la littérature par le journalisme, et savait déjà en utiliser la puissance.

Les Tencin eurent donc leur sainte victoire, et Soanen fut relégué dans une abbaye d'Auvergne. Le condamné octogénaire supporta gaillardement les anathèmes des « Pères » d'Embrun. Il vécut encore quatorze ans ; et les dévots de son parti allaient à la Chaise-Dieu, en pèlerinage, demander des miracles à « Jean, prisonnier de Jésus-Christ »[2]. Tencin revint à Paris se faire approuver par le Roi[3]. Mais à Embrun l'écho de la montagne répondait au public :

> Comment appelle-t-on partout celui qu'on a jugé dans le concile que présidait Tencin ? — *Saint.*
> Qu'obtiendra Tencin pour prix de son indignité ? — *Dignité.*
> Parviendra-t-il au chapeau après ce procédé inouï ? — *Oui.*
> La confidence et l'agiotage ne lui nuiront-ils point ? — *Point.*
> Qu'est à ce prélat cette religieuse dévoilée de la conduite de laquelle tout Paris a été le censeur ? — *Sœur*[4].

En dépit de « l'écho », il sembla tout d'abord que tant et de si beau zèle ne dût point trouver sa récompense. Les parlementaires, toujours jansénisants, avaient protesté contre les décisions du Concile. Le 30 octobre 1727, cinquante avocats du Parlement

---

1. Nᵒˢ 73-4, 79, 87, — 16 septembre au 31 octobre 1727 [72].

2. C'est la signature de Soanen après sa condamnation : cf. par exemple, sa *Lettre aux religieuses de* ***, du 24 juin 1731, B. N., L d⁴ 1699.

3. Le Roi l'avait déjà félicité par lettre, mais avec modération : cf. *Copie de la lettre du Roi à M. l'archevêque d'Embrun* (28 décembre 1727), B. N., L d⁴ 1547.

4. *L'écho des montagnes des environs d'Embrun*, 1728 [43 B], XVI, 457.

signèrent une *Consultation*, qui devint aussitôt populaire, *sur le jugement rendu à Embrun contre M. l'évêque de Senez*[1]. Les avocats y proclamaient l'innocence de Soanen, l'indignité de Tencin et l'invalidité du Concile. La consultation fut mise en chansons. L'archevêque et sa sœur y occupèrent les meilleures places, et entrèrent définitivement dans la célébrité, sinon dans la gloire. Ils étaient pour longtemps « sur le chandelier »[2]:

> Viens au secours de ton Église,
>   divin pasteur ;
> délivre-la de l'entreprise
>   d'un séducteur,
> d'un vil esclave de Mammon.
>   Qu'il la délivre
> d'un homme sans foi, d'un Simon,
>   d'un tyran, c'est tout dire.
>
> . . . .
>
> , ...
>
> Te passerai-je sous silence,
>   sœur de Tencin ?
> monstre enrichi par l'impudence
>   et le larcin,
> vestale peu rebelle aux lois
>   de Cythérée,
> combien méritas-tu de fois
>   d'être vive brûlée ?
>
> Toujours chez toi, vieille Rhodope
>   furent reçus
> les favoris de Calliope
>   et de Plutus.

1. *Consultation de MM. les avocats du parlement de Paris*, etc. B. N., L d⁴ 1540.

2. Saint-Simon, *Annotations à Dangeau* [78], 162.

> Jamais ta belle âme à l'argent
>   ne fut rebelle ;
> et ce ne fut que l'indigent
>   qui te trouva cruelle.
>
> . . . .
>
> . . . .
>
> Pour Tencin, la pourpre romaine
>   a des appas.
> Le chemin qu'il a pris y mène
>   nos renégats.
> De Dubois il a les vertus
>   et l'opulence.
> Il soutient l'*Unigenitus*,
>   il doit être Éminence.
>
> Pour sa sœur, qu'elle aille à Cythère !
>   Ce seul endroit
> peut lui fournir le monastère
>   qu'il lui faudrait.
> Elle est un peu vieille à présent
>   pour chanoinesse ;
> mais des novices du couvent
>   elle sera maîtresse[1].

A toutes ces attaques, les Tencin, frère et sœur, que la lutte excitait, firent une belle résistance. Dans ses lettres publiques et ses instructions pastorales, qu'il multipliait fiévreusement, l'archevêque défendit son œuvre avec tant d'âpreté, en des termes si injurieux pour le Parlement et sa compétence, que Fleury lui-même crut que l'honneur de ces « Messieurs » exigeait une victime. Au reste, il ne lui déplaisait point de satisfaire ainsi à l'opinion publique, que tout le passé de Tencin, remué à propos du Concile, avait divertie ou

1. Raunié, *Chansonnier historique* [43 D], V, 111-122.

écœurée. On vit donc, — chose inouïe, — un prélat constitutionnaire exilé dans son diocèse pour avoir trop bien défendu la Bulle[1]. Cette disgrâce le désignait presque pour le chapeau[2]; et le saint pape Benoît XIII, que Tencin, semble-t-il, ne jugeait plus si fou[3], voulait aussitôt abriter sous la pourpre un évêque qui menait si vaillamment le combat pour une bulle de Rome. Sans l'intervention de Fleury, qui fit déclarer au Roi d'Angleterre que la France ne reconnaîtrait pas son cardinal, Tencin aurait eu sa récompense[4]. Au lieu de la barrette si désirée, il ne reçut qu'une lettre de son ami Lambertini, qui l'assurait que « l'illustre nom de Tencin serait à jamais en bénédiction dans les siècles à venir[5] »; l'exilé attendit avec résignation cet équitable « avenir ».

Mme de Tencin, qui goûtait peu la province, n'alla point à Embrun consoler l'archevêque de sa résidence forcée. Restée à Paris, elle rallia le parti autour d'elle. La Cour voulait le silence, sinon la paix : Fleury avait fait savoir qu'à la prochaine assemblée du clergé, les discussions sur le temporel seraient seules tolérées. Tout ce qu'il y avait de constitutionnaire dans l'épiscopat et chez les Jésuites s'enflamma. A toutes ces saintes colères, Mme de Tencin offrit son salon pour les y réchauffer, ce même salon où La Fres-

---

1. *Suite des nouvelles ecclésiastiques du 20 mai 1729* [73], p. 1.
2. *Id. id.* « (Son Éminence) ne voulait pas néanmoins le punir, de peur, disait-elle, de le faire cardinal ».
3. Tencin à sa sœur, mai et juin 1724 [50], 207, [49], 306.
4. Saint-Simon, *Additions à Dangeau* [78], 162.
5. Lettre du 31 octobre 1731 [111], 75, f° 180 v°.

nais et tant d'autres avaient passé [1]. L'illégalité de
ces réunions en augmentait la ferveur : cardinaux,
archevêques et jésuites s'y rencontraient secrètement,
la nuit, en travesti, tout enfiévrés par ce pieux com-
plot. Le cardinal de Bissy, M. d'Autun, M. de Glandève,
M. de Verdun, bien d'autres prélats, plus que respec-
tables, jusqu'à « ce pauvre idiot mais saint évêque de
Marseille, qui s'y laissa mener masqué en cavalier »,
se groupaient en petit concile autour de cette « papesse
Jeanne ». « La Tencin », écrit Saint-Simon, était « devenue le pilier et le ralliement de la saine doctrine,
et le centre de la petite église cachée, si excellem-
ment orthodoxe [2] ». Dans ces nocturnes conférences,
on travaillait à faire accepter du clergé et du public
« la légende » de Grégoire VII, nouvellement introduite dans le bréviaire comme un défi de Rome à tous
les pouvoirs laïques [3] ; on essayait de distraire
M. d'Embrun, en poursuivant, d'accord avec lui, sa

1. *Mémoire pour servir*, etc. [102], 21 ; *Suite des nouvelles ecclésiastiques du 26 juin 1728, du 5 juillet 1728* [73], non paginée.

2. Saint-Simon, *Additions à Dangeau* [78], 162 ; Mathieu Marais,
lettre à Bouhier du 13 juin 1730 [66 B], IV, 137.

3. Par décret de la Congrégation des rites du 25 septembre 1728,
le pape Benoît XIII avait accordé que l'office de Grégoire VII, tel
qu'il avait été approuvé en 1719 pour l'ordre de Saint-Benoît,
pourrait être récité par tous les réguliers et séculiers astreints à
la lecture du bréviaire. Or, la fin de la deuxième leçon du XIe nocturne : « *Contra Henrici, etc...... fide ei data liberavit* », paraissait
impliquer la suzeraineté temporelle des papes sur les rois. Le
Parlement de Paris fit supprimer dans les bréviaires la feuille qui
contenait l'office de Grégoire VII, et tous les « appelants » en pri-
rent occasion pour faire campagne contre Rome ». Cf. *Suite des
nouvelles ecclésiastiques* [73] des 1er janvier, 3 février et
4 août 1730 : Picot [cf. n° 73]. Année 1729, II, 51-3.

campagne contre les appelants ; et l'on frondait Fleury et le Parlement, avec toutes les affectations d'un grand zèle ultramontain[1]. Si Mme de Tencin, toujours habile à se ménager le pouvoir, s'exposait pourtant à sa colère par ces dangereuses manifestations, ce n'était point sans doute mépris du siècle ou pure dévotion au Saint-Siège : — parmi ces soucis spirituels, elle n'oubliait point les choses de la terre, et défendait avec férocité ses rentes contre les retranchements[2] ; — mais il n'était point mauvais que le frère, toujours aspirant au chapeau, continuât à se compromettre en la personne de sa sœur, et passât à la Cour pontificale pour un martyr de l'idée romaine[3].

A l'autre Cour, celle de Versailles, cette agitation dévote finissait par exaspérer. La police se lassait d'espionner tous les jours les visiteurs de Mme de Tencin[4]. Le 1er juin 1730, presque à la veille de l'ouverture officielle de l'assemblée du clergé, le lieutenant de police lui fit savoir que, « Sa Majesté n'ayant pas lieu d'être contente de quelques liaisons qu'elle entretenait, elle ferait sagement de se retirer d'elle-même et sans éclat

1. *Suite des nouvelles ecclésiastiques du 15 juillet 1730* [73], p. 12 ; Marais, lettre à Bouhier du 13 juin 1730 [66 B], IV, 137.

2. (A propos du retranchement des rentes viagères par Fleury) : « On a rendu à Mme de Tencin 300 livres. C'est très peu de chose à proportion de ses rentes ; elle est furieuse ; cependant elle avait pris toutes les précautions imaginables ; elle voyait souvent M. de Machault, elle a écrit plusieurs fois au cardinal, et a fait agir ses amis, qui sont puissants ; elle comptait sur le rétablissement de tout comme si elle le tenait : elle est de bien mauvaise humeur, etc. » (Lettre de Mlle Aïssé du 13 août 1728 [68], 252).

3. Bouhier, lettre à Mathieu Marais, 20 juin 1730 [67], I, f° 332 v°.

4. Cf. *Notes de police* de juillet-août 1729 [74 bis].

de Paris, et de s'en éloigner incessamment au moins
de quinze ou vingt lieues, et plus, si elle le jugeait à
propos »[1]. Mme de Tencin ne le jugea point. Elle prit
le minimum d'exil, et s'arrêta sur la route d'Orléans,
à quatre lieues de la capitale, au petit village d'Ablon,
où sa vieille « amie » de Grenoble, Mme d'Augny, la
fermière générale, lui offrait l'hospitalité[2]. Mme de
Ferriol y avait aussi une maison de campagne, où elle
aimait venir en été[2]. Par son amie et par sa sœur,
Mme de Tencin gardait encore avec Paris une apparence de contact ; mais Ablon ne devait être qu'une
halte sur la route d'exil, puisque la police exigeait au
moins quinze ou vingt lieues. A peine arrivée à cette première étape, Mme de Tencin écrivit coup sur coup à
Fleury des lettres d'ingénue étonnée : on l'avait calom-
niée près de Son Éminence ; elle n'avait eu part à
aucune intrigue ; elle menait une vie retirée, et ne recevait à Paris que ses amis et les amis de son frère ; elle
offrait, d'ailleurs, au cardinal de lui envoyer la liste de
ses connaissances. En attendant qu'elle se fût pleine-
ment justifiée auprès de lui, elle lui demandait l'auto-
risation de rester à Ablon, pour mieux soigner sa
santé, et voir plus commodément sa sœur ; elle le

1. Maurepas au lieutenant de police Hérault [76], 145.

2. N.-L. Le Dran, *Sur le progrès de la fortune de l'abbé de
Tencin* [111], 72, f° 87. — Sur Mme d'Augny, cf. les lettres de
Mme de Tencin à Richelieu des 3 et 6 janvier 1743 [2], 34 et 39 :
« C'est une amie de trente ans ; jugez si je suis vive pour elle et
pour ses intérêts ;..... Mme d'Augny, que nous aimons beaucoup, et
avec qui je suis liée d'amitié depuis ma jeunesse ».

3. Cf. *Lettres de Mlle Aïssé* [68], 172, 241, 257. — « Pourriez-vous
me prêter Ablon » ? demande Bolingbroke à Mme de Ferriol,
le 29 mai 1720 [42 B], III, 53.

suppliait du moins que sa disgrâce ne fût pas ébruitée, et que le lieutenant de police restât discret. — Le cardinal répondit honnêtement, mais sans se laisser convaincre : « Le Roi, lui disait-il, a bien voulu vous épargner le chagrin d'un ordre de sa part, qui eût pu vous faire quelque tort dans le monde, et je puis vous assurer qu'excepté M. de Maurepas et M. Hérault, personne au monde n'en est instruit. Si vous voulez me donner votre parole de n'avoir aucun commerce ni direct ni indirect avec aucun de MM. les évêques qui sont ici sur quelque sorte d'affaire que ce soit, et ne vous occuper uniquement que de votre santé et de vos intérêts personnels ou ceux de votre famille, je tâcherai d'obtenir du Roi que vous demeuriez à Ablon'à cette condition. Si vous gardez le secret de votre côté, il sera du mien rigoureusement observé..... Il n'est pas question, Madame, de la liste de toutes les personnes que vous voyez ; et je n'ai rien à dire contre personne en particulier : je les crois tous gens de mérite et de probité ; mais vous me permettrez de vous dire qu'il s'en faut beaucoup que vous meniez une vie retirée et que vous ne vous mêliez de rien. Il ne suffit pas d'avoir de l'esprit et d'être de bonne compagnie ; et la prudence demande qu'on ne se mêle — et surtout une personne de votre sexe — que des choses qui sont de sa sphère. Le Roi est informé avec certitude que vous ne vous renfermez pas dans ces bornes ; et c'est pourquoi je vous prie instamment, comme je l'ai déjà fait, d'éviter tout soupçon et tout prétexte de vous accuser de manquer aux ordres du Roi là-dessus » [1].

1. Lettres des 7 et 15 juin 1730 [75], f°s 88 v° -91. Le Dran ne

Mais Mme de Tencin s'obstinait à faire l'innocente : les reproches de Fleury lui causaient une douleur insupportable ; elle ne pouvait accepter de « laisser à Son Éminence une impression si désavantageuse de sa sincérité » : « Il faut, lui écrivait-elle, que je n'aie pas assez marqué la distinction que je fais entre savoir les choses et s'en mêler. Je suis trop attachée à mon frère pour avoir ignoré ses démarches ; j'ai reçu ses lettres ; j'ai distribué quelques-uns de ses ouvrages imprimés ; mais tout cela n'est pas faire des intrigues, ni se mêler, contre la bienséance de mon sexe, des affaires en question ; et, mon frère étant dans le parti de l'Église et de l'État, je n'ai pas cru ni dû soupçonner qu'il fît rien contre les vues du Gouvernement ; j'ai su en particulier son dessein de se séparer de communion d'avec M. de Montpellier, mais... j'ose protester devant Dieu qu'il ne s'est fait chez moi, pour cela ni pour autre chose, aucune assemblée d'évêques, ni en général d'ecclésiastiques ; et, si j'avais pu me faire quelques reproches à cet égard, je vous aurais, Monseigneur, avoué ma faute ingénument, bien assurée du pardon, par la confiance que j'ai en la bonté naturelle de votre cœur et en la bienveillance particulière dont vous m'avez toujours honorée »[1]. Que faut-il admirer davantage : « l'ingénuité » de la dame et l'énergie douloureuse de ses négations, ou la courtoisie du vieux cardinal, qui répond sans se lasser à toutes les lettres de la soi-disant exilée ?

reproduit in-extenso que les lettres de Fleury, et se contente de résumer celles de Mme de Tencin.

1. Cf. le texte complet de la lettre, *Appendices*, n° 18 A.

Si courtoises que fussent ces réponses, ce n'était pourtant ni des absolutions, ni surtout des excuses. Mais bientôt on vit courir dans Paris une lettre apocryphe, où l'Éminence se faisait sucre et miel pour Mme de Tencin, et lui prodiguait les compliments les plus flatteurs. Il est infiniment vraisemblable que Mme de Tencin avait elle-même rédigé la lettre : c'était là de menues ruses qui la divertissaient. La lettre écrite, elle protestait auprès du cardinal contre ce qu'elle appelait « l'ouvrage de ses ennemis ». Le cardinal, bonhomme, mais point dupe, prenait la peine de lui répondre : « Il est vrai, lui disait-il, que vos amis ont répandu que je vous avais écrit une lettre la plus polie et la plus remplie de marques d'estime et de considération que vous puissiez désirer. On en citait même des traits ; et j'ai fort méprisé cette tracasserie, ayant une horreur pour tout ce qui porte ce nom. Je ne me défendrai pas d'avoir pour vous la politesse qui vous est due ; et j'y ajouterai avec plaisir que Dieu m'est témoin que je ne vous veux aucun mal, ni à M. l'archevêque d'Embrun, votre frère. Je connais même tout son mérite, et le gré qu'on doit lui savoir du courage et de l'habileté avec lequel il a tenu son concile ; mais il eut été à désirer qu'il eût observé dans les suites cette même conduite. La mienne à son égard a fait voir que j'eusse été fort aise de lui en procurer la récompense ; et il y aurait peut-être mieux réussi, s'il se fût abstenu de la vouloir trop presser par des moyens que le Roi ne pouvait approuver. Je ne puis que vous répéter, Madame, que je suis fâché de tout ce qui vous est arrivé aussi bien qu'à lui, et que je n'y ai contribué que forcé par l'intérêt du Roi, et pour éviter de plus grands maux [1] ».

Mais le pire mal n'était-ce pas de rester loin de Paris? Depuis plus de quatre mois qu'elle n'avait pas revu la rue Saint-Honoré, la vie parisienne manquait douloureusement à cette âme agitée. Elle en tomba malade, et Astruc fut tout en émoi [2]; mais « ce qui s'appelait évêques catholiques firent tant d'instances [3] », Mme de Ferriol fut si persuasive [4], que Fleury céda ; et Mme de Tencin revint guérir sa fièvre dans son salon [5]. A peine rentrée à Paris, et pour soutenir jusqu'au bout son rôle d'innocente persécutée — comme

1. Lettre du 7 juillet 1730 [75], f°s 95-96 v°.

2. Mlle Aïssé, lettre de 1731 (date évidemment fausse: sans doute, octobre 1730) [68], 339-340.

3. Saint-Simon, *Annotations à Dangeau* [78], 162.

4. « Je compte trop, Monsieur, sur vos bontés, et je vous ai vu trop touché de l'état de ma sœur, pour n'être pas persuadée que votre rapport aura déterminé Son Éminence à lui accorder sur le champ la permission de revenir. Comme la chose presse, et que je suis dans une grande inquiétude de l'état de ma sœur, je vous supplie de remettre à la personne qui vous présentera ce billet les ordres nécessaires pour l'aller prendre à Ablon, ainsi que vous avez eu la bonté de me le promettre. Je suis, Monsieur, avec une vive reconnaissance, votre très humble et très obéissante servante.

TENCIN DE FERRIOL.

A Paris, le 21 octobre 1730,

    A Monsieur,

Monsieur Hérault, conseiller d'État ordinaire, à la Cour » [77].

5. Maurepas à Hérault, lettre du 22 octobre 1730 [76], 146 : « S. M. trouve bon qu'elle revienne à Paris, où elle sera plus à portée d'avoir tous les secours que sa santé exige »; cf. encore une lettre de l'archevêque d'Embrun à Hérault, Grenoble, 5 novembre 1730, pour le remercier « des bons offices qu'il a bien voulu rendre à sa sœur » [76], 146.

une petite pensionnaire craintive qui ne veut plus être punie — elle écrivit au cardinal pour lui demander timidement une « règle de conduite », puisque sa vie, si modeste et si effacée, lui avait valu une si humiliante disgrâce : elle ne voyait, disait-elle, que quelques évêques de ses amis, quelques jésuites, quelques gens de lettres, et cinq ou six personnes du monde pour faire chez elle une partie de quadrille, quand sa santé le lui permettait. Que devait-elle supprimer de ces inoffensifs divertissements pour ne point faire ombrage à Son Éminence? Le cardinal trouva sans doute que la dame de Tencin le croyait plus naïf qu'il l'était ; il se fâcha un peu : « Je n'ai point de conduite, Madame, à vous prescrire en particulier ; et, quand vous voulez que j'entre dans ce détail, il faut que vous me croyiez bien simple, pour donner dans une pareille vue : c'est à vous abstenir de tout ce qui a donné lieu au peu de satisfaction que le Roi avait témoigné du grand nombre de personnes de toutes sortes d'états et de professions qui abordaient chez vous et qui se mêlaient de plus d'une affaire. Votre sexe vous renferme naturellement dans de certaines bornes qu'il n'est pas nécessaire de vous rappeler ; et vous avez trop d'esprit pour ne pas connaître celles que vous devez vous imposer à vous-même, pour vous mettre à couvert des reproches qu'on pourrait vous faire, si vous vous en écartiez [1] ». Mme de Tencin fit de son mieux « pour se renfermer dans les bornes de son sexe ». Pendant les dix années qui suivent, son activité, moins indiscrète, est aussi

____

1. Lettre du 28 novembre 1730 [75], f°s 148 v°-149.

moins tapageuse. Le meilleur de sa vie, elle le réserve
à son salon, qui devient un centre exquis de littérature
et de conversations fines ; elle écrit des romans, les
Mémoires du comte de Comminge (1735), *Le Siège de
Calais* (1739), où son imagination aventureuse se
console de la médiocrité quotidienne, et sa sentimentalité, amortie par les nécessités politiques, retrouve
une jeunesse, presque une fraîcheur. Mais ce n'était
qu'une pose entre deux passes.

CHAPITRE III

DERNIÈRES INTRIGUES, DERNIÈRES ANNÉES
(1736-1749)

Cependant, à Embrun, l'ancien président du Concile soutenait son rôle de Père de l'Église, et se préparait pour l'avenir des biographes édifiés [1]. Il accumulait les instructions pastorales contre les théologiens « appelants », contre les convulsionnaires de Saint-Médard, contre tous les ennemis de la Bulle, laïques ou clercs, et ralliait autour de lui, pour « la défense de la foi », ceux qu'il appelait, avec une sainte véhémence, « les pontifes du Dieu vivant [2] ». Ils ne se ralliaient pas tous ; beaucoup désiraient le calme, et se résignaient à des accommodements : le bénéfice leur paraissait mince, d'avoir relégué dans les montagnes un pauvre évêque de village, puisqu'il s'était trouvé, pour reprendre sa place dans la bataille, un champion plus considérable, plus violent, et tout aussi têtu, Colbert de Croissy, évêque de Montpellier. Tencin connut à ses dépens la vigueur d'attaque de ce janséniste peu traitable ; et

1. Cf. la *Notice* de l'abbé Audouy [156], 27-42.

2. *Instruction pastorale de Monseigneur l'archevêque-prince d'Embrun, dans laquelle il est prouvé que la constitution « Unigenitus » est un jugement dogmatique et irréformable de l'Église, et une règle de croyance*, 15 août 1731.

Mme de Tencin elle-même put trouver dans les mandements, qui écrasaient son frère, des allusions cruelles aux religieuses défroquées [1]. Les deux prélats se battaient rageusement à coup d'ordonnances et d'anathèmes contradictoires, en croyant renouveler le duel de Bossuet avec Fénelon : M. d'Embrun interdisait aux fidèles de son diocèse la lecture des Instructions pastorales de M. de Montpellier, qui interdisait aux fidèles de son diocèse la lecture des Instructions pastorales de M. d'Embrun ; et le Conseil d'État les mettait d'accord l'un et l'autre, en supprimant les Instructions de l'un et de l'autre. A Rome, on s'attendrissait avec admiration sur le docteur et le confesseur d'Embrun : « Sa Sainteté avait une haute idée de lui » ; dans les congrégations, on disait volontiers qu'il était « le seul homme du clergé de France, qui eût en même temps du courage et de la capacité [2] ». C'était pour lui l'auréole ; mieux valait pourtant le chapeau.

L'archevêque exilé savait que le Roi exilé d'Angleterre ne demandait qu'à utiliser en sa faveur la dernière prérogative royale qui lui restât, et à le proposer comme cardinal au Saint-Père [3]. Mais il fallait de Versailles un avis favorable ; il fallait rapatrier l'archevêque dans les

1. « Avec quelle facilité écoute-t-on les Religieux, qui, ennuyés de l'austérité à laquelle ils se sont engagés par leur profession, demandent à passer dans un ordre plus mitigé,... *ou même qui réclament contre leurs vœux solennels* »! Le Dran a inscrit en marge : « la Religieuse Tencin, sœur de l'archevêque » (Mandement du 21 avril 1734 [111], 74, f°s 149-150).

2. Le cardinal de Polignac à M. de Chauvelin, lettre du 4 janvier 1731 ; le cardinal Firrao au prélat Lercari, lettre du 6 juin 1736 [111], 73, f° 203 v° et 74, f° 230.

3. Cf. ses lettres à sa sœur [49], 321, 331.

bonnes grâces de Fleury : « Je ne lui veux aucun mal, écrivait celui-ci à la sœur de M. d'Embrun, et je crois ne pouvoir en être soupçonné. S'il voulait demeurer un peu plus en repos, il en serait plus heureux ; et le Roi lui aurait donné des marques, d'ailleurs, du gré qu'il lui en aurait su [1] ». Malgré ces sages avertissements, Tencin, trop désireux de plaire à Rome, avait continué « à vouloir trop presser sa récompense [2] » : l'agitation, qu'il entretenait dans l'Église Gallicane « par son zèle amer et imprudent », avait fini par le rendre insupportable au premier ministre [3]. Mme de Tencin le sentit, et parvint peu à peu à calmer l'excitation fraternelle. L'archevêque se laissa faire, mais d'assez mauvaise grâce, semble-t-il [4]. De son côté, elle cherchait à dérider le cardinal, à l'amadouer, à l'apitoyer sur le sort de l'exilé. Elle était encore à Ablon, en pleine disgrâce, que déjà elle implorait pitié pour son frère : « Considérez, Monseigneur, lui écrivait-elle, qu'il est dans un pays affreux, abandonné à lui-même, sans aucun secours, et qu'il a besoin de consolation [5] ». Les consolations se firent attendre. En 1735, le cardinal eut un premier geste de bienveillance : on apprend à Paris, « que M. d'Embrun est réconcilié avec la cour, et qu'il a permission de venir à l'assemblée du clergé [6] ».

1. Lettre du 15 juin 1730 [75], 91-2.

2. Fleury à Mme de Tencin, lettre du 7 juillet 1730 [75], 96.

3. Fleury au cardinal Corsini, lettre du 3 septembre 1731 [111], 73, f° 240 v°.

4. Cf. Lettre à Mme de Tencin, du 16 mai 1736 [83], f° 13 v°.

5. Lettre du 25 juin 1730 ; cf. *Appendices*, n° 18 B.

6. Mathieu Marais au président Bouhier, lettre du 2 janvier 1735 [66 A], I, f° 394 v°.

C'est sa sœur qui présente, et qui fait agréer, les remords et les flatteries du pénitent. Les remords sont si émus, et les flatteries si humbles, qu'on l'autorise bientôt à rentrer définitivement [1].

J'ai retrouvé, aux archives des Affaires étrangères, quatre lettres de l'Archevêque, qui datent précisément des trois dernières semaines de son « exil ». Elles sont adressées à Mme de Tencin, qu'il appelle plaisamment « ma tante », comme jadis, peut-être, on l'appelait au couvent [2]. C'est le frère qui a écrit ces lettres ; mais elles répondent aux questions, aux sollicitations, aux arguments de la sœur ; et, derrière lui, c'est elle qu'on entend. Dès qu'elle a obtenu pour lui la permission du retour, elle le voit déjà nageant en pleine faveur, et candidat aux plus hautes successions. Il est loin, quant à lui, de partager ces espoirs. On dirait qu'il n'a confiance que dans son orthodoxie, dans sa ferveur ultra-montaine, et que, pour le reste, il se sent petit, insuffisant, au-dessous du médiocre. Elle se refuse à prendre ces scrupules au sérieux ; et, comme toujours, aux heures difficiles, elle essaie d'insuffler à ce timide une foi robuste en soi-même et en sa destinée. Mais il n'a pas la foi : « Vous me trouverez certainement, ma chère tante, tel que je vous l'ai dit ; l'aveu, que je vous ai fait, est fondé sur la vérité que je sens, et non pas sur ma modestie [3] ». — Pour Dieu, pensait la sœur, qu'il vienne

1. Saint-Simon, *Annotations à Dangeau* [78], 162-3.
2. C'est là du moins une explication qui ne me paraît pas inacceptable. Il est possible aussi que ce soit un petit surnom d'intimité familiale, dont la cause nous échappe.
3. Lettre d'Embrun du 16 mai 1736 [83], 13.

au moins ! qu'il se hâte ! qu'il ne se donne pas l'air de faire fi sur la grâce royale ! Elle voudrait déjà qu'il fût auprès d'elle. Lui, moins confiant, est aussi moins pressé ; il veut « faire son ordination », et ne pas scandaliser les huguenots de son diocèse, en partant à la veille de la procession de la Fête-Dieu, « d'une pareille fête » ; et puis, il a promis sa visite à M. de Maillebois à la campagne, et « compte prendre là le petit lait » ; et puis, il n'est plus très jeune, et tout ce voyage l'effraie : « Vous me grondez, lui dit-il, vous devriez plutôt me plaindre... Vous vous imaginez que je n'ai qu'à mettre le pied à l'étrier ; ce temps-là n'est plus. Je ne sais pas même comment j'irai : je n'ai point de chaise de poste ; et le voyage de Paris est pour moi à présent ce qu'aurait été autrefois le voyage de la Chine ». Mais, puisque le sort en est jeté, puisqu'il revient à Paris, il a besoin de sa sœur plus que jamais : « Adieu, ma pauvre tante ; toutes les situations un peu critiques me font toujours plus sentir que je vous aime de tout mon cœur [1] ». Dans les premiers jours de juin 1736, il se met en route. A Grenoble, il fait une courte halte. Il en repart le 7, avec le chevalier de Tencin, son neveu, « chacun dans une chaise de poste », pour qu'il arrive moins fatigué : « Mme de Grolée l'a voulu absolument » ; c'est une bonne sœur. Mais la sœur précieuse et inestimable, c'est celle qui l'attend là-bas, et qui, dans cinq jours, ira le guetter sur la route, à Villejuif, pour l'embrasser avec ardeur [2]. Enfin le voici à Paris, et tout aussitôt à Versailles. Il y fut reçu du cardinal « comme en

1. Lettres d'Embrun des 21 et 28 mai 1736 [83], 14 et 15.
2. Lettre de Grenoble du 5 juin 1736 [83], 16.

tiiomphe », écrit Saint-Simon [1]. Le mot paraît excessif. Il fut reçu, c'était assez.

Quand on le vit bien installé dans « l'affection et l'estime » de Fleury [2], on reprit espoir à Rome de lui obtenir le chapeau. Les premières insinuations officielles furent pourtant accueillies sans enthousiasme : « En mon particulier, écrivit Fleury au cardinal secrétaire d'État, j'estime et je veux beaucoup de bien à M. d'Embrun », mais le proposer pour la pourpre, c'est sous-entendre peut-être « que Sa Majesté a des vues plus élevées sur lui... Je tromperais Sa Sainteté et Votre Éminence, si je lui disais que ce projet eût quelque fondement [3] ». Malgré ces prudentes réserves, le 25 février 1739, Tencin fut créé cardinal. Comme s'il voulait se faire pardonner sa barrette, il refusa de la recevoir à Paris avec la pompe traditionnelle. La chose se fit à Embrun sans grand fracas ; et vite, le nouveau cardinal s'en fut porter à Rome sa reconnaissance et ses respects aux pieds du pape et du « Roi d'Angleterre », son patron [4]. Plus que tout

1. *Annotations à Dangeau* [78], 163.
2. Lercari au cardinal Firrao, 25 juin 1736 [111], 74, fo 231.
3. Lettre au cardinal Corsini, 12 décembre 1738 [111], 75, fos 69-71.
4. Boutry [171], 126-136. A Rome, les plaisantins ecclésiastiques rédigèrent en son honneur la « collecte » suivante, adressée à Clément XII ; elle témoigne de la réputation européenne de Tencin : « Sanctissime pater, qui, nova non *tam sancti* cardinalis promotioni, æterni sacrum collegium opprobrii contaminasti, fac ut novus cardinalis, omnium scelerum scilicet simoniæ, confidentiæ, usuræ, incestus labe potestate tua ablatus, ad supremum Galliæ ministerium pervenire dignetur, qui vivis et regnas et brevi moriturus es » [111], 75, fo 77.

autre, il semblait convaincu que Sa Majesté n'avait point sur lui « des vues plus élevées ». Cette demi-retraite, modeste et digne, sa sœur sans doute la lui avait conseillée. Elle se chargeait à la cour de ne point le laisser oublier, et de le rendre d'autant plus désirable qu'il était plus loin. Au moment où il faisait son entrée à Rome, le marquis d'Argenson le redoute déjà comme le premier ministre de demain : « sa sœur la Tencin, écrit-il dans son *Journal*, est à Paris qui remue ciel et terre » ; autour d'elle quantité de « femmelettes », font campagne pour lui : le duc de Richelieu, les Belle-Isle, les Noailles, les Molinistes zélés, tous ceux « qui se piquent de dévotion et d'ultramontanisme », le Roi lui-même, « non par religion, mais par peur des jansénistes et des parlementaires », tous, avec plus ou moins de résignation, semblent croire qu' « il n'y a au monde que ce cardinal de capable de gouverner le royaume après la mort du cardinal de Fleury [1] ».

. Tencin était venu à Rome remercier un pape aveugle, qui se mourait. Dans le conclave qui allait s'ouvrir, il entendait bien jouer un rôle, un grand rôle. L'ambassadeur français, duc de Saint-Aignan, qui se ruinait royalement partout où il représentait le Roi, était à bout d'expédients et de crédit. Son universelle politesse, ses amabilités fastueuses n'avaient pu sauver sa réputation ; il était sans influence à la cour pontificale : Tencin le remplacerait officieusement d'abord, officiellement ensuite ; il aurait le « secret » du gouvernement français, il « ferait » le pape, et se referait une gloire. — Cela se

1. *Journal et Mémoires*, août 1739 [84], II, 236.

fit ainsi, lentement, il est vrai, si lentement même que, sans la robustesse de Clément XII, qui s'obstinait à vivre, Tencin serait entré au conclave sans autorité et sans mission. Mais le bon pape trompe ses médecins, et ne meurt que le 6 Février 1740. Depuis le 20 octobre dernier, Fleury a cédé : Tencin est chargé d'affaires du Roi [1]. Le conclave dura six mois. Plus il durait, plus Tencin devenait important : ne serait pape que celui qu'il accepterait. A la fin, il accepta Lambertini, mais avec une telle promptitude d'adhésion, qu'on aurait pu croire qu'il l'avait proposé. C'était son Lambertini de jadis, le convive qu'il aimait choyer ; ce prélat « au génie français [2] », si spirituel et si modéré, dont il était resté l'ami, et qui était devenu le correspondant de sa sœur. En deux jours à peine, Lambertini est élu. La veille de son élection, alors qu'elle était certaine, il répondait à Tencin qui voulait déjà employer son crédit : « Nous sommes amis depuis vingt ans ; vous serez content de tout [3] ».

Content de Benoît XIV, Tencin le fut davantage encore de Fleury. La bienveillance correcte, mais un peu froide, du premier ministre s'était faite peu à peu plus cordiale et plus confiante envers lui. On le renta grassement. Abbé des Trois-Fontaines en mai 1739, de Saint-Paul-de-Verdun en mai 1740, il fut nommé archevêque de Lyon en septembre de la même année, tout en restant chargé d'affaires à Rome. L'ascension

1. Boutry [171], 137-160.
2. Tencin à Dubois, dépêche (chiffrée) du 29 septembre 1722 [51], 642, f⁰ 286 v⁰.
3. Tencin à Fleury, août 1740 [171], 233.

était progressive, et semblait à peine commencer. A Paris, chez Mme de Tencin, les poètes de son salon chantaient tout haut leurs espérances, et disaient au « cardinal, primat des Gaules » :

Préparez-vous encore à de plus nobles rôles.
. . . .
En rêve, nous voyons tomber sur vos épaules
et bien d'autres honneurs et bien d'autres fardeaux [1].

Pendant que ses poètes chantaient, Mme de Tencin travaillait. Est-ce bien elle qui avait jeté le Roi dans les bras de sa première maîtresse ? Soulavie l'affirme [2] ; et le rôle qu'elle jouera bientôt près de la Châteauroux et de la Pompadour rend le fait vraisemblable, sinon certain. Mais, qu'elle eût ou non préparé l'élévation de Mme de Mailly, elle essayait de s'en servir. Tandis que son frère était enfermé dans le conclave, elle le proposait à la favorite pour ministre des Affaires étrangères. Avec ses amis les Belle-Isle, elle était « la grande ouvrière de cette intrigue », qui échoua [3]. La Mailly, tout amoureuse, se contentait d'aimer le Roi, et ne savait rien exiger. Elle avait vu le Roi s'amouracher de sa sœur, Mme de Vintimille, et ne s'était point révoltée. Elle se résignait à tout, pourvu qu'elle fût

1. Piron, *Adieu des marmottes à M. l'Archevêque d'Ambrun, nommé à l'archevêché de Lyon* [85 A]. IX, 160.

2. *Mémoires de Richelieu* [130 B], VII, 77-8; cf. encore lettre de Mme de Tencin à Richelieu du 5 novembre 1742 [2], 8 : « Vous seriez-vous attendu, quand vous vous êtes donné tant de peine pour les faire se voir, que leur liaison deviendrait un écueil »? Mais ce qui rend suspect le récit de Soulavie, c'est qu'il y mêle « le cardinal de Tencin ». En 1732 Tencin n'était pas cardinal, et n'était pas rentré à la cour.

3. D'Argenson, *Journal*, 5 avril 1740 [84], III, 46-7.

tolérée, et que le Maître lui permit de l'adorer. Quand la Vintimille mourra subitement le 9 septembre 1741, c'est Mme de Mailly qui consolera le Roi, et qui pleurera avec lui. Mais le Roi voulait d'autres consolations, qu'elle ne pouvait plus lui donner ; il était las de cette maîtresse qu'il avait eue trop longtemps, qui n'avait jamais été belle, et qui n'était plus jeune. Mme de Tencin comprit que la soi-disant favorite avait ses jours comptés, et se mit en quête d'une remplaçante, qui pût mieux servir le parti de son frère. Le duc de Richelieu travaillait avec elle. Il avait été son amant ; il n'était plus que son meilleur ami. A quarante-cinq ans, il en paraissait trente. Il avait la plus jolie figure de la cour, et l'on ne comptait plus ses conquêtes. Brave, spirituel, ignorant, téméraire, libertin et charmant, courtisan hardi et, malgré quelques éphémères disgrâces, toujours heureux, — il attirait invinciblement le Roi. Richelieu était pour lui son idéal inconscient ; c'était du moins un initiateur expérimenté, un compagnon de plaisirs, qui lui semblait à peine son aîné. Mme de Mailly le redoutait entre tous, parce qu'il faisait de son libertinage un principe et que la contagion de son inconstance pouvait gagner le Roi. Elle aurait voulu le perdre ; elle l'essaya même. Ce fut lui qui la perdit [1].

L'année 1741 se passa, et Tencin semblait oublié. Le pape le nommait aux plus hautes congrégations, mais le Roi ne l'appelait pas à ses conseils. Il fallait se rapprocher de Versailles. Archevêque de Lyon depuis

1. Sur l'histoire de La Mailly et de ses sœurs, le livre des Goncourt [154], encore qu'un peu trop romancé, est en général exact ; j'y renvoie pour tout ce chapitre.

bientôt deux ans, le cardinal se sentit un tardif scrupule de ne s'être point encore montré à ses diocésains. Il obtint permission d'aller bénir ses ouailles, et fit son entrée à Lyon le 17 juillet 1742 [1]. Il songeait sans doute, en y entrant, qu'il touchait la dernière étape et que la cour était proche ; plus proche même qu'il aurait osé l'espérer : huit jours à peine après son arrivée, il recevait de Fleury une lettre mystérieuse. La lettre disait : « Ma santé s'affaiblit tous les jours, et mon estomac ne fait quasi plus ses fonctions... Je songe donc très sérieusement à me retirer... Votre Éminence connaît depuis trop longtemps le cas que je fais de ses talents et de ses lumières, pour être surprise que je pense à l'avoir pour mon successeur. Mais je n'en parlerai point que je n'aie auparavant sa réponse sur ce qu'elle pense elle-même de cette proposition [2] ». Si Mme de Tencin avait été là, quel éblouissement d'espérances c'eût été pour elle ! Avec qu'elle avidité elle eut mis la main à ce morceau de Roi ! Mais Tencin était seul ; il fut effrayé ; il n'espérait ni tant ni si tôt ; le juste sentiment qu'il avait parfois de sa médiocrité l'étreignit avec force : « J'aurai l'honneur de répondre à Votre Éminence avec la simplicité et la vérité qu'exige la proposition qu'elle a la bonté de me faire : que je ne puis ni ne dois l'accepter. Je manquerais à ce que je dois au Roi, à ce que je dois à Votre Éminence. Je suis incapable de la place qu'elle me destine [3] ». Pour une fois, Tencin eut plus d'esprit que sa sœur.

1. Boutry [171], 239-261.
2. Lettre du 24 juillet 1742 [171], 289-290.
3. Lettre du 27 juillet 1742 [171], 292.

Fleury s'était vite ravisé ; sa vieillesse avait besoin de la distraction du pouvoir. Sans même attendre la réponse de Tencin, il lui expédia un autre courrier : « L'affaire dont j'ai eu l'honneur d'écrire à Votre Éminence est suspendue pour un temps. Je n'en ai point parlé ; j'aurai l'honneur de vous en dire les raisons une autre fois » [1]. Il ne les lui dit jamais ; mais quelques jours plus tard, il lui offrait au conseil du Roi une place de ministre sans département : « Cette place, disait Fleury, n'engagera Votre Éminence à autre chose qu'à dire son avis » [2]. Le 27 août 1742, Tencin était nommé ministre d'État. Le public le vit aussitôt premier ministre. Fleury avait quatre-vingt-dix ans, baissait tous les jours, et très vite ; un cardinal succéderait à un cardinal : c'était dans la tradition française. Mais le public se regimbait, en voyant « revenir de Rome »

> ce cardinal si mal famé,
> si connu pour un méchant homme,
> cet escroc, cet agioteur,
> cet amant de sa propre sœur[3].

Les chansons pullulèrent, et leur bourdonnement dut aller jusqu'à Lyon faire tinter les oreilles du nouveau ministre. Quelques-uns de leurs couplets, hâtivement et audacieusement éclos, sont « trop vifs[4] » pour trouver placé ici. On y maudissait le frère, on y redoutait surtout la sœur, « le démon familier », qui faisait toute sa fortune[5] :

1. Lettre du 30 juillet 1742 [171], 293-4.
2. Lettre du 11 août 1742 [171], 295.
3. Chanson de 1742 [88 A], 163.
4. *Chronique du règne de Louis XV*, 1er septembre 1742, [89], 38.
5. *Id.*, 30 août 1742 [89], 35.

> Tencin, ce fourbe si parfait,
> comme tout le monde sait,
> visa toujours au grand objet.
> Sa sœur infernale,
> avec sa morale,
> l'y conduira par un forfait,
> comme tout le monde sait [1].

Il semble, en effet, que pour « l'y conduire », elle soit venue le chercher elle-même, et le prendre comme par la main. Elle accourt à Lyon ; elle embrasse son frère, le réconforte, l'enflamme, l'initie à toutes les intrigues de Paris et de la Cour, pour qu'il n'entre pas au ministère trop ignorant ou trop imprécautionné. A la fin de septembre, ils sont tous deux à Paris [2].

Ils arrivaient à un moment décisif. Le Roi était plus que fatigué de la Mailly. Ses larmes, son humilité amoureuse, cette passion qui résistait à toutes les froideurs et à toutes les duretés, exaspéraient le Maître, et excitaient ses convoitises ; car il aimait ailleurs : pas loin du reste de Mme de Mailly, puisqu'il en désirait la plus jeune sœur, la marquise de la Tournelle. Ces filles de Nesle paraissaient prédestinées pour les amours royales. Après la Mailly, la Vintimille [3]. Le règne de la troisième approchait ; et déjà les courtisans regardaient derrière elle les deux sœurs qui restaient, la duchesse de Lauraguais et la marquise de Flavacourt, se de-

1. *Tableau du Conseil* (chanson de 1742) [88 A], 145.

2. *Chronique*, 14 sept. 1742 [89], 43 ; Montesquieu. lettre à Martin Ffolkes du 27 septembre 1742 [87], VII, 265.

3. Mme de Mailly était née en 1710, Mme de Vintimille en 1712, Mme de Lauraguais en 1714, Mme de Flavacourt en 1715, Mme de la Tournelle en 1717.

mandant avec une curiosité amusée si, elles aussi, elles
« y passeraient [1] ».

Mme de la Tournelle avait vingt-cinq ans; et sa
beauté agile, mutine et ardente était incontestée. Richelieu n'avait pas eu de peine à fixer sur elle les désirs
du Roi. Mais elle semblait ne pas comprendre les
avances qui lui étaient faites, et restait distante, peu
empressée, presque hautaine; le Roi, nonchalant, résigné avec maussaderie, ne savait comment secouer sa
vieille chaîne. Richelieu brusqua les choses, imposa
presque au Maître une rupture brutale, et le conduisit
chez la marquise. Obligé lui-même pour quelque temps
de rejoindre l'armée de Flandre, il laissa Mme de Tencin achever dans les petits cabinets l'œuvre qu'il avait
commencée. Il était parti le 23 octobre[2]; le 3 novembre
à la nuit, Mme de Mailly quittait Versailles, « renvoyée
un peu plus durement qu'une fille d'Opéra[3] ».

Si l'on peut se fier à une lettre que rend obscure son
jargon conventionnel, et si la clef de Soulavie est cette
fois exacte[4] (on ne voit point d'ailleurs quelle autre clef
pourrait être ici proposée), — c'est Mme de Tencin qui
aurait essayé d'étouffer les derniers scrupules ou

1. Chanson de 1742 [88 A], 163.
2. *Chronique*, 24 octobre 1742 [89], 54.
3. D'Argenson, *Journal* [84], IV, 45.
4. Soulavie est l'éditeur des lettres de Mme de Tencin. Sur
l'emploi de ce jargon et sur la valeur des clefs de Soulavie, cf.
plus loin, chap. VI, p. 222-4 et *Appendices*, *II*, nº 2. Dans une
lettre du 3 janvier 1743 [2], 37, Mme de Tencin écrit à Richelieu :
« Je ne donne plus de commissions à la *Guimbarde* ; il est maintenant au service du contrôleur général. J'ai besoin de vous pour
gouverner cette tête » ; il n'est pas sûr qu'ici la *Guimbarde* désigne
le Roi.

remords du Roi : « Le cardinal (c'est Fleury), écrit-elle au duc le 5 novembre, deux jours après le renvoi de la Mailly, vous accuse d'avoir mené l'intrigue, et en paraît très courroucé. Les deux sœurs, à la face du public, le font frémir et tous les dévots. Je me suis égosillée ce matin avec la *Guimbarde* (c'est le Roi qui serait désigné sous ce nom peu galant) pour lui prouver que le mal était beaucoup moindre qu'un double adultère (Mme de Mailly avait un mari ; Mme de la Tournelle, étant veuve, l'adultère était « simple ») ; que je ne savais pas, d'ailleurs, pourquoi le cardinal était fâché contre vous dans la supposition que vous aviez fait à sa liaison nouvelle, que la renvoyée était livrée à tous ceux qu'il n'aimait pas ;.... que, si vous aviez quelque crédit sur l'esprit de cette rivale, vous n'en feriez usage que pour servir le cardinal et pour appuyer ses projets : enfin, j'ai dit tout ce que j'ai pu de mieux et de plus fort. Je recommencerai demain pour remplir la tête de cette *Guimbarde* de ce que je veux qu'elle dise mercredi qu'elle verra le cardinal. Elle croit que la délaissée l'aimait passionnément et qu'elle l'aurait gouvernée. Voilà comme ce qu'on imagine pour le mieux produit un effet tout contraire. Vous seriez-vous attendu, quand vous vous êtes donné tant de peine pour les faire se voir, que leur liaison deviendrait un écueil? Si vous étiez ici vous persuaderiez la *Guimbarde*, et vous la feriez parler comme vous voudriez ; mais vous savez que je n'ai pas le même pouvoir sur son esprit. Si vous ne devez pas venir bientôt, je pense qu'il faudrait m'écrire une lettre que je puisse lui montrer. Vous me diriez que vous savez qu'on tâche à vous rendre de mauvais offices auprès du cardinal, mais que vous chargez la *Guimbarde* d'être votre caution ; qu'elle connaît vos sentiments, qui ne changeront jamais. Vous ajouteriez ce que vous jugerez convenable. Si vous revenez bientôt, je vous conseille d'attendre votre retour ; nous concerterons ce qu'il conviendra de faire. Il est certain qu'il ne faut pas que vous vous brouilliez avec le cardinal : il peut nous faire mille petits chagrins, surtout étant continuellement poussé et animé par ses ministres. M. de Maurepas, qui se flatte aisément, croyait que la Mailly se raccommoderait, et vous perdrait. On voulait aussi donner une petite fille, et que la Mailly restât avec les honneurs et les apparences de la faveur. Je sais positivement qu'on a cherché cette fille ; on avait même jeté les yeux sur la Gaussin, mais on a craint pour sa santé. Comme l'affaire paraît présentement décidée, je ne sais quel manège ils feront pour se mettre bien avec la régnante, et pour vous y mettre mal. Comptez qu'ils se serviront de tous moyens : cela fait trembler, car la tête d'une femme est une étrange girouette... Votre présence n'a jamais été plus nécessaire à la Cour, et pour vous, et pour vos amis ». Le duc revint dix jours plus tard, et acheva la victoire. Il la voulait brillante, intégrale, fastueuse ; elle le fut : Mme de la Tournelle, déclarée officiellement maîtresse, eut tous les honneurs d'une Montespan ; et, le soir du 10 décembre, le duc de Richelieu, partant pour le Languedoc, où il était lieutenant-général, pouvait s'endormir satisfait dans sa confortable « dormeuse ».

Mme de Tencin était moins satisfaite. Son frère semblait triompher avec la favorite ; mais du triomphe, il

n'avait que l'apparence ; et ce n'était pas près de lui que
le Roi venait quérir une absolution, malgré le conseil
des chansonniers impertinents :

> Grand Roi, que vous avez d'esprit,
> d'avoir renvoyé la Mailly !
> Quelle haridelle aviez-vous là !
>   Alleluia.
>
> Vous serez cent fois mieux monté
> sur la Tournelle que vous prenez :
> tout le monde vous le dira,
>   Alleluia.
>
> Si la canaille ose crier
> de voir trois sœurs se relayer,
> au grand Tencin renvoyez-la,
>   Alleluia.
>
> Le Saint-Père lui a fait don
> d'indulgence à discrétion
> pour effacer ce péché là,
>   Alleluia [1].

Le Roi n'avait nulle envie de se confier « au grand
Tencin ». Il devinait toutes les ambitions qui se cachaient
derrière ce nouveau venu dans le conseil ; et cette hâte
de parvenir suffisait à l'éloigner (33) [2]. Et puis, il se sentait embarrassé devant le cardinal, et le cardinal davantage encore devant le Roi (156-8, 231). Ces deux timides
se gênaient mutuellement, et n'osaient s'adresser la
parole en public : « J'avoue à Votre Majesté, écrivait

---

1. Chanson de 1742 [88 A], 132.

2. Les numéros qui se trouvent, entre parenthèses, dans le texte
ou, sans autre référence, dans les notes de ce chapitre, indiquent
les pages de la *Correspondance de Mme de Tencin* pendant les
années 1742 à 1744 [2], et renvoient aux lettres dont il a paru
inutile de donner la date plus précise.

un jour Tencin à Louis XV, que sa présence m'impose
encore à un point que je ne fais que balbutier devant
elle[1] ». Mme de Tencin s'en désolait ; elle aurait voulu
des tête-à-tête intimes et confiants : « Voici une idée
qui m'est venue, que je mets dans votre tête, écrit-elle
à Richelieu : Je voudrais que vous tâchassiez de faire
tenir conseil à Choisy. Comme mon frère n'y a point
été, le Roi lui montrerait les jardins ; ils auraient le
temps de se parler. C'est peut-être le moyen que nous
cherchons depuis si longtemps que mon frère puisse
parler » (27-8). Mais le Roi se dérobait à tout entretien,
et continuait à traiter le cardinal « très sérieusement » (33). Sans se rebuter, Mme de Tencin trouvait
de nouveaux expédients. Puisque son frère ne savait
parler, il lirait, il écrirait. Comme jadis à Rome et à
Embrun, elle donnerait un souffleur permanent à cet
acteur décontenancé. Elle lui trouva dans son salon un
nouveau La Motte. Ce fut le jeune abbé de Mably, leur
cousin. Il avait fait un *Parallèle des Romains et des
Français* et jugeait les affaires d'État avec «profondeur».
Il accepta d'initier Tencin à la haute politique. Les
notes d'introduction générale, qu'il écrivit alors pour
son « éminent » élève, sont devenues plus tard le *Traité
du droit public d'Europe.* Remercions donc le cardinal. Mably faisait plus encore. Il dépouillait le courrier diplomatique, et rédigeait des mémoires spéciaux[2].
Tencin les lisait au Conseil ou en faisait des lettres pour
le Roi. Le Conseil écoutait ou semblait écouter ; le Roi

----

1. Lettre de juillet 1743, 115 ; cf. encore Tencin à Richelieu, lettre
du 29 août 1743, 168.

2. Levesque, *Éloge de l'abbé de Mably* [128], 7-11.

ne répondait pas ou répondait de travers (62, 137, etc.).

La courtoisie du Conseil était sans conséquence. Divisés entre eux, les ministres se serraient les uns contre les autres, pour écarter Tencin « du grand objet [1] ». Orry, le contrôleur général, « qui a l'air de la bonne tête », d'un financier très appliqué et très scrupuleux, a des ambitions sans mesure : « il marche sous terre depuis un temps infini, et sans qu'on s'en aperçoive » ; il est peut-être « le plus à craindre » (19-20). — Amelot, ministre des Affaires étrangères, se montre déférent pour Tencin, et paraît le consulter [2], mais c'est un médiocre, qui n'entend rien à sa besogne : les Cours européennes ne veulent point négocier avec lui ; il n'a, d'ailleurs, nulle envie de céder sa place à un autre (127-8). — D'Argenson, ministre de la guerre, n'est plus le « cher petit » lieutenant de police, qui avait des complaisances pour les amis tarés de Mme de Tencin [3]. En dépit de sa « cordialité extérieure » il n'est pas sûr : « il veut voler de ses propres ailes et croit n'avoir plus besoin de personne » ; il a des maîtresses qui bavardent et qui le conseillent mal ; il peut devenir très dangereux (95, 158). — Maurepas, qui est le factotum du ministère, et qui tient sous sa dépendance, le clergé, la marine, les colonies et la maison du Roi, est en franche hostilité avec les Tencin. Il tenait ferme pour

1. « Maurepas a dit à Marville qu'on pouvait lui donner quel successeur on voudrait, pourvu que ce ne fut pas le cardinal de Tencin » (51) ; « tout ce qui veut gouverner, et qui craint d'être vu de trop près, a une frayeur de mon frère qui n'est pas concevable » (364).

2. *Chronique*, 13 juin 1743 [89], 418.

3. Mme de Tencin à d'Argenson, lettre du 4 juillet 1723 [14].

la Mailly ; il soupçonne que Richelieu et son amie
veulent faire de la Tournelle une duchesse, et qu'un
jour peut-être la comtesse de Maurepas restera debout
près du tabouret de la petite cousine, dont elle méprisait jadis la pauvreté ; il ira jusqu'à l'impossible pour
éviter cet affront. Ce qui en fait une puissance, et une
puissance redoutable, c'est qu'il a l'oreille du Roi ; il
sait le désennuyer, lui rendre amusantes et courtes les
séances du Conseil. Ses bons mots sont célèbres ; c'est
une caillette, futile et perfide, « incapable de suivre une
idée ». Il mettra « autant d'entraves qu'il pourra sur le
chemin » du cardinal de Tencin [1].

Reste l'autre cardinal, « *le Cardinal* », Fleury le
nonagénaire, toujours en vie et toujours gouvernant :
« il continue la même conduite à l'égard de mon frère,
écrit Mme de Tencin ; beaucoup d'amitié, de la confiance même, et puis c'est tout ». De succession plus un
mot. Pourtant, « il faut toujours paraître n'aller que
par lui » ; qui sait si son testament politique ne réserve
pas à Tencin quelque bonne fortune inattendue [2]? Sa fin
est proche, « il s'affaiblit tous les jours » (33-4). Tencin
l'entoure, le surveille, le prépare, et ne quitte guère
Issy. C'est lui qui reçoit Sa Majesté, venue visiter le
mourant ; c'est lui qui fait entrer le confesseur, et qui

---

1. 144, 165, 35, 20, 43.

2. Mme de Tencin prêchait d'exemple ; cf. la lettre qu'elle écrivait
à Fleury le 6 septembre 1739, pour lui demander, sans succès
d'ailleurs, de nommer l'un de ses cousins germains premier président au parlement de Grenoble, *Appendices*, n° 19 *bis*. Cette
lettre indique assez que les rapports étaient redevenus « affec-
tueux » et « tendres » entre le premier ministre et son ancienne
« exilée ».

assiste à « la triste cérémonie » de l'extrême-onction[1]. Il a déjà des airs d'héritier. Qu'aura-t-il de l'héritage? Tout, ou quelques miettes seulement? Les moins généreux lui réservent les affaires ecclésiastiques et la feuille des bénéfices[2]. Fleury meurt le 29 janvier 1743. Le Roi déclare le lendemain qu'il sera désormais son premier ministre, et distribue les autres charges du feu cardinal, comme si Tencin n'existait pas. La feuille même des bénéfices lui échappe, et passe au Mirepoix. Nouveau Moïse, il reste en vue de « la Terre promise ». Il ressent si vivement l'humiliation de n'y point entrer, qu'il lui faut plusieurs saignées pour soulager son dépit[3].

Je gagerais que sa sœur en fut malade. Nous le saurions par sa correspondance avec Richelieu, si le duc n'était revenu du Languedoc pour enterrer Fleury, et pour guider la favorite en ce pas dangereux. Mais elle ne voulait lâcher aucune de ses espérances; elle travaillait du moins à les reconstituer toutes. Quinze jours après la mort du cardinal, elle a coup sur coup, avec Maurepas, des entrevues mystérieuses, qui mettent la police en éveil[4]. Que purent s'y dire l'un à l'autre les deux ennemis? Quelle combinaison les rapprocha un instant? Mme de Tencin, qui n'apportait pas d'idéalisme dans ses amours, en avait moins encore dans ses haines. Elle aurait oublié volontiers son hor-

---

1. Lettres des 15, 17 et 19 janvier 1743, 46-9.

2. *Chronique*, 16 janvier 1743 [89], 223.

3. *Id.*, 31 janvier et 1er février 1743 [89]. 230-1 ; Chanson de 1743 [88 A], 230.

4. Rapports de la police secrète des 12, 25 et 26 février 1743 [91].

reur du Maurepas, si son frère avait trouvé profit à leur
réconciliation. Les pourparlers furent vite rompus,
semble-t-il, puisque, trois mois plus tard, quand Richelieu est retourné à l'armée d'Allemagne, et que la correspondance reprend entre Mme de Tencin et lui, le
Maurepas est plus haïssable que jamais.

Les chances du parti Tencin sont alors en baisse. La
guerre de la succession d'Autriche éloigne de Versailles les meilleures forces du parti, Noailles et Richelieu. Entre Mme de Tencin et son ami, les lettres con-
fidentielles et chiffrées courent de Paris aux champs de
batailles allemands, mais ne peuvent remplacer
'entente immédiate sur le terrain. La campagne même
de Franconie nuit plutôt au prestige du vieux maréchal.
Ses succès y sont douteux; il laisse à Dettingen[1] compromettre une victoire certaine par l'impétuosité turbu-
lente de son neveu, le duc de Grammont. On apprend
par ailleurs que parfois il radote et montre d'étranges
lubies; et c'est encore un espoir des Tencin qui
s'effrondre (384).

A Versailles, le Roi est toujours le même, inégal,
énigmatique et fuyant. Souvent il ne répond point aux
longues lettres que Tencin lui écrit sans encore se
lasser; ou, s'il s'amuse à y répondre, « ses réponses
n'ont pas le sens commun », et ce commerce silencieux
reste sans efficace[2]. A de certains jours, on pourrait
croire le cardinal tout voisin de la faveur et du pouvoir.
Pas un ministre n'approche du Roi pour lui parler

1. 27 juin 1743.
2. Lettres du cardinal de Tencin à Richelieu, 29 août et 3 octobre 1743, 169, 218.

d'affaires sans que Sa Majesté ne réponde avant toute chose : « Avez-vous vu M. de Tencin? Qu'en pense M. de Tencin »? Mais le lendemain, si Tencin demande au Roi : « comment se porte Votre Majesté »? le Roi réplique : « *asses bien*, d'un air froid et sec »[1]. C'est qu'alors, j'imagine, le Roi oublie le frère pour se rappeler la sœur, qui l'irrite : rien que de songer à cette femme trop pressée, « il lui vient peau de poule »[2]. Mme de la Tournelle sent de même. Quoiqu'elle soit d'accord sur le fond avec le cardinal, elle repousse ses avances, parce que le prendre, c'est prendre en même temps sa sœur, dont elle ne veut point : « Le cardinal de Tencin, écrit-elle à Richelieu vers ce temps-là, paraît vouloir se lier particulièrement avec moi ; je ne sais ce que vous en penserez. Pour moi, mon avis est qu'il a une sœur qui lui fait grand tort. Elle ne se cache pas assez, malgré tout son esprit, pour ne pas montrer l'envie qu'elle a d'être quelque chose. Elle intrigue et cabale partout. J'ai reçu plusieurs lettres anonymes, qui viennent sans doute d'elle ; ce sont des plaintes continuelles contre M. de Maurepas, que je sais qu'elle n'aime pas. Elle croit que c'est lui qui empêche que son frère n'ait un département ; elle ambitionne les Affaires étrangères pour lui ; et Dieu sait comme elle se mêlerait de tout, s'il était placé là ! Je sais que vous avez une grande correspondance avec elle ; je souhaite qu'elle ne dise que ce qui est, car elle est sujette à se passionner en bien comme en mal. Je n'ai pas besoin de vous dire qu'il faut toujours se méfier d'une femme exagérée ; et

1. *Chronique*, 22 mai, 17 juillet 1743 [89], 403, 441-2.
2. D'Argenson, *Journal*, 12 février 1750 [84], VI, 142.

Mme de Tencin change facilement ses sentiments selon
ses intérêts. Je crois bien qu'elle dit quelquefois juste,
mais ce n'est pas son habitude. On m'a assurée qu'elle
voyait tout dans un microscope. Son frère a, dit-on, de
bonnes vues, mais tout ce qui s'est passé empêche
sans doute qu'on ait pour lui toute l'estime qu'il peut
mériter[1] ». La lettre est, je crois, authentique, et laisse
voir assez clairement contre Mme de Tencin une
défiance et une exaspération qui ne dureront pas toujours. La favorite se cabre et recule devant cette amitié
tyrannique, qui veut tout envahir, tout gouverner.
Parmi les habiles, on commence à douter de la Tencin
et de son triomphe ; l'intempérance lancinante de ses
désirs fatigue les bonnes volontés et irrite les résistances. Après avoir hissé son frère à des hauteurs
inespérées, elle le fait choir près du sommet, en voulant
l'y pousser trop vite, dans un dernier et brusque élan
de conquête.

Elle-même n'en a point conscience. La favorite lui
plaît ; elle en a besoin pour ses projets ; elle la veut à
soi, il le faut. Elle multiplie, autour de celle qu'elle a
décidé de conquérir, le réseau de ses intrigues et de ses
combinaisons sans cesse renouvelées. Ses lettres à
Richelieu nous disent par le menu, et presque au jour
le jour, ses démarches, ses entrevues, ses recherches,
ses enquêtes inlassées, pour assurer à la favorite et à
ses amis — dont elle entend bien être la première —
la prépondérance politique à la Cour : Mme de la Tournelle est gênée, elle s'endette, il faudra lui trouver des

1. Lettre du 3 novembre 1743 [92], 123-4. Elle a été publiée pour
la première fois en 1791 par Faur [4], III, 294-5.

ressources : « De Betz a un moyen pour lui faire 80 000 livres de rente, sans qu'il en coûte rien au Roi » (136, 223). — Elle se prend d'amitié pour d'Argenson. Soit ! Il ne faut cependant pas qu'elle aille trop loin (184) ! — Elle devrait se défier de Marville : ce lieutenant de police est « un sot » ; elle aurait besoin, dans ce poste, d'un homme qui soit parfaitement sûr pour elle, et qui « haïsse cordialement les ministres ». Elle devrait, d'ailleurs, adopter ce « grand principe de politique de ne mettre en place que ceux qui n'ont d'existence que par elle ; les subalternes valent communément mieux que les autres et sont plus obligés à bien faire» (330, 352-3). — Sait-elle enfin tout ce que l'on dit, tout ce que l'on pense d'elle? Sait-elle que celui-ci la trahit, que celui-là la déteste, que tel autre lui veut du bien et ne demande qu'à la servir? Sait-elle, par exemple, que « Maurepas prétend que le Roi est dégoûté d'elle », et que lui, Maurepas, « en est transporté de joie, parce qu'il espère en faire prendre au Roi une de ses amies » (182)? Sait-elle que « la Maurepas ne peut soutenir l'idée de la voir devenir duchesse, et qu'elle et ses pareilles font dire par leurs maris tout ce qui peut retarder son élévation »? Mme de Tencin « le fera dire à l'intéressée » (144, 165).

C'est ici qu'elle excelle. Déjà, du temps de Fleury, elle « faisait écrire au cardinal des lettres anonymes, pour l'instruire du mauvais effet » de telle ou telle mesure (43). Maintenant que le pouvoir lui semble plus voisin pour son frère, sa fièvre d'action est comme décuplée : elle accable la favorite de lettres anonymes ou apocryphes, de mémoires, de pamphlets, de rapports[1]. Elle a sous ses ordres toute une armée de secrétaires, de « petits amis », de « dévots » d'antichambre, de jésuites et d'ecclésiastiques de tout bois, qui travaillent pour la cause, s'introduisent chez les gens, font la chasse aux nouvelles, fabriquent des lettres et bâclent des chansons[2]. Le plus assidu de tous ces collaborateurs, celui qu'elle trouve toujours sous sa main, c'est « le prêtre de paroisse », l'abbé Poissonneau. Il n'est guère de jour où le bon Poissonneau n'écrive à la Tournelle ce que lui dicte Mme de Tencin[3]. Ce sont des lettres en apparence tout objectives : « Elles ne disent que des faits, et lui donnent en même temps tous les moyens d'en éclaircir la vérité... ; elles chargent le ministère d'une grande manière et ne disent pas un mot de louange pour le cardinal de Tencin[4] » ; mais tout observateur impartial n'a point de peine à y sentir, qu'en lui seul est le salut. Mme de la Tournelle peut laisser croire à Richelieu qu'elle ne tient pas compte de ces renseignements. Quoi qu'elle en dise, ces lettres « font sûrement impression » : « Elle était priée, si elle en était contente, de marquer sa satisfaction d'une manière qu'on lui indiquait, et elle l'a fait » (142, 188). — Rien de plus ingénieux, de plus roué que ces lettres. La correspondance avec Richelieu en renferme un très amusant spécimen. Il s'agit de faire comprendre au Roi et à sa maîtresse qu'Amelot est incapable, Maurepas vendu à l'Angleterre, et que les cours étrangères les

1. 44, 71, 126, 142, 223, 334, etc., etc.
2. 11, 26, 40, 343, 354, 379, etc., etc.
3. 161, 300-1, 329, 351, 374, etc., etc.
4. 126, 188, 239.

méprisent tous deux. On fera saisir au cabinet noir, pour qu'elle soit montrée au Roi, une lettre qu'on aura « fait écrire à Wernck, envoyé du prince des Deux-Ponts, par une main inconnue, et où il y aura des phrases allemandes. Il faudrait, continue Mme de Tencin, l'écrire sur du papier de Francfort, et la faire mettre à la poste à Francfort. Voici à peu près comme j'imagine qu'il faudrait l'écrire :

MON CHER AMI,

J'ai fait honneur à la vôtre. L'homme, qui avait fait des avances pour vous, est remboursé. Je vous prie de garder cette somme pour l'employer à quelques bagatelles de France, que je suis bien aise de me procurer et à quelques-uns de mes amis. Je ne sais que vous dire des affaires de Suède. Le ministre de France dans cette cour est comme ceux qu'elle a partout. On croirait, à voir comme on se gouverne en France, que les ministres agissent par l'impulsion de la reine de Hongrie. On dit tout haut ici qu'Amelot n'entend rien à sa mission, et qu'un autre ministre reçoit de belles et bonnes guinées d'Angleterre, pour laisser les Anglais en repos. Il y a, comme vous savez, cher ami, longtemps que je vous ai fait part des connaissances que j'avais ; vous ne voulûtes pas y ajouter foi. Le temps vous fera connaître si je me trompais, etc....

On finira par la formule ordinaire, sans signer, parce qu'il est supposé que c'est un de ses amis intimes qui écrit à l'envoyé. Je fais réflexion que, comme on n'aura point vu de cette écriture à la poste, il faudra ajouter je suis incommodé de mon rhumatisme, ce qui m'a obligé de me servir de la main de mon fils [1] ». Mme de Tencin se persuadait que tous ces ingénieux petits papiers avaient des vertus infaillibles, rendraient aux uns l'énergie, aux autres la confiance, montreraient à tous que son frère était l'homme nécessaire.

Mais comment aurait-elle pu y réussir, lorsqu'elle ne parvenait pas à convaincre l'intéressé lui-même ? Ce qui me plaît chez le cardinal, ce sont ses retours de sincérité modeste, et ses aveux d'impuissance : « Tout le monde se trompe sur mon compte », avouait-il parfois ; on me croit profond et je ne le suis point (218). Le fond de son tempérament est apathique. Sans sa sœur, il aurait une « parfaite indifférence pour toute sorte d'affaires » : « En vérité, disait-il à Richelieu, tout compté et tout rabattu, on est heureux de ne se mêler de rien... Étrange pays que la Cour, s'écriait-il encore, et où je serais bien fâché de laisser mes os » ! Il est « extrêmement las, ennuyé, dégoûté de tout » ; et il rêve de se retirer fort canoniquement dans son diocèse [2]. Sa sœur ne le lui permet pas. Elle lui cache les mauvaises nouvelles qui pourraient le déprimer, et supplie Richelieu de le soutenir, de l'encourager (155). Un jour qu'elle a écrit au duc en présence de son frère, elle rajoute, lui parti, un long post-scriptum pour soulager son angoisse : « Je n'ai pu vous dire, mon cher duc, toutes mes craintes en présence de mon frère. Il n'y avait qu'un moment qu'il m'avait déclaré qu'il ne restait à Paris qu'à cause de moi, que sans cette considé-

1. Lettre du 21 juin 1743, 71-2.
2. 155, 167, 244, 332-3.

ration il partirait pour Lyon, que l'opinion publique ne lui faisait rien, qu'il serait très content et très heureux dans *son* Lyon, qu'il n'avait à faire ici qu'un personnage ridicule, et qui le dégraderait aux yeux du public... Jugez, mon cher duc, l'impression que ce discours fit sur moi ; je ne l'ai confié qu'à vous ; vous êtes mon ami ; vous êtes plus capable et plus à portée que personne de nous donner de bons conseils... Il ne me parle que de Lyon. Je crois, mon cher duc, que, si vous ne venez à bout de lui faire avoir quelque conversation avec le Roi, nous ne pourrons le retenir. Tout cela me tracasse, j'ai la fièvre[1] ». Et de vrai, elle en tombe malade, et le Saint-Père fait prendre de ses nouvelles[2].

Bientôt d'autres réconforts lui vinrent, et plus solides. On avait beau la maudire, sa ténacité finissait par l'imposer. Si le triomphe de la favorite n'était pas le triomphe de son frère, son frère du moins y trouvait sa part. A force de se serrer contre Richelieu et la Tournelle, Mme de Tencin avait associé sa fortune à la leur ; et cette fortune grandissait tous les jours. En octobre 1743. le Roi avait fait de sa maîtresse une duchesse : la marquise de la Tournelle était devenue la duchesse de Châteauroux. Mme de Tencin avait travaillé au duché avec la plus ardente ingéniosité : « Rappelez-vous, disait-elle plus tard à Richelieu tout ce que nous avons fait, et toute la peine que nous avons eue à la faire duchesse[3] »? C'est elle, en effet, qui, la première, avait

1. Lettres des 30 août et 17 novembre 1743, 173, 255.

2. Benoît XIV au cardinal de Tencin, 1er novembre 1743 [90], 793, f° 4.

3. Lettre du 19 juin 1744, 354.

attiré l'attention sur les embarras financiers de la favorite, et cherché un expédient pour lui « faire un état convenable » (136), elle qui avait démasqué les jalousies de
la Maurepas contre la future duchesse (144, 165), elle
enfin, qui, grâce à son ami de Betz, avait pu fournir la
solution élégante, le duché de Châteauroux : « Ce
duché, écrit-elle à Richelieu, est compris dans le bail
des fermes, et ne diminuera pas d'un sou le bail en l'en
retranchant et en le donnant à Mme de la Tournelle.
Nous ne savons comment lui en faire faire la proposition.
Voyez si vous voulez lui en écrire ou au Roi, ou si je le
lui manderai par lettre anonyme, en lui marquant que,
si la proposition lui convient, on enverra un mémoire
pour l'instruire de ce qu'il faut faire. Mais il me semble qu'il convient mieux à tous égards que cette affaire
passe par vous : on vous en aura obligation [1] ». La favorite eut donc le tabouret [2] ; et, vengeance qui parut sans
doute délicieuse à Mme de Tencin, ce fut Maurepas
lui-même qui dut rédiger la déclaration de duché et ses
considérants [3]. Six mois plus tard, le Roi créait pour sa
maîtresse un poste nouveau : la Châteauroux était
nommée surintendante de la maison de la Dauphine,
comme jadis la Montespan avait été nommée surintendante de la maison de la Reine. C'était indiquer aux
courtisans et à tous ceux qui désiraient des places où
se trouveraient désormais les faveurs.

1. Lettre du 4 octobre 1743, 223.
2. 225, 233, 254.
3. On trouvera la « déclaration » dans le livre des Goncourt [154],
282; cf. encore lettre du 26 janvier 1744, 267 : « le préambule des
lettres patentes est ridicule, c'est l'ouvrage de Maurepas ».

Dans l'intervalle, la charge de premier gentilhomme de la chambre étant devenue vacante, le duc de Richelieu se voyait préféré aux Saint-Aignan, aux Chatillon, aux Luxembourg, aux La Trémoille, et obtenait le brevet tant convoité, qui lui donnait à la Cour l'une des premières influences. En cette affaire, Mme de Tencin n'était point restée inactive : elle avait trouvé au duc les 40000 livres qu'il lui fallait ; elle avait tout arrangé, tout aplani : « entre elle et son frère, ils en étaient venus à bout »[1].

Ainsi la coalition Châteauroux-Richelieu-Tencin triomphait à Versailles. Il était impossible que le cardinal n'y gagnât point quelque chose. La favorite allait obtenir du Roi la démission d'Amelot. Sacrifier Amelot, c'était « crever un œil » au Maurepas ; et Tencin trouvait à cette disgrâce un avant-goût de vengeance[2]. Il aurait voulu y trouver une succession, qui ne vint pas ; mais, sans la lui donner, le Roi lui livrait pour quelques mois la politique extérieure. Les projets du cardinal furent grandioses : il ne rêva rien de moins qu'une descente en Angleterre et la restauration des Stuarts. Le rêve était tentant pour une imagination catholique ; il y avait aussi quelque noblesse, cinq ans déjà après avoir reçu le chapeau des mains d'un roi en exil, à ne pas l'avoir encore oublié. Ce ne fut qu'un beau dessein : les vaisseaux français, que Maurepas avait laissés pourrir, furent dispersés par la

____

1. Lettres du cardinal et de Mme de Tencin des 25 et 26 janvier 1744, 260, 263.

2. Lettre de Mme de Tencin du *19* avril 1744, 274. Le renvoi d'Amelot étant du 27 avril, ne faudrait-il pas lire *29* ?

première tempête[1] ; et, de cette ridicule équipée, il ne
resta pour les Tencin qu'un grief de plus contre
Faquinet (302). Le cardinal fut moins maladroit dans
les négociations prussiennes : sous la direction de
Richelieu et de la Châteauroux, il joua avec plus d'autorité le rôle qu'on avait, l'année précédente, confié à
Voltaire, c'est-à-dire qu'il prépara entre Postdam et
Versailles ce renouvellement d'alliance, qui devait
amener sur le Rhin une si heureuse diversion, et permettre à Louis XV de faire en toute sécurité d'esprit
sa chevauchée des Flandres.

Car le Roi avait cédé à sa maîtresse, qui rêvait de
gloire pour lui. Puisqu'il faisait d'elle une Montespan,
elle voulait qu'il fût un Louis XIV. Pendant que le
traité avec la Prusse achevait de se conclure à Paris[2],
le Roi partait en grand appareil prendre la tête de ses
armées, et voir tomber devant lui quelques bicoques
flamandes[3]. Mme de Tencin exultait. On entrait donc
enfin dans la grande politique : la sultane avait de
l'énergie, et le Roi une volonté. Ce fut pour elle quelques semaines de haute espérance : elle se donne tout
entière à la favorite, avec cette ardeur passionnée qui
est comme l'allure de son tempérament ; on dirait
presque qu'elle en oublie les intérêts de son frère, tant
elle se fait ingénieuse et active pour servir ceux de la
Châteauroux. Cependant, comme Richelieu a dû la
mettre en garde contre son ardeur même, elle fait

1. 15 mars 1744.
2. Ce traité de Paris est du 5 juin 1744.
3. Le départ du Roi avait eu lieu le dimanche 3 mai, à trois heures
un quart du matin.

effort pour se modérer, pour être « discrète », pour ne pas multiplier les démarches qui risqueraient « d'être prises pour une envie de se mêler » (273, 341). La duchesse, de son côté, se montre plus confiante; elle répond à ses lettres « de plus en plus obligeamment » (322): « Ma sœur est comblée de ses bontés, et moi par conséquent », écrit le cardinal à Richelieu[1]. Mme de Tencin est pour la favorite comme l'intendante générale de sa police : elle ne lui laisse rien ignorer : l'état d'esprit public, les propos des ministres, les pièges qui l'attendent, les intrigues pour la supplanter. Puisque Mme de Châteauroux accepte de partager avec sa sœur Lauraguais les caresses du roi, Mme de Tencin ne se fera point scrupule de répondre pour la maîtresse en second aux « très jolies lettres » que le Roi lui a écrites (309); mais, si l'autre sœur, Mme de Flavacourt, laisse entendre à la Reine qu'elle se résignera à tout ce que le Roi pourra lui demander, vite Mme de Châteauroux est avertie : « J'ai écrit comme vous me le mandez, raconte-t-elle à Richelieu; je parle d'abord de la lettre de Mme de Lauraguais, et puis de quelque chose de plus intéressant : c'est d'une conversation de la Reine et de Mme de Flavacourt. La Reine lui dit que le Roi l'avait lorgnée à son souper; elle ajouta qu'elle n'avait pas de meilleure amie qu'elle, et qu'elle voulait être sa confidente. La Flavacourt lui répondit qu'elle lui dirait tout; que, si la chose arrivait, elle ne se livrerait que par crainte, n'ayant aucun goût pour le Roi; mais qu'elle ne voulait pas

1. Lettre du 7 juin 1744; 332.

être chassée de la Cour, et ne pas se trouver encore dans la nécessité de vivre avec son mari. Vous sentez bien que cette conversation est mot à mot telle que je vous l'écris, et vous comprenez de qui je la sais. Mais voici quelque chose de plus important. La Flavacourt écrit au Roi presque tous les jours ; ses lettres sont de Versailles ou de Paris ; elles sont adressées au petit Le Bel. Vous jugez bien que ce fait est sûr et que je ne puis le révoquer en doute le moins du monde par la voie dont il me vient (par Jeannel, directeur des Postes)... Mme de Châteauroux sera sur les épines, et par la conversation de la Reine, et par les lettres » [1]. Mme de Tencin a deviné juste ; la favorite « est sur les épines » : « Convenez, avoue-t-elle à Richelieu, qu'avec ce que nous savons, l'on peut bien être inquiète ». Richelieu dut s'amuser, j'imagine, en retrouvant dans cette lettre, que Mme de Châteauroux lui écrivait le 4 juin, les informations que Mme de Tencin lui avait fournies le 24 mai : « L'on parle plus que jamais de Mme de Flavacourt, disait sa sœur, l'on prétend qu'elle écrit au Roi ; la Reine la ménage beaucoup, et je sais (elle ne voulait pas dire par qui elle le savait) qu'elle lui a dit qu'elle voulait être sa confidente, et que la Poule (surnom de Mme de Flavacourt) lui a répondu qu'elle n'avait nul goût pour le Roi, au contraire, mais que la peur d'être chassée de la Cour et de se retrouver avec son mari lui ferait tout faire ». Mme de Tencin était arrivée à son but : tenir en main l'esprit de la favorite. On le voyait bien par la suite de

1. Lettre du 24 mai 1744, 315-6.

la lettre, où Mme de Châteauroux prenait à son compte toutes les rancunes des Tencin contre Maurepas : « A l'égard de *Faquinet*, je pense bien comme vous, et suis persuadée que je n'en viendrai à bout qu'avec des faits, mais où en prendre ? Que l'on m'en fournisse, et je promets d'en faire usage ; car il m'est odieux, et je ne l'avouerai qu'à vous, car cela leur ferait trop de plaisir, mais il fait le tourment de ma vie... Quoiqu'absent, il remue ciel et terre ; il faut nous en défaire, et je n'en désespère pas, parce que je ne perds pas cette idée-là de vue, et qu'à la longue on réussit. Que l'on me donne des faits, et je serai bien forte » [1].

La demande est adressée à Richelieu, mais la favorite sait bien que, par dessus la tête du duc, elle s'adresse à Mme de Tencin : « Vous me demandez des faits, répond celle-ci... : j'ai mis plusieurs personnes en mouvement pour acquérir des lumières et des faits certains » [2]. La vengeance serait-elle prochaine, et parviendrait-on à « dégoter » Maurepas ? Il se vante « d'être très bien avec le Roi » (306) ; ce cynisme est exaspérant : « Faites donc chasser cet homme-là » (313) ! Si l'on veut « des faits », ils ne manquent pas, pour qui sait les voir : « la marine est dans un état déplorable », l'argent est gaspillé, plusieurs intendants et chefs d'escadre sont incapables ou trop vieux, les vaisseaux font eau et ne peuvent tenir la mer : « Nous n'en avons pas un qui n'ait le cul pourri » [3].

1. Lettre du 4 juin 1744 [154], 338-9.
2. Lettres des 19 juin et 20 juillet 1744, 351, 372.
3. 313, 345, 352 ; cf., pour le détail, les mémoires de Mme de Tencin sur « le mérite et les talents de tous les officiers de la marine », 334, 343-7.

Mais, comme, après tout, ce ne serait pas le premier ministre qui serait indigne de sa place, — pour venir à bout du « perfide » Maurepas, elle sera plus « perfide » que lui : elle apprend que Mme de Mailly a demandé insolemment à M. de Charost « si les vivandières suivraient l'armée », c'est-à-dire si Mme de Châteauroux irait rejoindre le Roi. En attendant que sa police ait pu « tirer de Maurepas quelque impertinence » qui le perde, pourquoi ne lui donnerait-on pas le bénéfice de celle-là ? « J'ai envie de mettre dans une lettre de Poissonneau ce que je vous mande du propos de la Mailly, et de le mettre sur le compte de Maurepas comme l'ayant dit à la Reine »[1]. Ce sont des moyens désespérés : « Si Maurepas ne saute pas cette campagne, il sera aussi fort que jamais » (302).

Les « vivandières » suivaient l'armée. La duchesse de Châteauroux n'avait pu rester à Plaisance. Elle voulait « être présente », pour rassurer son amour inquiet, et surveiller les rivales possibles[2]. Ce voyage « trouvait un grand nombre d'improbateurs » ; et « toute la clique Maurepas » s'en indignait. Le cardinal proposait son remède : « répandre des charités, aller régulièrement à la messe, et y paraître avec une grande modestie ; par là, disait-il, elle gagnera le peuple, et sûrement elle plaira au Roi, puisqu'elle ne fera que l'imiter »[3]. Mme de Tencin restait persuadée que « l'incognito vaudrait mieux que tout » ; elle aurait voulu, pendant la campagne, quelques petits voyages, discrets et

---

1. Lettre du 20 juillet 1744, 369, 374.
2. Mme de Châteauroux à Richelieu, 3 juin 1744 [154], 339.
3. Le cardinal de Tencin à Richelieu, lettre du 7 juin 1744, 332.

renouvelés deux ou trois fois, qui « remédieraient également aux inconvénients de l'absence, et donneraient une plus grande marque de passion » (323). Dans le vrai, il lui en coûtait de voir s'éloigner la favorite, au moment même où elle venait enfin de la conquérir. Elle se promettait merveilles de cette amitié naissante. Si Mme de Châteauroux voulait bien la recevoir, et l'écouter « dans le plus grand secret », le succès était certain : « Soyez sûr, disait-elle à Richelieu, que je parlerai comme il faut, et que je lui donnerai de violents soupçons de ce que je ne pourrai dire entièrement... Je lui ferai sentir sur toutes choses qu'elle doit faire chasser Maurepas, qu'il est l'âme de toutes les intrigues. Je parlerai aussi sur le maréchal de Noailles, du d'Argenson, du désir qu'on a de faire la paix, des sottises qui peuvent se faire en conséquence de ce désir ; enfin vous serez content de moi. Le tout est de parvenir à lui parler »[1]. L'entrevue lui fut accordée : « Je compte avoir ma conversation vendredi, s'écrie-t-elle avec joie ; je vous en rendrai compte bien exactement. Vous m'avez si bien instruite qu'il n'est pas possible que je ne dise ce qu'il faut dire... Il n'y a rien de bon à faire, ni aucune solidité dans la position de Mme de Châteauroux que Maurepas ne soit chassé. Je vous réponds que je le dirai de la bonne sorte vendredi »[2]. La conversation n'eut pas lieu ; quand le vendredi arriva, Mme de Châteauroux était partie à Lille, et y attendait son amant : « J'ai reçu une lettre charmante, écrit Mme de Tencin pour se consoler : ce qui

1. Lettre du 1er juin 1744, 321.
2. Lettre du 3 juin 1744, 329-330.

me fâche, c'est que je ne la verrai peut-être jamais.
Je vous écrirai, ou à elle par vous, tout ce que j'aurai
à lui dire » [1].

Ce qu'elle avait à lui dire, c'est « qu'il fallait enfin
que son frère obtînt quelque chose », la surintendance
des postes, les Affaires étrangères, la présidence de
l'assemblée du clergé, ne fut-ce que l'abbaye de
Saint-Bertin, mais du moins quelque chose, comme
signe visible de la faveur qui monte vers lui [2]. Le cardinal lui-même s'enhardit, et écrit ingénument à
Richelieu, peut-être sous la dictée de sa sœur : « Pourquoi le Roi ne met-il pas quelqu'un à la tête des
Affaires étrangères? Je le dis comme citoyen, et sans
intérêt ; et, dans cet esprit-là, je vous prie de faire ma
cour à Mme de Châteauroux. Je suis pénétré de ses
bonfés pour ma sœur et pour moi; nous lui sommes
attachés l'un et l'autre comme à vous-même » [3].

Ils allaient bientôt le lui montrer. Deux mois plus
tard, le Roi tombait malade à Metz. On le crut mourant, on l'administra. Le P. Pérusseau, son confesseur,
et M. de Fitz-James, évêque de Soissons, exigèrent
de lui le renvoi immédiat des deux sœurs, Châteauroux et Lauraguais. Le 14 août 1744, la favorite quittait
Metz sous les insultes et les malédictions de la popu-
lace, et allait se terrer à Plaisance en attendant le
dénouement. Il fut autre qu'on le redoutait. Le Roi
convalescent rougit d'avoir cédé trop vite à des frayeurs

1. Lettre du 9 juin 1744, 334.
2. Lettre du 20 mars 1744 [4], 443-4, et lettres de mai-juillet 1744
[2], 304, 356, 370.
3. Lettre du 12 juin 1744, 340.

dévotes. « Glorieux » et « bien-aimé », il trouvait dans « sa gloire » et dans « l'amour de son peuple » un encouragement à braver le scandale. Les amis de Mme de Châteauroux reprenaient espoir; les courtisans qui l'avaient conspuée préparaient leur conversion. Richelieu, pour rester fidèle, s'était compromis auprès du Roi, mais sa disgrâce avait peu duré; et sa rentrée en faveur en présageait une autre.

Qu'avaient fait les Tencin dans ce grand désarroi? Quand la Châteauroux revint à Paris, on savait la guérison du Maître; et Mme de Tencin pouvait prévoir sans peine que le Roi, très faible, reviendrait avant peu à ses anciennes amours. Il est donc vraisemblable qu'elle prit plaisir, pour une fois, à ne pas abandonner l'infortune. Mais, toujours pressée, elle ne supporte point que la disgrâce soit longue; elle pousse la favorite à écrire au Roi; « elle voudrait déjà que la lettre fût reçue », et que le Roi, repentant et amoureux, offrît à sa maîtresse toutes les satisfactions qu'elle réclamerait [1]. Cela ne tarda guère. Le Roi revenait à Paris le 13 novembre; et dès le lendemain les négociations commençaient, car la Châteauroux exigeait des garanties, et voulait une rentrée triomphale. Les conseillers d'austérité, qui l'avaient emporté à Metz, furent congédiés sans retour, et, suprême humiliation, Maurepas fut chargé, le 25 novembre, d'annoncer lui-même à la duchesse que « le Roi était bien fâché de tout ce qui s'était passé à Metz, et de l'indécence avec laquelle elle avait été traitée, qu'il la priait de l'oublier,

1. Mme de Châteauroux à Richelieu, lettre du 13 septembre 1744 [154], 379-380.

et que, pour lui en donner une preuve, il espérait
qu'elle voudrait bien revenir prendre son appartement
à Versailles » [1].

Maurepas se résigna le jour même à porter ce douloureux message. A quels infinis espoirs Mme de Tencin ne dut-elle pas s'abandonner ? Le mois précédent,
Mme de Châteauroux écrivait à Richelieu : « Je suis
enchantée du cardinal de Tencin » [2]. Le cardinal pouvait tout attendre. Mais il ne s'attendait pas à ce
qu'une vive et forte femme de vingt-sept ans fût à
quelques jours de sa fin. Comme sa sœur, Mme de
Vintimille, la Châteauroux mourut brusquement, après
d'atroces souffrances, le 8 décembre 1744. Tout le haut
édifice, si patiemment construit par Mme de Tencin,
croulait en cette courte agonie.

Elle ne se laissa point décourager par cette catas-
trophe ; et, sans s'attarder à des regrets, vieille femme
déjà, elle partit au-devant de la future favorite, avec la
même ardeur et la même confiance dans la vie. Derrière
la Pompadour naissante, Mme de Tencin apparaît
comme chaperon. Il y avait longtemps, d'ailleurs,
qu'elle encourageait de « ses bons avis » la petite
Poisson, et qu'elle lui montrait au loin un bel héritage
à recueillir. Dans le peuple, on dit même qu'elle est sa
« marraine », marraine expérimentée, devenue bien
vite une amie, et qui lui souffle son rôle au jour des
débuts [3]. Mais il était dans la destinée de Mme de

1. Mme de Châteauroux à la duchesse de Lauraguais, lettre du
25 novembre 1744 [154], 392.

2. Lettre du 18 octobre 1744 [154], 382.

3. Marville à Maurepas, 6 mai 1745 [95], II, 71-72 ; Barbier,
Journal, octobre 1745 [69], IV, 97.

Tencin de poursuivre toujours sans jamais atteindre. Qu'un ministère soit vacant ou menace de l'être, que d'Argenson soit disgrâcié ou Puisieux malade, elle trouve toujours un nouveau motif d'espérer pour son frère, et d'espérer vainement. Elle avait rêvé gouverner la Pompadour; mais, plus encore que la Châteauroux, la marquise lui résiste, se dérobe ou se défie[1]. Mme de Tencin doit se tourner ailleurs. Ses vieux amis, les frères Pâris, reçoivent ses dernières espérances. Leur fortune colossale faisait d'eux une des puissances de l'État: « ils sont riches par dessus les yeux, écrivait-elle à Richelieu en 1743, ils ont beaucoup d'amis, tous les souterrains possibles, et de l'argent à répandre. Voyez après cela s'ils peuvent faire du bien ou du mal »[2]. Elle comptait qu'ils lui feraient beaucoup de bien; et, vers la fin de sa vie, elle voyait presque tous les jours Pâris du Verney, pour garder en main une force disponible, et peut-être un instrument de règne. Mais tout le bon vouloir des Pâris se heurte à la coalition des ministres, et le cardinal de Tencin reste au conseil sans département. Il a soixante-sept ans; il est plus las que jamais; il répète sans cesse qu'il va se retirer dans « son Lyon »; mais sa sœur ne le souffre pas; il faudra qu'elle meure pour qu'il obtienne le droit au repos[3].

Elle-même ne se repose jamais. Les rudes émotions

1. Marville à Maurepas, 9 et 29 janvier. 8 mars 1747 [95], III, 133-5, 142, 179.

2. Lettre du 8 octobre 1743 [2], 230.

3. Marville à Maurepas, 8 avril 1746 et 8 mars 1747 [95], II, 280, III, 179.

de la politique ne suffisent pas à occuper cette âme
fébrile ; il faut qu'elle soit toujours en travail, toujours
en lutte. Si nous connaissions mieux sa vie, nous
serions sans doute étonnés par la multiplicité et la
diversité de ses intrigues. On a vu sa chasse au ministère ; on voudrait pouvoir la suivre dans toutes ses
chasses. Il est regrettable que son banquier n'ait point
laissé de mémoires. L'histoire de sa fortune serait aussi
instructive, je crois, que l'histoire de sa politique. Elle
a peut-être autant peiné, combiné, machiné, pour
devenir baronne de l'île de Ré, que pour conduire son
frère au « grand objet ». Cette « ténébreuse affaire »
est encore mal éclaircie, mais Mme de Tencin semble
avoir travaillé avec une persévérance sans pitié à la
malpropre et lucrative besogne qu'elle avait commencée
vingt ans plus tôt. Ce qu'elle avait laissé échapper de
la fortune de La Fresnais, les neveux de sa victime
durent finalement le lui livrer. Par une série d'opérations notariales et de mesures judiciaires, où elle se
cache derrière René Dupin, elle accule à la ruine les
deux orphelins Masseau ; et, le 23 août 1743, la baronnie, terre et seigneurie, de l'île de Ré lui est adjugée [1].
Le même jour, elle écrivait à Richelieu, et lui parlait
de ses fils, de ses amours, des mouvements de l'armée,
de Voltaire, d'Amelot, du Roi et de quelques autres
choses (154-6). Qui pourrait dire où s'étaient fixées ce
jour-là, son attention, ses convoitises, ses énergies ?

Plus elle a d'affaires, et d'affaires diverses, en chan-
tier, — mieux elle satisfait les exigences de son tem-

---

1. Kemmerer, *Insula Rhea* [93 A], 106-8 ; Th. Phelippot, *Étude
sur la baronnie de l'île de Ré* [93 B], 441.

pérament, et plus elle se sent à l'aise. Elle prend des billets à toutes les loteries, à celles qui donnent le pouvoir, à celles qui donnent l'argent[1]. Elle prend des billets pour elle ; elle en prend pour ses amis. La loterie du mariage surtout la divertit. Parmi ses graves soucis politiques, elle s'amuse à conduire les autres là où elle n'est pas allée ; marier les gens, c'est pour elle « un nouveau motif de s'y intéresser » (383), parfois aussi un sûr moyen d'étendre ou de doubler ses influences. Elle marie la fille d'Astruc avec M. de Silhouette — mariage difficultueux, mariage de combinaison et d'argent, s'il en fut[2] ; elle marie la petite Dancourt avec le fermier général La Popelinière, qui voulait bien en faire sa maîtresse, mais non sa femme : on voit alors — contraste piquant — cette prêtresse de Cythère, intervenir près de Fleury, exciter l'indignation du vieil homme d'Église contre un séducteur « qui se joue de l'innocence, après avoir surpris la faiblesse et la bonne foi », La Popelinière épouser enfin sa protégée pour que le cardinal lui renouvelle le bail de sa ferme[3] ; il n'a pas dépendu d'elle que la fille de Mme Geoffrin, la future marquise de La Ferté-Imbault, n'ait épousé un de ses petits amis[4] ; et je me demande si ce n'est pas elle encore qui a marié son neveu d'Argental avec cette demoiselle du Bouchet, qu'elle trouvait d'abord « bien aimable[5] », et qu'elle

1. Elle avait pris plusieurs billets à la loterie de 1747 : cf. Piron, *Épîtres* [85 A], VIII, 35.

2. Lettres à Richelieu, 8, 12 mai et 27 juillet 1744, 284, 296-7, 383.

3. Marmontel, *Mémoires* [133], I, 227-9.

4. Mme de la Ferté-Imbault, *Souvenirs inédits* [110], 25.

5. Lettre à Mme Dupin du 30 juin 1735 [19].

appellera plus tard une « guenon de femme » (186). Mais
connaîtrons-nous jamais toutes les Mariannes et tous
les Vallevilles, dont elle a dit tant de fois, avec un accent
de triomphe anticipé : « Je vous garantis que nous les
marierons[1] » ?

Toutes ces intrigues, minuscules ou considérables,
l'enfiévraient et l'épuisaient. Pendant les dernières
années de sa vie, les inquiétudes et les tracas augmentent sa maladie de foie (65), multiplient les crises, et
mettent sa vie en danger. Il est rare qu'elle puisse dire
à ses amis, comme un jour à Richelieu : « je me porte
ridiculement bien » (268). Recluse par sa mauvaise
santé, elle écrivait de nouveaux romans : *Les Malheurs
de l'Amour* paraîtront en 1747; les *Anecdotes de la
cour et du règne d'Édouard II* resteront inachevées.
Elle vivait surtout dans ce salon, qui était son œuvre,
où elle jouissait des amitiés précieuses qu'elle avait su
se conquérir. Peu à peu la considération et le respect
s'étaient amassés autour d'elle, symbolisés, pour ainsi
dire, par le portrait de son savant ami, Benoît XIV,
qu'on pouvait admirer chez elle en place d'honneur,
et que Sa Sainteté avait offert lui-même à « sa fille
spirituelle[2] ». Elle n'avait pas d'enfants, ou du moins
elle ne s'en souvenait plus. Pour d'Alembert, elle ne
l'avait revu qu'une fois, et, de mauvaise grâce, depuis
la nuit de l'accouchement : ce n'était encore qu'un petit
pensionnaire de sept ans, mais il montra de la gentillesse
et eut de jolies reparties : « Avouez, Madame, — s'écria
Destouches à son amie, dont il avait eu grand'peine à

1. Marivaux, *La Vie de Marianne*, IVe partie [82], 225.
2. Mme de Tencin à Benoît XIV, lettre de janvier 1742 [20].

se faire accompagner — qu'il eût été bien dommage que cet aimable enfant eût été abandonné ». — « Partons, dit Mme de Tencin en se levant brusquement, car je vois qu'il ne fait pas bon ici pour moi ». Était-ce méchante humeur de femme énervée ou remords d'une maternité encore vivante? C'est de ce côté que penche la légende, puisqu'elle fait répondre par d'Alembert, devenu célèbre, à celle qui aurait revendiqué trop tard les succès de son fils : « Je ne connais d'autre mère que la vitrière ». Mais, comme presque tous les mots historiques, celui-là n'a pas été prononcé : « Jamais, disait d'Alembert à Suard, je ne me serais refusé aux embrassements d'une mère qui m'eût réclamé ». Cette entrevue dans un parloir de pension fut donc leur seule rencontre : et le silence — un silence incompréhensible — se fit pour toujours entre la mère et l'enfant. Quand elle mourut, on prétendit qu'Astruc n'était qu'un héritier fictif, et qu'il devait tout remettre à d'Alembert. Supposition trop bienveillante ! Jamais fils ne disparut plus complètement, semble-t-il, de la mémoire d'une mère[1]. Ses enfants, c'était ceux de Richelieu, le petit duc de Fronsac et la future comtesse d'Egmont. Pendant les nombreuses absences de leur père, elle s'occupait d'eux maternellement, envoyait Astruc soigner leurs moindres bobos, visitait les bons Pères et les religieuses qui dirigeaient leur éducation, les faisait sortir aux jours de congé, leur donnait à goûter du pain sec sans cerises, pour obéir à la Faculté, parfois même les gardait à ses dîners, pour les initier aux gentillesses et aux habiletés

---

1. *Essais de mémoires sur M. Suard* [142], 149-151 : Collé, *Journal* [101], septembre 1751, I, 350.

mondaines[1]. Le 26 Janvier 1744, alors que d'Alembert
était déjà une jeune gloire, elle écrivait à son ami : « Je
n'ai rien gagné de n'avoir point d'enfants ; les vôtres
me tourmentent autant que s'ils étaient les miens ; dès
qu'ils ont mal au bout du doigt, je suis dans la plus
grande inquiétude » (267).

Ainsi donc, « sans enfants », elle acheva de s'user
parmi les adorateurs toujours plus nombreux, qui
égayaient sa vieillesse et entretenaient ses illusions. Ils
lui montraient dans un avenir lointain, si lointain même
qu'il en devenait invisible, « le jour tardif de son apo-
théose », et lui disaient très tendrement :

> Vis donc heureuse
> et vis longtemps, nymphe adorée!

Elle ne devait point réaliser ces longs espoirs. Malgré
la science, et les soins, et l'amitié du génial « Esculape »
qui veille sur elle « soir et matin »,

> tient de ses jours le fil en bon état,
> et d'Atropos retarde l'attentat,

— elle était devenue impotente, et ne pouvait plus quitter
son fauteuil ; sa poitrine épuisée lui rendait la parole
difficile ; elle passait des après-dinées silencieuses à
jouer au quadrille avec des amis fidèles [2]. Plusieurs
fois, on la crut mourante [3]. Elle mourut enfin le

1. 27, 79, 89, 175, 317-8, 367, etc., etc.; cf. Piron, *La Rose*, pour
Mlle de Richelieu [85 A], IX, 12.

2. Piron, *Épîtres* [85 A], VIII, 39 : *A Mme de Tencin, sous le nom
de Vénus*; 44-5, *A la même, sous le nom de Dardinel*; 47, *A la même
en lui envoyant une boîte de quadrille*.

3. Id., Id., VIII, 98 : *L'Amitié médecin, A la convalescence de*

4 décembre 1749, et fut enterrée à Saint-Eustache[1].

Il y a, dit-on, de dévotes vieilles filles qui laissent leur fortune à leur directeur. Pour elle, c'est à son médecin qu'elle se confessait; et ses neveux en furent pour leurs espérances[2]. La malignité parisienne lui réserva des oraisons funèbres peu tendres, mais courtes[3] : on commençait déjà à l'oublier. « Puisse-t-elle être au ciel, écrivit Benoît XIV au cardinal de Tencin; elle parlait avec tant d'avantage de Notre modeste personne » ! Et l'excellent pape, qui désirait garder le contact avec la vie parisienne, prenait soin d'ajouter : « Souvenez-vous que la bonne défunte nous envoyait les petits almanachs

Mme de Tencin; cf. encore, Marville à Maurepas, 27 février 1746 [95], II, 250.

1. *Billet d'enterrement* [98], 8 : « Du 4. De Dame Alexandrine de Guérin de Tencin, chanoinesse de Neuville, Baronne de S. Martin de l'Isle de Ré, décédée rue Vivienne, âgée de 68 ans, à Saint-Eustache ».

2. Le cardinal fut le légataire universel, mais ce fut Astruc qui « capta et engloutit la succession, digne beau-père de M. de Silbouette » : cf. Hénault, *Mémoires* [106] 395-6, et Collé, *Journal*, décembre 1749 [101], I, 111 : « Il n'y a qu'une voix sur cette spoliation. S'il (Astruc) ne l'a pas faite, du moins n'a-t-il eu aucune délicatesse, riche comme il est, d'environ un million, d'accepter 200 ou 240 000 livres à quoi l'on prétend que montent les effets que lui a remis Mme de Tencin, dont quelques-uns des héritiers sont mal à leur aise, témoin M. d'Argental ».

3. Cf. *Correspondance littéraire* [103], I, 386.

> Crimes et vices ont pris fin
> par le décès de la Tencin.
> Hélas ! me dis-je, pauvre hère,
> ne nous reste-t-il pas son frère ?

et VI, 203, une autre épigramme moins brève, « et dont il n'est point possible de supprimer quelques mots trop énergiques ».

de Paris [1] ». Le cardinal envoya les almanachs. Mais, l'enterrement fini, comme un écolier qui court les champs dès que sa gouvernante l'a quitté, il abandonna au plus vite le Conseil et la Cour. Les projets du contrôleur-général Machault contre les biens du clergé lui fournirent un beau prétexte de retraite ; et il s'en fut, évêque pieux, résider dans son diocèse : « Notre cœur n'était pas satisfait, écrivait-il de Versailles à ses diocésains, pour leur annoncer son retour ; il soupirait sans cesse vers vous, et nous attendions le moment où nous pourrions nous retrouver au milieu de notre troupeau, pour finir nos jours avec lui [2] ». Il y avait de la sincérité dans cet attendrissement : le cardinal ne songea plus qu'à « son troupeau ». Par une survivance d'habitude, il entretint encore quelques intrigues diplomatiques, qui furent malheureuses [3] ; mais ce qui lui restait de

1. La lettre du pape est trop amusante pour n'être pas citée dans le texte original : « Abbiamo ricevuta la sua lettera degl' 8 di Xbre nella quale abbiamo letta la nuova della morte di Madama sua sorella, che sia in cielo. Ci è dispiaciuta, avendo sempre avuti rincontri ch'essa, senza averci mai conosciuto, parlava con molto vantagio della nostra qualsiasi Persona, ed eccitava nella sua conversazione, che era un assemblea, com' ella ben sà, de' più belli spiriti di Parigi, gl' altri a fare lo stesso. Ci è poi anche dispiaciuta riflettendo al rammarico di Lei, ed anche del buon Bali suo nipote, che ci parlava sempre della zia con molta tenerezza. Se Ella è crede come verisimilimente sarà della sorella, si ricordi che la buona defunta ci mandava i piccoli Lunarj di Parigi dell' anno nuovo, e che l'eredità passa coi pesi » (Lettre du 31 décembre 1749 [90], 805, f° 170).

2. Mandement du 8 mai 1751 [156], 61-2.

3. Sur les instances de la margrave de Bayreuth, et par l'intermédiaire de Voltaire, il essaya, sans succès, de réconcilier la France et la Prusse après Rosbach : cf. la correspondance de Voltaire pendant l'année 1757, passim [70], XXXIX, 283 sq.

force, de doctrine et d'esprit, il le réservait maintenant à ses visites pastorales, à ses mandements, à tout ce qu'il appelait jadis, devant sa sœur, d'un mot peu respectueux, « les paperasses de son métier [1] ». — « Dieu veuille avoir son âme, s'écriera Voltaire en apprenant sa mort : c'était un terrible mécréant [2] » ! Ce verdict est trop dur pour M. l'Archevêque de Lyon. Pontife vigilant, sensible, éminemment orthodoxe, dévoué au Roi, à la Nation, à ses ouailles, il fit une fin fort décente, presque apostolique [3].

1. Lettre à sa sœur du 16 mai 1736 [83], 13.
2. Lettre à M. de Montpéroux du 7 mars 1758 [70], XXXIX, 420.
3. Il mourut le 2 mars 1758.

CHAPITRE IV

LES ROMANS DE Mme DE TENCIN [1]

Les romans de Mme de Tencin étonneront peut-être le lecteur mal averti, et lui paraîtront fades à côté d'elle. N'aurait-il pas suffi qu'elle se racontât elle-même, pour nous attacher à son récit ? Des « tranches de vie », quand cette vie a été si diverse, si riche d'émotions et de désirs, ne seraient-elles pas le plus passionnant des romans ? Il nous semble même presque impossible que les souvenirs d'une réalité si prenante ne se soient pas imposés à son imagination, et que le roman n'ait pas été chez elle une transposition, plus ou moins inconsciente, de son passé. Ce sont là besoins de lecteur romantique, habitué à prendre la littérature comme un décalque de la vie. On chercherait en vain dans ses romans irréels et secs, pauvres de vice et de couleur, la femme cynique et hardie que fut Mme de Tencin. Ils sont anonymes, c'est vrai, comme s'ils cachaient un secret ou dérobaient une pudeur ; et, sur deux d'entre eux, elle a placé en première page des dédicaces énigmatiques qui semblent promettre des aveux [2]. Mais ces dédicaces, même sin-

1. Dans ce chapitre, les citations des romans de Mme de Tencin sont empruntées à l'édition Garnier [34].

2. Cf. *Appendices*, nᵒˢ 24 et 25.

cères, sont avant tout ruses d'auteur pour éveiller les curiosités; et cet anonymat s'imposait alors aux femmes écrivains, aux femmes de qualité surtout. Rappelons-nous que la marquise de Lambert, quand elle vit imprimés les *Avis d'une Mère à sa Fille*, « se crut déshonorée : Une femme de condition faire des livres! comment soutenir cette infamie[1] » ! Ni Mme de La Fayette, ni Catherine Bernard, ni Mme d'Aulnoy, ni Mlle de Lussan n'ont inscrit leurs noms sur la couverture de leurs œuvres. Mme de Tencin a fait à ces convenances mondaines le même sacrifice de célébrité, sacrifice provisoire du reste, car ces secrets ne se gardent guère ; mais, comme l'imagination du public aime toujours supposer quelque collaboration masculine dans un grand succès féminin, — à elle aussi on a donné des Segrais[2] : d'Argental et Pont-de-Veyle auraient travaillé avec leur tante, et partageraient avec elle le modeste lot de gloire que représentent encore aujourd'hui les *Mémoires du comte de Comminge* et *Le Siège de Calais*[3]. On doit

1. Fontenelle, *Éloge de la marquise de Lambert*, *OEuvres de Fontenelle*, édition Salmon et Peytieux, 1825, 5 vol. in-8, t. II, p. 403.

2. Si l'on en croit les « on dit » contemporains, Segrais, qui a signé *Zaïde*, aurait collaboré aux autres romans de Mme de La Fayette, Fontenelle à ceux de Mlle Bernard; Chapelle serait l'auteur de la *Comtesse de Savoie*; Mlle de Lussan se serait fait aider par l'abbé de Boismorand pour ses *Anecdotes de la Cour de Philippe-Auguste*, par Hamilton pour ses *Anecdotes de la Cour de Childéric*, etc.

3. « J'ai vu une lettre écrite de la main de M. de Pont-de-Veyle, dit l'abbé de Laporte, dans laquelle il assure positivement les avoir fait en collaboration avec sa tante » [118], III, 224. C'est sans doute d'après cette même lettre que Laporte croit pouvoir attribuer à Pont-de-Veyle, *Les Malheurs de l'Amour*, Id., 275. Le plus

accueillir ces informations avec plus que de la défiance :
« Vous ne connaissez pas d'Argental, écrit-elle un jour
à Richelieu ; c'est une âme de chiffe, qui est incapable
de prendre part aux choses qui ont quelque sérieux ;
… Il n'est capable de rien que de nigauderies et de faiblesse [1] ». On admettra peut-être que, si l'auteur du *Siège
de Calais* avait voulu se chercher un collaborateur,
elle l'eût choisi moins « nigaud ». Quant à Pont-de-Veyle,
les bluettes dramatiques qui nous sont parvenues sous
son nom — spirituelles, d'ailleurs, et fort propres à
divertir un salon [2] — ressemblent trop peu aux romans
« sensibles » de Mme de Tencin pour qu'on puisse retrouver entre ceux-ci et celles-là quelque affinité littéraire. Je me rappelle aussi, qu'ayant un jour reçu de
Mme de Lauraguais la mission délicate de composer
pour elle une lettre au Roi, Pont-de-Veyle s'en fut
trouver Mme de Tencin, pour qu'elle lui fît la lettre [3].
S'il avait écrit *Le Siège de Calais*, je serais tenté de croire
qu'il n'aurait pas ce jour-là recouru aux talents de
sa tante. Je ne donne point l'argument comme décisif ;

souvent on borne la collaboration des neveux et de la tante à
Comminge et au *Siège de Calais* : cf. Hénault [37] et Quérard, *La
France littéraire*, IX, 368. Le même Quérard accepte encore l'attri-
bution à d'Argental des *Anecdotes d'Édouard II* ; mais ne semble-
t-il pas inadmissible que d'Argental, vivant, eût laissé achever par
une autre le livre dont il aurait été l'auteur ? — Je ne signale que
pour être complet « l'incroyable » erreur de Dorat [113], 14, qui
attribue *Comminge* à la comtesse de Murat ; cf. Grimm, *Correspondance littéraire* [103], VI, 134.

1. Lettres des 28 août et 16 septembre 1743, [2], 162, 186.

2. *Le Complaisant*, comédie en cinq actes, Paris, Le Breton,
1733, in-12 ; *Le Fat puni*, comédie avec un divertissement, Paris,
Prault fils, 1738, in-8.

3. Cf. plus loin, chapitre VI, p. 228-9.

il n'est pas impossible que Mme de Tencin ait parfois demandé l'avis de son neveu pour la contexture générale d'un de ses romans ; mais je douterais fort qu'il en eût rédigé, ne fut-ce qu'une page. Et, puisqu'il faut ici choisir entre des affirmations contradictoires, laissons là les racontars de chroniqueurs sans autorité : « Ce sont les gens mal instruits, disait l'abbé Raynal au lendemain de la mort de Mme de Tencin, qui attribuent *Le Siège de Calais* à M. de Pont-de-Veyle [1] » ; s'ils s'étaient renseignés près de Piron ou près de Montesquieu, ils auraient su, à n'en plus douter, qui se cachait derrière les couvertures anonymes des *Mémoires de Comminge* et des *Malheurs de l'Amour* [2]. Encore une fois, il n'est point d'autre mystère sous cette discrétion de femme auteur ; et l'on risquerait de se tromper lourdement, si l'on voulait chercher à ce scrupule tout mondain des raisons plus personnelles. Composés en des années d'assagissement et de demi-retraite, les romans de Mme de Ten-

1. *Correspondance littéraire* [103], I, 385.
2. Cf. Piron, *Danchet aux Champs-Élysées* [85 A], VIII, 282 :

> Vous, dont le pinceau noble et tendre
> a peint *Les Malheurs de l'Amour* ;

Montesquieu, lettre au comte de Guasco, de 1742, [87], 259 : « Je suis fâché de ne pouvoir satisfaire votre curiosité touchant les ouvrages de notre amie ; c'est un secret que j'ai promis de ne point révéler ». L'abbé de Guasco ajoute en note : « Le jour de la mort de Mme de Tencin, en sortant de son antichambre, il dit au frère du comte de Guasco, qui était avec lui : A présent, vous pouvez mander à M. votre frère que Mme de Tencin est l'auteur du *Comte de Comminge* et du *Siège de Calais*, ouvrages qui ont été crus jusqu'ici de M. de Pont-de-Vesle, son neveu. Je crois qu'il n'y a que M. de Fontenelle et moi qui sachions ce secret ».

cin ne recouvrent aucune confidence volontaire. Elle
les a écrits, non pour rendre du lustre à des scandales
qu'elle eût préférés moins notoires, mais pour faire à sa
manière œuvre d'art, pour purifier, en quelque sorte, son
passé et reconquérir une certaine estime par le sérieux
et la distinction de sa plume. Les amateurs de mémoires
grivois seront déçus en les lisant.

Elle n'a pas échappé pourtant à la pression de ce
passé toujours vivace en elle ; quelques souvenirs personnels émergent çà et là, d'autant plus précieux qu'ils
paraissent plus spontanés, et qu'ils trahissent, pour ainsi
dire, son fond : telle allusion discourtoise aux gens du
Châtelet est d'une victime qui a la rancune tenace[1] ;
telle réflexion amère sur ces « ministres plus attentifs à
mettre dans les places ceux qui conviennent à leur
politique que ceux qui conviendraient aux places », est
d'une sœur mal résignée à l'insuccès de son frère[2] ;
certaines ruses d'Hippolyte, qui, pour s'assurer l'amour
de Barbasan, arrête au passage les lettres qu'il devrait
recevoir, supprime les unes, recachette les autres,
trahissent la femme experte en ces opérations[3] ; l'accouchement clandestin de Mlle de Mailly, l'abandon de son
nouveau-né, au coin d'une rue, la nuit, sont racontés
dans *Le Siège de Calais* avec une sympathie et un
intérêt, où la mère, qui fit exposer son enfant sur les
marches de Saint-Jean-le-Rond, a peut-être mis quelque
chose de son émotion et de ses regrets : ce « sentiment
de pitié pour la petite créature » ainsi sacrifiée, « cette

1. *Malheurs de l'Amour*, 405.
2. *Anecdotes*, 469-470.
3. *Malheurs de l'Amour*, 408.

espèce d'attendrissement pour la mère » presque irres-
ponsable, ne serait-ce pas tout à la fois comme un
remords furtif et comme un appel à l'indulgence [1] ? Dans
quelques figures épisodiques — auxquelles du reste elle
n'a point semblé désireuse de concilier la sympathie du
lecteur — on dirait qu'elle s'est sentie plus à l'aise pour
y mettre un peu d'elle-même. La rancunière Mme du
Boulai, qui a « l'esprit le plus séduisant », dont les
« manières adroites lui ont attiré l'estime de ceux qui ne
jugent que par les apparences », et qui, « maîtresse de
ses goûts et de ses sentiments, n'a que ceux qui lui sont
utiles », n'est-ce pas Mme de Tencin toute vive [2] ?
Voici encore un portrait de la reine Isabelle, qui a été
tracé avec une certaine complaisance, parce que l'auteur se mirait dans son ouvrage : « Elle était belle, de
cette beauté qui pique plus qu'elle ne touche ; les
qualités de son âme répondaient à sa figure ; elle était
plus susceptible de passion que de tendresse, plus capable de bien haïr que de bien aimer, impérieuse, fière,
ambitieuse et douce, bonne même, quand son intérêt le
demandait. Comme elle était dans la première jeunesse,
elle paraissait n'avoir du goût que pour les plaisirs ; la
coquetterie remplissait son ambition, mais cette coquetterie était encore plus le désir de dominer que celui
de plaire [3] ». Quelques pages plus loin, apparaît une
courtisane anglaise, Mme Sterling, qui ne connaît que
« ces sortes d'attachement où le cœur n'a point de part »,
qui se brouille avec ses amants, pour « négocier » plus

1. *Siège de Calais*, 206-8.
2. *Id.*, 203-4.
3. *Anecdotes*, 432.

tard des « réconciliations », et qui, dans toutes ces aventures successives, ne cherche que « le plaisir d'un nouveau triomphe [1] ». En esquissant ce personnage d'arrière-plan, Mme de Tencin n'aurait-elle point songé à ses années de jeunesse?

Mais il faut être prudent en ces conjectures. Si l'on recueillait comme des confessions de la femme toutes les réflexions de l'auteur ou de ses héros, on métamorphoserait sans peine la mère de d'Alembert en une repentie tardive, qui « aurait bien voulu que son cœur se fût toujours tu », mais qui, du moins, n'a pas pu « s'endurcir contre les reproches de sa conscience », qui gémit sur « la honte de ses accouchements secrets », qui reste ignorée de ses enfants, « dont elle aime mieux perdre la reconnaissance que de leur donner la mortification de se connaître », et qui espère par ses « larmes », par ses « sacrifices », bientôt par « sa mort », « désarmer la justice de Dieu [2] ». On pourrait ainsi, en abusant des textes, dessiner une caricature larmoyante de Mme de Tencin, et fausser la valeur de son œuvre, qui reste toute littéraire.

Cependant il était inévitable que le passé aventureux de la romancière lui fournît parfois des expédients commodes. Ce sont surtout ses années de couvent dont elle a exploité les souvenirs. Dans tous les romans de Mme de Tencin, le couvent a un rôle. Il est le confident des amours naissantes et des espoirs joyeux, le refuge des amours brisées et des tristesses résignées; à tous es orages du cœur, il offre un cadre « romantique »,

---

1. *Id.*, 446.
2. *Malheurs de l'Amour*, 317, 378, 376, 426, 413.

comme on dira bientôt : des deux côtés de la grille, dans les parloirs, sous les ombrages des parcs monastiques, parfois même dans le silence des chapelles, il se joue de plus douloureuses tragédies que dans bien des salons mondains. Toutes les scènes et situations empruntées à la vie claustrale, et qu'exploitera à satiété le roman ultérieur, depuis le roman d'analyse jusqu'au roman feuilleton, sont déjà indiquées ou esquissées par Mme de Tencin : cérémonie de vêture, religieuse surprise dans sa cellule par son amant, moine creusant sa fosse, moine sur son lit de mort, femme dans un couvent d'hommes, soldats dans un couvent de femmes, escalade d'une clôture monastique et enlèvement nocturne d'une religieuse, etc., — l'imagination de Mme de Tencin semble se complaire en ces tableaux, qui lui sont familiers; et sa plume, d'ordinaire si sèche, prend comme malgré soi quelque couleur, au contact de souvenirs qu'elle sent encore vivre en elle. Est-ce réserve prudente ou témoignage sincère? Cette nonne défroquée n'a pas cherché à sa fuite une excuse rétrospective dans la satire des couvents. Les religieuses qu'elle nous montre ne ressemblent guère à celles de Diderot, ni même à la jolie dominicaine, qui attirait au parloir de Montfleury la jeunesse dorée de Grenoble. Il ne serait pas impossible que Marivaux ait connu par elle « les petites séductions », « les adresses monacales », les saintes duplicités, qu'il a si joliment détaillées dans quelques parties de *La Vie de Marianne*, ces histoires de vocations contraintes, dont il a exposé le pieux et savant manège avec une précision trop menue, pour qu'on n'y sente point une information directe et très

sûre[1]. Mais Mme de Tencin a jugé sans doute plus
convenable, pour la sœur d'un cardinal, et pour une
« Mère de l'Église », de garder une réserve de bon ton.
Son sentiment perce néanmoins, bien qu'exprimé en
des incidentes rapides. Elle s'indigne contre « la bar-
barie » des parents, qui « obligent leurs malheureuses
filles », parce qu'elles sont cadettes et pauvres, « à s'en-
sevelir toutes vives » dans un cloître[2]; elle constate,
non sans tristesse, que, parmi ces religieuses forcées, les
plus résignées « sont mal servies par leur raison », et
« tournent plus d'une fois leurs regards vers le monde »,
avec une envie et des regrets tenaces[3] ; elle laisse voir
son mépris pour ces couvents mondains, « où les ri-
chesses imposent plus que partout ailleurs », où « de
petits riens remplissent la tête de toutes ces filles en-
fermées », où il est impossible de n'être point malheureuse, « faute de pouvoir faire des sacrifices continuels
de la raison et du bon sens[4] ». Le mot est dur, mais
bref, et ne se renouvelle point. C'est avec une pitié
déférente qu'elle songe à ces religieuses austères, qui
vivent dans un entier oubli du monde comme dans un
tombeau, de ces « bonnes filles qui n'entendent parler
de personne », dont personne ne parle, et qui n'appren-
nent « qu'en général la mort même de leurs parents[5] ».
Au reste, tous les moines et nonnes qui apparaissent

1. *La Vie de Marianne.* VIe partie, édit. cit. au n° 82, t. VI,
p. 388-400 ; IXe partie, id., t. VII, p. 110-120, sq.

2. *Siège de Calais*, 252, *Malheurs de l'Amour*, 392; cf. encore les
textes cités plus haut, chap. I, p. 5 et 12.

3. *Malheurs de l'Amour*, 398.

4. *Id.*, 310, *Siège de Calais*, 253.

5. *Siège de Calais*, 287.

dans ses romans sont fort humains, et nullement accapa-
reurs : supérieures accommodantes, pères abbés atten-
dris et compatissants, religieuses « véritablement rai-
sonnables », ils n'ont point « la piété cruelle », et se
font accepter du lecteur [1]. Quelques-uns même, « gens
d'esprit, qui ont été longtemps dans le monde, et que
divers accidents ont conduits dans le cloître », « montrent de la sensibilité » et de la « vraie bonté [2] ». Ce sont
là, sans doute, des hommages discrets à quelques-unes
de ses anciennes compagnes ; et peut-être même se
disssimule-t-il quelque reconnaissance personnelle pour
une indulgente amie de couvent dans ce jugement de
Pauline sur la sœur Eugénie : « Je lui dois le peu que
je vaux : elle m'a éclairée sur la plupart des choses ;
elle me les a fait voir telles qu'elles son ; et, si elle ne
m'a pas empêchée de faire de grandes fautes, elle me
les a du moins fait sentir [3] ».

Je ne voudrais pas exagérer l'intérêt de ces souvenirs
et leur nouveauté. Le couvent était alors — Mme de
Tencin nous l'indique elle-même [4] — une pièce nécessaire dans la machinerie des romans : il préparait pour
les jeunes idylles des âmes naïves et intactes ; il ense-
velissait dans son silence les amantes malheureuses,
à qui des parents barbares faisaient des vocations forcées ; il abritait, et tempérait sur le tard, les remords
ou les désillusions du cœur.

1. *Comminge*, 180-1 ; *Siège de Calais*, 255 ; *Malheurs de l'Amour*, 311.
2. *Comminge*, 164.
3. *Malheurs de l'Amour*, 313.
4. « Voulez-vous faire l'héroïne de roman, et vous enfermer
dans un cloître, parce qu'on ne vous donne pas l'amant que vous
voulez » (*Id.*, 327) ?

Mme de Tencin restait donc dans la tradition, en utilisant, après tant d'autres romancières, les commodités du couvent. Mais, si l'on se servait du couvent, on ne le faisait point connaître ; c'était une force anonyme qu'on mettait sans peine en mouvement, et qu'on ne songeait point à analyser. Mme de Tencin, qui sortait du cloître, y fit rentrer ses lecteurs derrière elle ; elle sentit, et ce fut là une très juste intuition, que la vie religieuse pouvait fournir non pas seulement des épisodes dramatiques, mais des états d'âme encore mal étudiés.

Ce sont des raisons d'art qui l'ont ramenée vers son passé ; et dans ce retour en arrière, elle n'a pas cherché un biais facile pour déguiser des souvenirs ou des aveux. Elles existent, je crois, ces demi-confidences, et j'ai essayé moi-même de les mettre en valeur, mais elles sont involontaires, comme le pittoresque très maigre qui les accompagne.

Si pourtant Mme de Tencin avait voulu se mettre en frais d'enluminure, elle aurait su trouver comme personne les mots colorés, au besoin les mots crus, les images réalistes, même brutales, qui font revivre choses et gens ; ou plutôt elle n'aurait eu qu'à les laisser venir sous sa plume. On verra, par ses lettres, quelle langue énergique, presque effrontée, était naturellement la sienne, avec quelle vigueur elle savait dessiner un personnage, souligner son geste familier, faire saillir son ridicule ou son vice. Quel contraste avec ses héros de romans, qui, toujours rebelles au mot propre, prennent en guise de petite vérole « cette maladie contagieuse si dangereuse pour la vie et si redoutable à la

beauté »[1] ! Pauvres ombres décolorées, dont on sait
qu'ils ont tous « la plus parfaite régularité des traits »
et les plus vifs « agréments dans l'esprit »[2], et qui
sont moins des individus que des résidus d'espèces.
Cette pâleur uniforme du récit a permis à Mme de Beaumont d'écrire la troisième partie des *Anecdotes de la
Cour d'Édouard II*, sans qu'une lecture rapide laisse
apercevoir la soudure[3] : c'est en apparence le même
style déteint et lessivé. Celui de Mme de Tencin a
cependant beaucoup plus de finesse, de propriété, de
sûreté rapide : il suit avec précision les sinuosités de la
pensée ; c'est un exact et subtil instrument d'analyse.
Tous les critiques furent alors unanimes à l'admirer.
L'abbé Prevost en louait la « vivacité », l' « élégance »,
la « politesse », la « pureté[4] » ; et Voltaire écrivait à
Mlle Quinault : « Je lis actuellement *Le Siège de
Calais* ; j'y trouve un style pur et naturel que je cher-
chais depuis longtemps[5] ». Dans le public, les romans
de Mme de Tencin « passaient tout d'une voix pour
des livres fort bien écrits[6] ». Nous saisissons là sur le
vif les conséquences de la discipline classique, à
laquelle Mme de Tencin n'a point échappé. Il lui a
semblé que, pour atteindre au vrai et grand art, il
fallait atténuer, et souvent supprimer, ses sensations
personnelles, leur ôter ce qu'elles pouvaient avoir de
trop particulier ou de trop vécu, et ne s'intéresser

1. *Anecdotes*, 479.
2. *Comminge*, 134 ; *Anecdotes*, 430-1, etc.
3. Cf. *Appendices*, n° 26.
4. *Le Pour et le Contre* [80], XVII, 73-82, passim.
5. Lettre du 27 juillet 1739 [70], XXXV, 306.
6. *Le Pour et le Contre* [80], VII, 292.

qu'aux sentiments les plus généraux. Si Mme de Sévigné
avait écrit des romans, elle n'eût pas osé sans doute
porter la libre verve de ses lettres, et, par scrupule
d'art, elle eût détruit, elle aussi, le meilleur de son art.
Ne cherchons donc pas dans les romans de Mme de
Tencin ce qu'elle n'a point voulu y mettre, ce qu'elle
n'y a mis que par accident, et presque sans le savoir :
ses souvenirs, ses idées, sa façon de sentir la vie et de
voir les gens. OEuvres volontairement impersonnelles,
d'une correction toute littéraire, elles demandent à être
jugées en elles-mêmes, pour ce qu'elles peuvent con-
tenir de subtilité psychologique et de vérité humaine.
C'est de ce point de vue qu'il les faut examiner. Mais
on ne peut en parler comme de *La Princesse de Clèves*
ou de *Manon Lescaut*. Qui a lu aujourd'hui *Les
Malheurs de l'Amour* ou même le *Comte de Comminge*?
et, les ayant lus par hasard, qui se les rappelle malgré
leur brièveté? Qui aurait la mémoire assez sûre et assez
souple, pour se retrouver dans la multiplicité indis-
tincte de leurs personnages et la complication si dense
de leurs épisodes? Sans vouloir tenter ici des analyses
impossibles, j'essaierai du moins de réduire à ses
données essentielles le problème psychologique qui
est posé dans chacun d'eux.

Les *Mémoires du comte de Comminge* débutent
comme *Roméo et Juliette* et comme l'*Astrée* : l'amour
a surgi, inattendu, irrésistible et fatal, entre deux jeunes
cœurs, que la haine héréditaire de leurs familles aurait
dû éloigner l'un de l'autre pour toujours. Mais « la
tyrannie des pères » fait de cet amour un martyre.
L'amante est mariée à un affreux jaloux, et l'amant

désespéré ensevelit son amour dans un cloître. C'est dans ce même cloître que, plus tard, enfin délivrée de son mari, essayant sous des habits d'homme d'oublier qu'elle est femme et doublement veuve, l'amie errante viendra, elle aussi, chercher la paix. Elle n'y trouvera que celui qu'elle croyait mort, et qu'elle n'a cessé d'aimer. Sans se révéler à lui, elle saura découvrir qu'il garde son cœur tout plein d'elle ; et, dans cette maison où elle devrait être toute à Dieu, elle goûtera un plaisir triste, et comme une vengeance contre le ciel, à se nourrir ainsi solitaire de cet amour profane : douloureuses voluptés, qu'elle caressera jusqu'au jour suprême, où, la cloche des agonisants ayant rassemblé autour de son lit tous ses frères agenouillés, et son amant parmi eux, elle osera devant lui confesser sa misère et ses délicieuses faiblesses, d'une voix apaisée déjà par la mort, mais toujours amoureuse.

En dépit de ses titre et sous-titre, *Le Siège de Calais*, *nouvelle historique*, n'est qu'un roman de mœurs contemporaines, encadré dans une « histoire » fantaisiste. Par gageure, dit-on [1], Mme de Tencin le fit commencer là où les autres le plus souvent finissent : sans le vouloir, et même d'abord sans le savoir, une honnête femme « a accordé ses dernières faveurs » à un ami de son mari, alors qu'elle croyait satisfaire sans plaisir au devoir conjugal. Cet homme, qui l'a prise et surprise, elle le hait pour la honte qu'il lui a laissée, mais ne peut s'empêcher de l'aimer pour les grâces infinies de sa personne. Lui, le trop charmant voleur d'amour,

1. Delandine, *Observations sur les Romans* [126], p. xxxvi.

tout humilié de cet égarement d'une nuit, s'enfermant désormais dans un silence respectueux, ne veut plus vivre que pour se faire pardonner. C'est là ce que se disent l'un à l'autre ces deux amants inavoués dans plusieurs entrevues muettes. Peu à peu, le pénible souvenir s'éteint, l'amour gagne, le mari meurt, et ils sanctionnent dans toute la liberté de leur tendresse ce que le hasard avait consommé. A l'arrière-plan, des jeunes gens jouent au chassé-croisé d'amour : chacun prend la place de l'autre, et se croit trahi ; mais aucun ne l'a été, et les groupes se reconstituent en fin d'histoire, suivant les affinités des cœurs.

Il y a deux romans dans *Les Malheurs de l'Amour* : celui de Pauline et celui d'Eugénie. Moitié par naïveté, moitié par dépit, Eugénie s'est abandonnée en toute confiance à un homme dont elle se croyait aimée ; mais ce n'est qu'un libertin, et qui la trompe. Découragée par cette première expérience, elle n'a plus la force de vivre le vrai amour avec un vrai amant. Elle se retire au couvent, religieuse-philosophe ; et, dans le parloir conventuel, elle reçoit l'amant fidèle, qui se contente d'être l'ami. — Pauline, qui a de beaux écus et de plus beaux yeux, s'est trouvé un amant sincère dans la foule de ses prétendants intéressés. Des circonstances tragiques les séparent pour un temps. En cet éloignement, elle ne vit que de ses souvenirs et de ses espérances ; lui, plus léger, « jeune et sensible », trouve un divertissement dans un amour de grand chemin. Pris de remords, il se libère, sans pourtant oser revenir à son ancienne amie. Croyant la trahison sans retour, elle cherche l'oubli dans un mariage raisonnable ; mais toute son estime pour un mari honnête est impuissante à se muer en amour; et ce n'est que très tard, avec une douloureuse résignation, qu'elle le laisse exercer tous ses droits. Il sent sa blessure en homme passionné, qui voudrait être amant plus encore que mari, et en meurt de déplaisir. L'amant d'autrefois, enhardi, revient. Il a la bonne fortune et la consolation d'arracher à la mort celle qui l'aime toujours, et de mourir pour elle amoureux et repentant. Pauline, dolente, rejoint Eugénie au couvent.

C'est encore une « nouvelle historique » que les *Anecdotes de la Cour et du Règne d'Édouard II, roi d'Angleterre*, mais l'histoire y est aussi frelatée et modernisée que dans *Le Siège de Calais*. Comme *Les Malheurs de l'Amour*, les *Anedoctes* sont la juxtaposition de deux romans : l'un, très médiocre, où la responsabilité de Mme de Tencin est à peine engagée, puisqu'il a été terminé par Mme de Beaumont, est un vrai roman d'aventures avec enlèvements, assassinats, chevaliers errants, maris barbares, etc. ; l'autre est une adroite esquisse d'homme frivole, qui est beau et qui le sait, qui aime, mais qui s'aime plus encore, qui ne se croit pas obligé, même dans ses plus sincères amours, à une exacte probité, si sa vanité est en jeu, et qui, parmi toutes ses conquêtes amoureuses, cherche moins les douceurs de l'amour que les satisfactions de son amour-propre.

Mais on défigure ces romans en les simplifiant ainsi : dans leurs quelque cent ou cent cinquante pages, ils enferment la matière de plusieurs volumes, et il est difficile à une première lecture de s'y sentir à l'aise.

Sauf les *Mémoires du comte de Comminge*, ils se développent tous sur triple ou quadruple plan. *Le Siège de Calais* est le chef-d'œuvre du genre : sur le devant de la scène, M. de Canaple et Mme de Granson traînent leur languissante histoire d'amour ; derrière eux milord d'Arondel et Soyecourt se disputent Mlle de Roye ; M. de Chalons fait sa cour à Mlle de Mailly ; M. de Mailly épouse Mme du Boulai. Clisson et Mauny enlèvent Mlles d'Auxi et de Liancourt. Cette complication, qui pourrait croître à l'infini, est rendue plus gênante encore par le manque de concentration dans l'intérêt dramatique et de relief dans les personnages. Le roman va et vient au gré d'une fantaisie, dont on ne surprend point le secret ; c'est pour ainsi dire aux dernières pages que l'histoire principale parvient à émerger hors du fouillis des anecdotes adjacentes. Pour se retrouver en ces dédales, les noms seuls des personnages offrent une prise à la mémoire. Les personnages eux-mêmes, tous ou « presque tous beaux et bien faits [1] », avec des « visages réguliers », « pleins d'agréments et de charmes *particuliers* » (*sic*), se suivent indiscernables en une longue théorie grise : *Adélaïde*, « une jeune fille qui joignait à la plus parfaite régularité des traits l'éclat de la plus brillante jeunesse [2] » ; — *M. de Canaple* : « peu d'hommes étaient aussi bien faits que lui ; toute sa personne était remplie de grâce, et sa physionomie avait des charmes particuliers, dont il était difficile de se défendre [3] » ; — *Mlle de Mailly* : « je n'ai

1. *Anecdotes*, 432.
2. *Comminge*, 134.
3. *Siège de Calais*, 188.

point vu de traits plus réguliers, et, ce qui se trouve rarement ensemble, plus de grâce et d'agrément[1] » ; — *Barbasan* : « je ne parle point des grâces de sa figure ; je me flatte que, si elles avaient été seules, elles n'auraient pas fait d'impression sur moi ; mais son esprit, son caractère, voilà ce qui me toucha[2] » ; — *Hippolyte* : « je n'ai jamais vu de physionomie plus intéressante, tant de grâces, de beauté, jointe à la fraîcheur de la première jeunesse, et à l'air le plus doux et le plus modeste[3] » ; — *Eugénie* : « sa beauté simple, naïve et sans art, qu'elle semblait même ne pas connaître, la rendait si touchante que le comte de Blanchefort ne put se défendre de tant de charmes[4] » ; — *Gaveston* : « Ce favori avait reçu de la nature tout ce qu'il faut pour plaire : sa taille, quoique médiocre, était si bien prise, qu'on n'y trouvait rien à désirer ; il avait tous les traits réguliers ; sa physionomie était vive et spirituelle ; personne n'avait plus de charmes et d'agréments dans l'esprit[5] », etc. Seule Mlle de Roye « laisse tomber sur son visage et sur sa gorge des cheveux naturellement bouclés, du plus beau blond du monde » ; mais cette audace de coloris s'arrête aussitôt ; et nous ne savons même point si les yeux de cette blonde étaient noirs ou bleus ; contentons-nous d'apprendre que « son regard, le plus beau du monde et le plus touchant, le devenait encore

1. *Id.*, 202.
2. *Malheurs de l'Amour*, 319.
3. *Id.*, 355.
4. *Id.*, 364.
5. *Anecdotes*, 430.

davantage par la tristesse qui y était répandue[1] ».

Les paysages où se meuvent tous ces héros si « bien faits » apparaissent rarement, et n'offrent ni plus de couleur ni plus de variété. Le comte de Comminge est enfermé par son père « dans un château bâti auprès des Pyrénées (cet *auprès* n'est-il point admirable?) ; on voit à l'entour des pins, des cyprès, des rochers escarpés et arides, et on n'entend que le bruit des torrents qui se précipitent entre les rochers ». Ceci est le paysage « sauvage », qui « ajoute encore à la mélancolie » de l'amant persécuté[2]. On peut y suppléer, quand on ne demeure pas « auprès des Pyrénées », par « un bois de haute futaie » : « la solitude et le silence qui y règnent y répandent une certaine horreur conforme à l'état d'une âme » sans espoir[3]. Il y a encore le jardin, moins horrible, où l'amante rêveuse, accompagnée d'un chien, promène le soir sa « langueur négligée[4] » : voilà bien, je crois, les seuls décors qui soient parfois tendus derrière les acteurs. Les fantaisies historiques et archéologiques de Mme de Tencin apportent quelque gaîté parmi tout cet ennui : plus généreuse que le roi Édouard, elle laisse la vie sauve aux Bourgeois de Calais, qui « reçoivent un traitement digne de leur vertu »[5]. Les rudes barons de la guerre de Cent Ans badinent chez elle comme des courtisans de Versailles : ils vont au tournoi avec des devises d'un

---

1. *Malheurs de l'Amour*, 245.
2. *Comminge*, 146.
3. *Malheurs de l'Amour*, 420.
4. *Comminge*, 156.
5. *Siège de Calais*, 305.

pétrarquisme adorable : l'un d'eux ne fait-il pas peindre sur son bouclier un Amour, qui tient « son flambeau sur la bouche, avec ces paroles : *je me nourris de mes feux* »[1] ? Ils tiennent salon, et y parlent sur un ton très « régence » de leurs maîtresses et de l'amour, qui est pour eux « une espèce de ridicule » ; « La passion de leurs femmes les embarrasse ; ils craignent surtout qu'on ne les soupçonne d'en être amoureux : ce sentiment est si singulier, qu'il faudrait, s'ils l'avaient, le cacher avec soin[2] ».

La réalité contemporaine est traitée avec le même sans façon ; il n'est « truc » si grossier et si puéril qui ne soit, le cas échéant, utilisé. S'il faut qu'un amant, chassé par un père cruel, revoie une maîtresse idolâtrée, un « hasard providentiel » les réunit sur la grand' route : « l'objet aimé » roule en équipage, les chevaux s'emballent, le carosse verse, les dames se pâment, l'amant accourt à la minute favorable, et reçoit dans ses bras, avec l'amante évanouie, de délicieux aveux d'amour : « On s'attend bien, écrit Mme de Tencin, que c'étaient Adélaïde et sa mère ; c'étaient effectivement elles[3] ». Quand un personnage est devenu inutile ou gênant, « une maladie de langueur » ou une bonne « fièvre », plus rapide encore, le supprime sans bruit : on « meurt rien que de la douleur d'avoir été abandonné[4] ».

Le lecteur d'aujourd'hui pourrait ainsi exercer aux

1. *Anecdotes*, 459.
2. *Siège de Calais*, 222-4.
3. *Comminge*, 143 ; cf. encore *Siège de Calais*, 199.
4. *Malheurs de l'Amour*, 373, 395, 414, 416.

dépens de Mme de Tencin une ironie facile, qui risquerait pourtant de porter à faux. Elle avait, doit-on le rappeler, un sens trop positif de la vie et une trop riche expérience, pour prendre au sérieux ces fictions de fillette ingénue. Mais que lui importait leur puérilité ou même leur extravagance, si elle ne s'était proposé d'écrire ni des romans pittoresques, ni des romans réalistes, ni même des romans vraisemblables ! Pour juger les siens à leur prix, il ne faut pas oublier dans quelle série littéraire ils se rangent.

Le succès de Mme de La Fayette avait fait lever derrière elle toute une génération de romancières, qui, comme elle, mélangeaient à doses inégales l'histoire et la psychologie, et cherchaient dans le passé de beaux cas amoureux rehaussés par des noms illustres. La réputation de Catherine Bernard, de la comtesse d'Aulnoy, de Mlle de la Force, de Mme Durand, de Mlle de la Roche-Guilhem, de la comtesse de Fontaines, de Mlle de Lussan, de Mme de Gomez, et de leurs nombreuses sœurs, est aujourd'hui un peu empoussiérée [1]. Ces bonnes dames ont pourtant été aussi lues entre 1680 et 1740 que les Daniel Lesueur ou les Marcelle Tinayre au début du XXe siècle. Il n'a pas manqué alors de critiques considérables, pour promettre à l'*Histoire d'Hypolite* de Mme d'Aulnoy ou à l'*Eléonor d'Yvrée* de Catherine Bernard l'immortalité des chefs-

---

1. On pourra consulter sur ces romancières l'*Histoire littéraire des Femmes françaises* de l'abbé de Laporte [118], et surtout le livre très nourri du baron de Waldberg : *Der empfindsame Roman in Frankreich*, t. I, Berlin-Strasbourg, Trübner, 1906, 1 vol. in-12.

d'œuvre [1]. Voltaire, lui-même, crut pouvoir rappeler des Champs-Elysées La Fayette et Segrais, pour les humilier tous deux devant Mme de Fontaines, et pour « mettre *Zaïde* aux pieds de la *Comtesse de Savoie* » [2]. Pâles répliques de *La Princesse de Clèves*, tous ces romans féminins en prolongent la gloire, mais sans la rajeunir. A mesure que le genre était exploité par des mains inhabiles, il se vulgarisait : on trouvait plus commode de chercher la nouveauté dans les anecdotes apocryphes d'une pseudo-histoire que dans les délicates analyses du cœur. *La Princesse de Clèves* pourrait s'intituler *Mémoires de la Cour de Henri II*, mais tout l'intérêt est concentré dans le cœur douloureux de la princesse, tandis que les *Mémoires de la Cour d'Angleterre*, *Mémoires de la Cour de Charles VII*, les *Anecdotes de la Cour de Philippe-Auguste*, *Anecdotes de la Cour de François Ier*, *Anecdotes de la Cour de Childéric*, et tant d'autres romans de même farine, étouffent pour ainsi dire le drame psychologique dans le faste monotone d'une cour fantaisiste, et sous la niaiserie des bavardages sentimentaux. Ceux qui se sentent un grand courage, ou qui savent trouver leur amusement partout, pourront feuilleter ces petits livres [3]. Ils y retrouveront des princes « beaux et bien

---

1. Fontenelle, Lettre sur *Eléonor d'Yvrée* [118], II, 482 ; Laporte, Lettre sur *Hypolite, comte de Duglas* [118], II, 210.

2. *A Mme la comtesse de Fontaines* [34], p. XI.

3. Les principaux de ces romans soi-disant « historiques », écrits par des femmes de 1680 à 1750, sont les suivants : *Les Malheurs de l'Amour : Eléonor d'Yvrée*, par Mlle Bernard, 1687 ; *Le comte d'Amboise*, par la même, 1689 ; *Histoire d'Hypolite, comte de Duglas*, par Mme d'Aulnoy, 1690 ; *Mémoires de la Cour d'An-*

faits », pâmés d'amour aux pieds de princesses « belles
et bien faites », des familles rivales qui se refusent au
bonheur de leurs enfants, des fièvres de « déplaisir »,
plus mortelles que tous les poisons, des « forêts
affreuses » et des « solitudes horribles », où des amants
désespérés peuvent promener leur deuil, des Eus-
taches de Calais qui sont comblés de présents par la
reine d'Angleterre, et qui marient « magnifiquement »
leurs fils, des rois mérovingiens qui ressemblent comme
des frères à Sa Majesté très chrétienne[1] : « Mérovée,
dit Mlle de Lussan dans ses *Anecdotes de la Cour de
Childéric*, ce Mérovée, grand guerrier, grand politique, le prince le plus magnifique de son temps, fit
bâtir un palais superbe et des jardins délicieux dans
une île de la Seine...; c'était dans ces beaux lieux que
Mérovée s'allait délasser de ses soins avec un petit
nombre de personnes choisies, telles que ces personnes

gleterre, par la même, 1695 ; *Histoire de Marguerite de Valois,
reine de Navarre, sœur de François I*[er], par Mlle de la Force, 1696 ;
Gustave Vasa, histoire de Suède, par la même, 1698 ; *Mémoires de
la cour de Charles VII*, par Mme Durand, 1700 ; *Jacqueline de Bavière, comtesse de Hainaut*, par Mlle de la Roche-Guilhem, 1702 ;
Le comte de Warwick, par Mme d'Aulnoy, 1703 ; *Anecdotes ou
histoire secrète de la Maison ottomane*, par Mme de Gomez, 1722 ;
Histoire de la comtesse de Savoie, par Mme de Fontaines, 1726 ;
Anecdotes de la Cour de Philippe-Auguste, par Mlle de Lussan,
1733 ; *Anecdotes de la Cour de Childéric, roi de France*, par la
même, 1736 ; *Anecdotes de la Cour de François I*[er], par la même,
1748. La contagion était si forte que l'abbé Prevost y céda, et
qu'il écrivit, lui aussi, des romans historiques ; cf. son *Histoire de
Marguerite d'Anjou, reine d'Angleterre*, 1741.

1. Cf. en particulier, *Eléonor d'Yvrée, Histoire d'Hypolite, Gustave Vasa, Histoire d'Eustache de Calais* (par Mme de Gomez,
1757), etc.

bienheureuses des voyages de Marly [1] ». — « Le règne de François second, écrit Catherine Bernard au début du *Comte d'Amboise*, semblait dans ses commencements devoir être agréable et heureux. La reine sa femme était une des plus belles et des plus spirituelles personnes du monde. Sa cour était composée d'une partie de ces hommes illustres qui avaient formé celle de Henri second, et les dames avaient autant d'agrément que les hommes avaient de valeur. Le comte d'Amboise et le marquis de Jamsac s'y faisaient distinguer; leurs familles avaient toujours été opposées d'intérêt, etc. [2] ». — « Les Annales d'Espagne, écrit Mme de Fontaines, au début de *La Comtesse de Savoie*, sont remplies des fameux démêlés des Tolède et des Mendoce; ces deux maisons, les plus illustres du royaume, avaient une haine l'une pour l'autre, qui durait depuis plusieurs siècles; et cette haine, en naissant, était, dans leur cœur aussi naturelle que la vie. Leur animosité parut plus vive que jamais dans le temps que Henri Ier régnait en France, et que la plupart des provinces d'Espagne avaient leur souverain particulier; celle de Murcie était possédée par les Mendoce. Le chef de cette maison se trouva dans une grande jeunesse, maître de ses actions; non seulement il était parfaitement beau et bien fait, mais il avait encore toutes les qualités qui font les grands héros, etc. [3] ».

1. *Anecdotes*, etc. Paris, Prault, 1736, 2 vol. in-12. t. 1, p. 1-2.
2. *Le comte d'Amboise, nouvelle galante*. La Haye, de Hondt, 1 vol. in-12, p. 11-2.
3. *Histoire de la comtesse de Savoie* [34]. 3.

Ceux de Mme de Tencin ne sont donc pas sans famille. Aussi bien n'était-ce pas son intention de dépayser ses lectrices, en leur montrant des figures inconnues dans des paysages exotiques. Il semblerait même qu'elle soit restée volontairement fidèle à tous ces procédés surannés du roman traditionnel, pour ramener plus sûrement l'attention sur les menus détails psychologiques. Alors que, parmi ses devancières, quelques-unes s'étaient essayées — encore gauchement, mais déjà avec sincérité, et parfois justesse — à diversifier les physionomies de leurs personnages et les aspects de leurs décors, à en préciser les couleurs et les formes, Mme de Tencin ne veut utiliser que la palette un peu maigre de Mme de La Fayette. La comtesse d'Aulnoy avait conduit sa Julie au coucher du soleil « dans un bois délicieux d'orangers et de grenadiers », sur « l'herbe verte et fraîche » ; et là, parmi « le doux murmure d'un ruisseau », l'installant entre « les racines d'un arbre », et lui ôtant « son grand chapeau-parasol », elle l'avait laissé s'endormir[1]. Chez Mlle de La Force surtout, l'effort était très sensible, pour donner aux choses et aux gens l'allure, le mouvement et la couleur. Sa Colombine est belle et bien faite, mais elle l'est à sa façon : « Elle était déjà de la taille la plus haute, fort menue, la gorge extrêmement avancée ; elle avait les cheveux blonds, naturellement frisés, de grands yeux bruns passionnés, le nez joli, une petite bouche façonnée, d'un rouge toujours éclatant, les dents admirables, mille agréments au menton

---

1. *Histoire d'Hypolite, comte de Duglas*, Paris, Sevestre, 1690, 2 vol. in-12. t. II, p. 256-7.

et aux joues, le visage rond, un air jeune et fin[1] ». Sa
Délécarlie n'est pas un vague jardin pour amoureux,
mais « un pays plein de forêts ; et il est commun d'en
trouver de trente lieues de longueur, dont les arbres
sont plantés sur une mousse Céladon : ils s'élèvent
orgueilleusement jusqu'aux nues ; ils semblent avoir
vu l'enfance du monde... Quelques rochers, couverts
de mousse, s'élevaient d'une forme bizarre : et un ruisseau, serpentant en mille détours agréables, faisait que
ce lieu, tout sauvage qu'il était, avait une beauté singulière qui plaisait »[2]. Je ne donne point ceci pour du
Châteaubriand ou pour du Bernardin ; mais j'y trouve
une bonne volonté descriptive, qu'on demanderait vainement à l'auteur de *Comminge*, qui écrira pourtant
quarante et cinquante ans plus tard. Mme de Tencin
n'aimait point la campagne, et s'étonnait que son amie,
Mme Dupin, eût assez de « raison » pour s'y plaire[3].
Mais, quand bien même elle eût « aimé extrêmement les
jardins, les fleurs, les ombrages », elle n'écrivait point
des romans pour en faire sentir la beauté ; elle ne les écrivait même pas pour conter des histoires nouvelles ; elle
préférait reprendre de vieilles histoires, et en tirer un
parti nouveau : « Tantôt c'est un amant malheureux,
qui voit l'objet de sa tendresse au pouvoir d'un homme
respecté, mais peu aimé ; tantôt c'est une maîtresse
passionnée, que l'autorité paternelle accable de toutes
ses rigueurs, et veut forcer de prendre un parti que son

1. *Gustave Vasa, histoire de Suède*, Paris. Bernard, 1698, 2 vol.
in-12, t. I, p. 206.
2. *Id.*, t. II, p. 103-7.
3. Lettre du 30 juin 1735 [19].

cœur réprouve ; ici, c'est une mère jalouse, dont la
tendresse pour une fille aimable se change en haine, et
qui lui dispute, par la violence, un cœur où elle veut
régner sans partage ; là c'est une passion toujours heureuse, dont la douceur s'évanouit tout à coup par
quelque événement imprévu et funeste[1] ». C'est ainsi
que l'abbé de Laporte, dans son *Histoire littéraire des
Femmes françaises*, résume l'œuvre romanesque de
Mlle de Lussan ; et, ce faisant, il résume avec exactitude les *Mémoires de Comminge* et *Les Malheurs de
l'Amour*.

Pour qui, d'ailleurs, s'est familiarisé avec les romans
de Mme de La Fayette, la « source » première des
romans de Mme de Tencin se laisse capter facilement.
Son *Comminge* est une reprise de *La Princesse de
Clèves* et de *La Princesse de Montpensier*. Si le marquis de Benavidès n'a pas la noblesse douloureuse et
grave de M. de Clèves, Adélaïde a toute la vertu de la
princesse, et Comminge toute l'ardeur de Nemours.
Son timide et malheureux rival, ce don Gabriel, trop
facilement résigné et trop vite ridicule, est un frère plus
jeune et plus « sensible » du comte de Chabannes. On
pourrait multiplier ces rapprochements généraux ; il
en est d'autres plus menus et plus significatifs peut-
être : Mme de Tencin ne s'ingénie pas à renouveler
l'éternelle histoire amoureuse par des incidents inatten-
dus : ceux que Mme de La Fayette a rendus populaires,
et, pour ainsi dire, classiques parmi les lectrices de
romans, lui seront bons : les amants se rencontreront

<hr>

1. *Histoire littéraire*, etc. [118], III, 382.

dans quelque fête royale, et se sentiront aussitôt irrésisti-
blement attirés l'un vers l'autre ; ainsi s'étaient rencon-
trés M. de Nemours et Mme de Clèves [1]. L'amant paraîtra
dans un tournoi avec les couleurs de sa maîtresse, lui
volera son portrait, et « s'en fera aimer malgré elle » ;
ainsi avait fait M. de Nemours [2]. La femme aimée, qui
ne se sent point sûre de sa vertu, et qui redoute pour
sa faiblesse l'intimité des tête-à-tête, prétextera une
indisposition, et consignera sa porte ; si « son devoir »
et « son repos » [3] exigent des mesures défensives plus
efficaces, elle ira passer l'été « dans une terre de son
mari » ; ainsi avait fait la princesse de Clèves [4].

Il s'en faut pourtant, et de beaucoup, que Mme de
Tencin demeure asservie à sa devancière. En apparence, ce sont les mêmes aventures « de belles personnes et d'hommes admirablement bien faits [5] », qui,
les uns et les autres, « ne peuvent se défendre de tant de
charmes [6] » ; c'est la même technique, la même façon
sèche et brève de conter, la même multiplicité d'histoires, qui s'enchâssent les unes dans les autres ; et
néanmoins de *La Princesse de Clèves* aux *Malheurs de
l'Amour*, il y a une orientation nouvelle de l'art ; et

1. *Malheurs de l'Amour*, 365 ; cf. *Princesse de Clèves* [32], II, 36-7.
2. *Anecdotes*, 459 ; *Comminge*, 136 ; cf. *Princesse de Clèves* [32],
II, 105-7.
3. *Comminge*, 162 ; *Malheurs de l'Amour*, 414 ; cf. *Princesse de
Clèves*, id. 122, 191.
4. *Siège de Calais*, 189, 199 ; cf. *Princesse de Clèves*, id. 142, 200.
5. *Princesse de Clèves*, id., 2.
6. *Malheurs de l'Amour*, 364 : « Le comte de Blanchefort ne put
se défendre de tant de charmes » ; *Princesse de Montpensier* [32],
II, 299 : « Le comte de Chabannes ne put se défendre de tant de
charmes ».

l'originalité de Mme de Tencin subsiste presque entière. Dans les romans de Mme de La Fayette, l'intérêt est moins dispersé : ce sont des œuvres cornéliennes, concentrées autour d'un conflit moral. Chez Mme de Tencin il n'y a presque ni drame ni lutte intérieure : chaque roman est plutôt une série de cas sentimentaux reliés entre eux par une intrigue quelconque. C'est sur l'étude de ces « cas » qu'elle porte tout son effort. Et, de même que les ingénieux casuistes ne cherchent pas seulement à résoudre les problèmes posés par la vie, mais qu'ils en inventent pour exercer leur virtuosité, et pour faire montre de leur science, Mme de Tencin se soucie médiocrement de l'inauthenticité, de l'invraisemblance ou de l'indécence d'une hypothèse, pourvu qu'elle arrive ainsi aux situations cherchées, et qu'elle en épuise le contenu ; car il s'agit moins pour elle de résoudre le cas en moraliste, comme peut faire un romancier à thèse, que de décrire et d'analyser ce cas avec justesse et précision, d'y trouver des nuances nouvelles, inaperçues jusque-là. Étant donnée une situation, dont la réalité ou la vraisemblance n'est pas à discuter, le jeu consiste à trouver l'état d'âme correspondant, et à le résumer, à le concentrer en la plus exacte et la plus courte formule.

En présentant au public l'*Éléonor d'Yvrée*, de Catherine Bernard, Fontenelle avait déjà donné la définition du genre. Il y demandait une science subtile de l'âme, une étude nuancée des sentiments « avec toute la finesse possible », l'analyse de « certains mouvements du cœur presque imperceptibles à cause de leur délicatesse », « un style précis », qui « rassemble » beaucoup de pensées et d'émotions « en fort peu d'espace », où « les paroles sont épargnées, et le sens ne l'est pas »[1]. Deux ans plus tôt, essayant de tracer au théâtre contemporain la voie où il pourrait se renouveler, l'auteur d'*Aspar* caractérisait, avec autant de bonheur et plus de détail, ce roman de pure et abstraite analyse : « Le vrai ne suffit pas pour attirer l'attention, il faut *un vrai peu commun*. Tout le monde connaît les passions des hommes, jusqu'à un certain point. *Au delà, c'est un pays inconnu à la plupart des gens, mais où tout le monde est bien aise de faire des découvertes.* Combien les passions ont-elles d'effets délicats et fins qui n'arrivent que rarement, ou qui, quand ils arrivent, ne trouvent pas d'observateurs assez habiles ?.... La finesse, la délicatesse, enfin l'agrément de ces effets de passion, consistent assez ordinairement dans une espèce de contradiction qui s'y trouve : on fait ce qu'on ne croit pas faire ; on dit le contraire de ce qu'on veut dire ; on est dominé pas un sentiment qu'on croit avoir vaincu ; on découvre ce qu'on prend un grand soin de cacher. Celles de toutes les passions qui fournit le plus de ces sortes de jeux, et peut-être la seule qui en fournisse, c'est l'amour : l'obligation, où sont les femmes, de le vaincre ou de le dissimuler, et la délicatesse de gloire qui fait qu'elles se le dissimulent à elles-mêmes, sont des sources très fécondes de ces contradictions agréables.... Nous ne connaissons pas nous-mêmes combien les romans de notre siècle sont riches en ces sortes de traits, et

____

1. *A une personne, à qui il envoyait le roman d' « Eléonor d'Yvrée », dont Mlle Bernard passait pour être l'auteur* [118]. II, 482.

jusqu'à quel point ils ont poussé la science du cœur » [1].

Cette page a été écrite en 1685, mais elle est surtout le programme d'un art qui se développe, et dont Mme de Tencin, amie et élève de Fontenelle, apportera les chefs-d'œuvre : petites « découvertes » dans de petits recoins de l[...], rapprochements ingénieux d'émotions contradictoires, notation légère et brève d'états d'âme incertains et de sentiments qui se transforment, analyses un peu froides et artificielles, quoique d'une spirituelle justesse, — voilà « cette science du cœur », dont elle a cherché la maîtrise, et où s'est complu son talent. Un lecteur attentif et fin, qui sait goûter la joliesse des détails, trouvera, en la lisant, des jouissances menues, mais vives, qui lui rappelleront parfois Marivaux, un Marivaux moins compliqué, plus ramassé, plus rapide surtout, mais un Marivaux qui pourtant « marivaude ». Rien d'étonnant du reste que la si fraternelle amitié de Mme de Tencin pour l'auteur de *La Vie de Marianne* n'ait pas été sans influence sur son art de romancière. Il y a des réminiscences certaines de Marivaux dans *Les Malheurs de l'Amour* [2]; mais la plus certaine de toutes, si l'on peut ainsi parler, ne serait-ce point cette subtilité un peu précieuse, dont Marivaux avait fourni les modèles trop savants, et qu'on retrouve, non sans plaisir, dans les dernières œuvres de Mme de Tencin?

Si par là elle a conquis l'estime discrète des ama-

---

1. *Réflexions sur la poétique, Œuvres de Fontenelle*, Paris, Salmon et Peytieux, 1825, 5 vol. in-8, t. IV, p. 317-9.

2. Cf. en particulier, l'histoire d'Eugénie dans *Les Malheurs de l'Amour* et celle de la religieuse dans *La Vie de Marianne*.

teurs de salon, ce n'est pas à ces marivaudages qu'elle a dû la plupart de ses lecteurs ; et ils furent légion. Peu de romans ont été aussi répandus que les siens au XVIIIe siècle ; leur succès est même allé croissant jusqu'aux environs de 1830[1]. *Le Siège de Calais* souleva un enthousiasme universel ; on l'égala sans scrupule à *La Princesse de Clèves*[2] ; il eut trois éditions l'année même où il parut, et fit naître derrière lui des *Eustache de Saint-Pierre*, des *Siège de Calais*, des *Décius français*[3]. Le *Comminge* surtout connut cette forme populaire de la gloire que donnent les imitations et les contrefaçons : romancières, poètes, dramaturges, peintres, graveurs, trouvèrent dans les « Amants cloîtrés » une belle matière à exploiter[4].

Ce grand succès s'explique par des raisons diverses, dont quelques-unes ne touchent l'art que de loin. Un siècle avant *Les trois Mousquetaires* ou *Les Mystères de Paris*, le lecteur avide d'aventures avait moins d'exigences : les romans de Mme de Tencin étaient assez

---

1. Cf. *Bibliographie*, n°s 23-34.

2. Laporte [118], III, 273 ; Prevost, *Le Pour et le Contre* [80], XVII, 77 ; La Harpe [135], VII, 306, regarde aussi le *Comte de Comminge* « comme le pendant de *La Princesse de Clèves* ».

3. *Histoire d'Eustache de Saint-Pierre au Siège de Calais*, par Mme de Gomez, 1757 ; *Le Siège de Calais*, tragédie nouvelle, par M. de Belloy, 1765 ; *Les Décius français ou le Siège de Calais*, par M. du Rozoy, 1765 ; cf. Grimm [103], VI, 203-4.

4. *Les Amants cloîtrés*, dans la *Septième partie des cent nouvelles nouvelles de Mme de Gomez*, t. IV, Paris, Jovy, 1737, in-12 ; cf. encore « l'héroïde » de Dorat [113] et le « drame » de Baculard d'Arnauld [113 bis], avec leurs gravures d'Eisen et de Restout ; l'esquisse de Deshays au Salon de 1765 [114 A], 285-6 : etc. — On sait que Scribe s'est souvenu de la dernière scène du *Comminge* dans le 4e acte de *La Favorite* (1840).

11

riches en tournois, duels, assassinats, enlèvements nocturnes, substitutions, reconnaissances, accouchements
clandestins, pour le tenir en haleine, et pour lui donner
de loin en loin la palpitation d'angoisse, le petit frisson délicieux, qu'on exige aujourd'hui d'un feuilleton
selon les règles. Il s'y mêlait aussi un autre plaisir.
Sans être grivois, ils parurent voluptueux ; et dans le
public, qu'avaient charmé les très chastes et très idéa-
listes récits d'une La Fayette, d'une d'Aulnoy ou d'une
Lussan, ils firent quelque scandale : les critiques
d'alors reprochèrent au *Siège de Calais* « d'avoir
quelque chose d'un peu contraire aux bienséances »,
de « peindre la passion avec trop de licence » et de se
complaire dans « des images de volupté, où la pudeur,
ménagée avec art, n'en est peut-être que plus
blessée [1] ». A vrai dire, le grief ne vaut que pour une
page ; et cette page est presque nécessaire dans l'économie du roman, puisqu'elle explique une situation
nouvelle, qui créera des états d'âme nouveaux : le
comte de Canaple, hôte de M. de Granson, est allé
chasser chez des amis ; il s'attarde à la poursuite d'un
cerf, et rentre au château en pleine nuit : « Il était si
tard, quand il y arriva, et celui qui lui ouvrit la porte
était si endormi, qu'à peine pût-il obtenir qu'il lui donnât de la lumière. Il monta tout de suite dans son
appartement, dont il avait toujours une clef ; la lumière
qu'il portait s'éteignit dans le temps qu'il en ouvrit la
porte ; il se déshabilla et se coucha le plus promptement
qu'il pût. Mais quelle fut sa surprise, quand il s'aperçut

1. Prévost, *Le Pour et le Contre* [80], XVII, 77 ; *Dictionnaire
historique, littéraire et critique* [109], 430 ; Laporte [118], III, 273.

qu'il n'était pas seul, et qu'il comprit, par la délicatesse d'un pied qui vint s'appuyer sur lui, qu'il était couché avec une femme ! Il était jeune et sensible. Cette aventure, où il ne comprenait rien, lui donnait déjà beaucoup d'émotion, quand cette femme, qui dormait toujours, s'approcha de façon à lui faire juger très avantageusement de son corps. De pareils moments ne sont pas ceux de la réflexion ; le comte de Canaple n'en fit aucune, et profita du bonheur qui venait s'offrir à lui. Cette personne, qui ne s'était presque pas éveillée, se rendormit aussitôt profondément ; mais son sommeil ne fut pas respecté : Mon Dieu, dit-elle d'une voix pleine de charmes, ne voulez-vous pas me laisser dormir ? — La voix de Mme de Granson, que le comte de Canaple reconnut, le mit dans un trouble et une agitation qu'il n'avait jamais éprouvés. Il regagna la place où il s'était mis d'abord, et attendit, avec une crainte qui lui ôtait presque la respiration, le moment où il pourrait sortir. Il sortit enfin, et si heureusement, qu'il ne fut vu de personne » [1]. La scène est osée plutôt que « licencieuse » ; et les détails du récit offrent moins des « images de volupté » que des explications et des excuses. J'imagine que les lecteurs du XVIIIe siècle devaient s'intéresser davantage aux tête-à-tête gênés de Pauline et du président d'Hacqueville, de ce mari amoureux, qui voudrait être l'amant de sa femme, et de sa femme, qui ne lui permet même pas d'être son mari : c'était là, je crois, un problème sentimental qui n'avait pas encore été posé dans la littérature romanesque [2].

1. *Siège de Calais*, 191.
2. *Malheurs de l'Amour*, 400-3. — Ce sujet des « droits du mari »

Au reste, tout y est dit très décemment, je dirais presque : très gravement. Rien ne ressemble moins à du Crébillon fils que les *Les Malheurs de l'Amour*.

Mais cette gravité même n'était pas pour déplaire alors : le siècle de *La Pucelle* est aussi celui de *La nouvelle Héloïse*. Mme de Tencin publia son premier roman, à l'heure où *Manon Lescaut* arrachait des larmes aux Parisiens les plus ironistes [1]. Son œuvre, qui se développe parallèlement à celle de l'abbé Prevost, appartient, comme celle-ci, à cette littérature « sensible », qui trouvera en Rousseau son maître. La dominicaine et le bénédictin défroqués se connaissaient. Quand Prevost, réconcilié avec l'Église et avec sa congrégation, revint à Paris en 1734, « sa première visite, dit Mathieu Marais, fut chez Mme de Tencin, comme de raison » [2]; il aurait été difficile à l'ancienne religieuse de ne lui être point accueillante. Prevost fréquentait volontiers chez elle [3], lisait soigneusement les romans qu'elle publiait, et les critiquait dans son journal avec une impartialité plutôt sévère [4]. Si pourtant il avait été sincère avec lui-même, il aurait dû quelque peu s'y retrouver; non qu'il ait pu goûter, dans les *Mémoires de Comminge* ou *Le Siège de Calais*, cette aisance fami-

est pourtant indiqué dans une phrase très brève de *La Comtesse de Tende* [32], II, 282.

1. *Manon Lescaut,* publiée à Amsterdam en 1731, et réimprimée plusieurs fois à l'étranger en 1732, ne fut connue, semble-t-il, du public français qu'en 1733 ; cf. V. Schrœder, *L'Abbé Prevost*, Paris, Hachette, 1898, 1 vol. in-16, p. 61-2 et 252-3.

2. Lettre à Bouhier, 11 octobre 1734 [66 A], VI, 367.

3. Raynal, *Correspondance littéraire* [103], I, 122.

4. Cf. *Bibliographie*, n° 80.

lière, cette simplicité de récit, ce sens du détail réaliste et vivant, qui laissent un charme même aux pages les plus prolixes de *Cleveland* ou du *Doyen de Killerine*, mais il pouvait reconnaître chez les héros de son amie « la sensibilité » des siens, — plus réservée peut-être, plus timide ou moins abondante en paroles, mais tout aussi ardente, et fatale, et triste. Natures inquiètes et faibles, comme les siens, « ils ont un fonds de sensibilité qui alarme pour le repos de leur vie » ; « quand ils ont quelque chose dans le cœur », ils sont à la merci des émotions les plus légères : « la musique les jette dans un état de rêverie et d'attendrissement », où leur volonté s'énerve ; ils perdent la maîtrise d'eux-mêmes [1] ; « leur malheureuse sensibilité,... la beauté du lieu, des jours, tout sert à les attendrir, tout conspire contre eux » [2]. Dès que l'amour les a pris, ils lui appartiennent tout entiers, sans défense, comme sans remords : « Que voulez-vous ! s'écrie Pauline à Eugénie, *je ne puis être que ce que je suis* » [3]. — « Laissons nos pères se haïr, puisqu'ils le veulent, propose Comminge à Adélaïde, et allons dans quelque coin du monde jouir de notre tendresse, et *nous en faire un devoir* [4] ». Ce sentiment d'irrésistible attrait, et d'impuissance devant les appels du cœur, écarte ces jeunes âmes des amours frivoles et successives, où tant de contemporains « mettent si peu d'importance » ; « ils ne veulent point de galanterie, ils veulent de belles et bonnes passions » [5],

1. *Malheurs de l'Amour*, 317, 329.
2. *Anecdotes*, 438.
3. *Malheurs de l'Amour*, 359.
4. *Comminge*, 145.
5. *Siège de Calais*, 201, 225.

quoiqu'ils sachent bientôt que toute passion finit par
être douloureuse, et qu'il n'est guère possible d'aimer
sans éprouver « les malheurs de l'amour »[1]. Ils le
savent ; mais ils savent aussi que dans ces malheurs
mêmes — si l'amour répond à l'amour — il reste « je
ne sais quelle douceur inséparable de l'assurance
d'être aimé ». C'est là pour eux la joie souveraine,
c'est là « tout l'univers ». Qu'importe s'ils souffrent ! leur
douleur « leur devient chère »[2] ; ils « trouvent une
douceur infinie à s'y abandonner » ; et, si la mort fait
à ces amants une séparation éternelle, celui qui reste
« nourrit sa douleur de l'espérance que du moins un
jour la même terre les couvrira tous deux ». Il n'y a
qu'un malheur intolérable, c'est « l'affreux malheur de
n'être point aimé » : « Tout était couvert, dit Pauline,
par cette douleur déchirante que je n'étais plus aimée...
Je me croyais presque coupable de ce qu'il ne m'aimait
plus... La terre entière à genoux ne m'aurait pas
dédommagée du cœur que j'avais perdu »[3]. Y a-t-il
dans ces gémissements le souvenir d'une douleur
encore vivante ? Parmi ces innombrables galanteries,
la maîtresse de Dubois aurait-elle reçu au cœur quelque
secrète blessure ? Qui pourrait le dire ? Mais, qu'ils
aient traduit une souffrance vécue, ou qu'ils fussent seulement des habiletés littéraires, ces cris de passion, « de
véritable passion »[4], étaient rares alors dans le roman
français ; et il faudrait remonter jusqu'au roman invo-

---

1. *Id.* 218.
2. *Comminge*, 153, 161, 176.
3. *Malheurs de l'Amour*, 328, 356-7, 415,425.
4. *Id.*, 356.

lontaire des *Lettres portugaises* pour trouver de tels accents. Adélaïde et Comminge, Mlle de Roye et milord d'Arondel, Pauline et Barbasan, — sœurs et frères cadets de Patrice, de Cleveland, de Fanny, de Manon et de Des Grieux, — ils vont au-devant de Saint-Preux et de la « nouvelle Héloïse ». La confession d'Adélaïde mourante, où l'amour sensuel est comme exalté et purifié tout ensemble par l'ardeur religieuse, ne serait indigne ni de Prevost, ni même de Rousseau, quoiqu'on sente quelque chose de plus douloureux et de plus vrai dans la plainte d'une Manon ou d'une Julie : « Je suis indigne, s'écrie le soi-disant trappiste devant les moines agenouillés près de son lit; je suis indigne de ce nom de frère dont ces saints religieux m'ont honorée; vous voyez en moi une malheureuse pécheresse, qu'un amour profane a conduite dans ces saints lieux.... Quelle était la disposition que j'apportais à vos saints exercices? Un cœur plein de passion, tout occupé de ce qu'il aimait. Dieu qui voulait, en m'abandonnant à moi-même, me donner de plus en plus des raisons de m'humilier un jour devant lui, permettait sans doute ces douceurs empoisonnées, que je goûtais à respirer le même air, et à être dans le même lieu ». Et, après avoir raconté comment elle s'aperçut un jour que l'amour vivait intact chez son amant et son frère de cloître, elle continue : « Je vis alors que, bien loin de jouir de ce repos que j'avais tant craint de troubler, il était comme moi, la malheureuse victime d'une passion criminelle : je vis Dieu irrité appesantir sa main toute-puissante sur lui; je crus que cet amour, que je portais jusqu'aux pieds des autels, avait attiré

la vengeance céleste sur celui qui en était l'objet.
Pleine de cette pensée, je vins me prosterner aux pieds de
ces mêmes autels ; je vins demander à Dieu ma conversion, pour obtenir celle de mon amant. Oui, mon Dieu !
c'était pour lui que je vous priais, c'était pour lui que je
versais des larmes, c'était son intérêt qui m'amenait à
vous. Vous eûtes pitié de ma faiblesse ; ma prière, toute
insuffisante, toute profane qu'elle était encore, ne fut
pas rejetée : votre grâce se fit sentir à mon cœur. Je
goûtai, dès ce moment, la paix d'une âme qui est avec
vous, et qui ne cherche que vous » [1]. Ne retrouve-t-on
point ici ce « mélange profane d'expressions amoureuses et théologiques », qui montaient aux lèvres de
l'abbé des Grieux, en revoyant sa « chère Manon » [2] ?

Plus souvent, il est vrai, et plus volontiers peut-être,
Mme de Tencin borne ses analyses à des sentiments
plus humbles et plus mélangés. Amours qui naissent,
tristesses qui s'endorment, ou qui se pénètrent de
« douceurs » [3], émotions qui s'apaisent, cœurs incertains qui s'écoutent — elle a, pour se mouvoir dans
ces demi-brouillards de l'âme, des formules claires et
brèves, qui sont un plaisir pour l'esprit, tant elles
disent en leur précision condensée : « Je fus très
touché des chagrins que je causais à ma mère ; mais il
me semblait que ce que je souffrais moi-même m'excu-
sait envers elle » [4]. — « Cet homme qu'il fallait

1. *Comminge*, 177-180.
2. *Suite des mémoires et aventures d'un homme de qualité qui
s'est retiré du monde*, Amsterdam, Aux dépens de la compagnie,
1733, in-12. p. 90.
3. *Malheurs de l'Amour*, 328, 419, etc.
4. *Comminge*, 149.

haïr pour se sauver de la honte de l'aimer » — « Cette liberté, dont elle ne pouvait faire usage, devenait un poids difficile à porter »[1]. — « Il ne lui manquait, pour avoir de l'esprit et du mérite, que la nécessité d'en faire usage ». — « Rien n'était plus plaisant que les peines qu'il prenait pour donner à ces galanteries un air cavalier; c'était comme s'il m'eût dit : je vous conseille de m'aimer »[2]. — « Nous nous parlions moins; les choses que nous nous disions autrefois n'étaient plus celles que nous eussions voulu nous dire. Il n'y perdait rien ; je l'entendais sans qu'il me parlât ». — « Je crois que je l'aurais dispensé de m'aimer en ce moment, et qu'il m'eût suffi qu'il se fût montré digne d'être mon amant ». — « Quand je ne le voyais plus, je subsistais de cette joie douce dont il avait rempli mon cœur ». — « Elle en était touchée, et n'y était point sensible ». — « Moins elle l'aimait, plus elle croyait lui devoir ». — « Toutes ces différentes pensées me donnaient un trouble et une agitation peut-être plus difficiles à soutenir qu'un état purement de douleur »[3]. — « Quoiqu'elle parlât d'amour, elle n'était point tendre ». — « Je lisais dans ses yeux que le plaisir d'être aimé ne lui laissait point d'attention pour les peines que ma tendresse me donnait », etc.[4] Ces mots ont besoin d'être remis en leur place pour prendre toute leur

1. *Siège de Calais*, 232, 236.
2. Cf. Marivaux. *La Vie de Marianne*, IVᵉ partie (1736) [82], 280 : « Il n'y a point de jolie femme qui n'ait un peu trop envie de plaire ; de là naissent ces petites minauderies plus ou moins adroites par lesquelles elle vous dit : *Regardez-moi* ».
3. *Malheurs de l'Amour*, 309. 317. 324, 340, 341, 371-2, 374, 406.
4. *Anecdotes*, 438, 446.

valeur. On en goûte mieux alors l'élégance un peu précieuse et le raffinement parfois trop subtil. Qu'on lise surtout *Les Malheurs de l'Amour*. Ce n'est point un chef-d'œuvre, mais c'est une œuvre bien distinguée. Le lecteur moderne n'y sera point choqué par des anachronismes ou des travestissements ridicules. L' « histoire » en est absente, et les invraisemblances plus discrètes. L'intérêt dramatique y est médiocre, presque nul ; mais, au contact des événements, la mélancolie amoureuse y prend toutes les nuances ; et la courbe des sentiments instables y est suivie d'un trait léger, délicat et sûr.

Ce qui lasse vite l'attention, c'est qu'on ne sent presque nulle part le frémissement personnel d'un tempérament ou d'un caractère. Les ingénieuses formules où se résume une situation sont des formules générales qui peuvent servir pour tous les cas analogues, abstraction faite des individus ; c'est la théorie ou, si l'on veut, la casuistique de l'âme, ce n'en est pas la vie. Elle « connaît le cœur humain », et s'en vante[1], « mais le cœur humain de qui » ? Elle sait quelle est la tristesse d'un amant, qui prend congé de sa maîtresse ; mais la tristesse de Comminge, entrant chez Adélaïde pour la dernière fois, elle ne se la « représente » pas : « J'entrai dans sa chambre dans un état plus aisé à imaginer qu'à représenter » ; — « J'étais pendant ce terrible récit dans un état plus aisé à imaginer qu'à décrire » ; — « Elle sortit et laissa le marquis de La Valette dans un état plus aisé à imaginer qu'à repré-

----

1. *Malheurs de l'Amour*, 398.

senter »[1]. Dès qu'elle arrive à des analyses individuelles, à des « états » ou des situations qui se particularisent trop, elle s'arrête : « Si je voulais me laisser aller aux réflexions, écrit-elle quelque part, cette matière m'en fournirait beaucoup ; mais elles seraient également inutiles à ceux qui sont capables d'en faire et à ceux qui n'en font jamais »[2]. Supprimant donc toutes les réflexions particulières comme « inutiles », elle n'a cru devoir garder que les réflexions d'un intérêt universel. Ainsi toute sa psychologie tend à se resserrer et à s'aiguiser en sentences ou principes généraux. Qu'on se rappelle les formules que je viens de citer ; une très légère retouche les transforme en *maximes* : « Il y a des gens auxquels il ne manque, pour avoir de l'esprit et du mérite, que la nécessité d'en faire usage ». — « A de certains moments, on préférerait être moins aimé, pourvu que celui qu'on aime se montrât plus digne de l'être », etc. Mais voici des « maximes », qui ne se déguisent pas. Elles sont nombreuses, et point niaises : « Quand le cœur est véritablement touché, il sent du plaisir à tout ce qui lui prouve à lui-même sa propre sensibilité »[3]. — « Les talents et les pensées saines sont presque toujours le fruit du besoin ou du malheur ». — « On se persuade, quand on est riche que les talents s'achètent comme une étoffe ». — « Le cœur fournit toutes les erreurs dont nous avons besoin ». — « Un nouveau malheur est un aliment pour un cœur qui en est déjà rempli ; il semble qu'on trouve

1. *Comminge*, 145 ; *Malheurs de l'Amour*, 354, 396.
2. *Malheurs de l'Amour*, 346.
3. *Comminge*, 146.

une espèce de soulagement à voir croître ses peines ».
— « On ne se dit jamais bien nettement qu'on n'est pas
aimée »[1]. — « La plupart des hommes prennent un
sentiment vif d'amour-propre pour de l'amour ». —
« Les hommes ne se croient obligés qu'à la fidélité du
cœur » etc.[2] L'allure sentencieuse de ces romans
n'avait point échappé aux contemporains ; ils avaient
extrait du *Siège de Calais* et des *Malheurs de l'Amour*
quelques « pensées » choisies[3]. Mme de Tencin eût
mérité d'écrire les *Maximes* du XVIIIe siècle. Elle
connaissait quelque peu les femmes, et beaucoup les
hommes ; elle avait assez de méchanceté pour tenir ses
yeux en éveil, assez de souvenirs pour deviner juste,
assez d'esprit pour dire finement et courtement. Elle
eût pu, comme La Rochefoucauld vieilli, condenser son
expérience en un tout petit livre précieux. Il est grand
dommage qu'elle l'ait pour ainsi dire délayée en des
romans « sensibles ». Elle eût fait ainsi œuvre plus rare,
plus résistante, et surtout plus personnelle. C'était là
du moins que son instinct et son plaisir l'avaient depuis
longtemps attirée ; sa lettre philosophique au Père
Maniquet n'est déjà qu'une série de « maximes » ; on
en retrouvera dans toute sa correspondance ; et le
divertissement préféré de ses « mardis » sera d'en discuter et d'en ciseler les formules avec l'aide de ses
invités. Cherchons Mme de Tencin dans son salon et
dans ses lettres plutôt que dans ses romans.

1. *Malheurs de l'Amour*, 309, 313, 331, 352, 369.
2. *Anecdotes*, 444, 460.
3. Laporte, *Histoire littéraire des Femmes françaises* [118], III,
286-7.

CHAPITRE V

LE PREMIER « ROYAUME DE LA RUE SAINT-HONORÉ » [1]

Elle a toujours eu un « salon », je veux dire qu'elle a toujours eu autour d'elle une petite cour de gens d'esprit; ils étaient venus peut-être près de cette jolie femme avec des desseins plus positifs, mais, à défaut d'autres faveurs, ils se contentaient de sa conversation, trouvant encore l'aubaine assez rare. A Montfleury déjà, dans le parloir du couvent, ceux qui ne faisaient pas avec elle l'expérience de l'amour, en apprenaient du moins la métaphysique. A Paris, à peine installée, gens de lettres et habitués de ruelles l'entourèrent et jouèrent avec elle même jeu : à qui perd, gagne encore. Le comte de Hoym, — bibliophile très avisé, Saxon qui ne pouvait vivre qu'à Paris, et qui désignait toujours

---

1. Mme de Tencin habitait rue Saint-Honoré, après le cul-de-sac de l'Oratoire. Elle y demeurait encore l'année de la grande inondation (1741), où, pendant quelque temps, on ne put entrer chez elle qu'en bateau : cf. Piron, *Poésies inédites* [85 B], 392. Peu avant sa mort, à ce qu'il semble, elle alla s'installer rue Vivienne ; cf. le *Billet d'enterrement de Mme de Tencin* [98]. — Il est, je pense, inutile de rappeler que « le Royaume de la rue Saint-Honoré » était gouverné par Mme Geoffrin ; cf. le livre du Marquis de Ségur [164].

la France par cette amoureuse périphrase : « le pays
que j'aime »[1], — est le plus touchant de ces quémandeurs inlassables, qui se faisaient mendiants d'amour
près de la chanoinesse, et ne recevaient d'elle que
l'aumône de ses bons mots : « J'aimerais presque
autant, Madame, lui écrivait-il dans un petit billet du
matin, que vous fussiez à la campagne comme Madame
votre sœur (Mme de Ferriol allait souvent à Ablon),
que de vous savoir à Paris, sans pouvoir avoir l'honneur
de vous voir. C'est devenu pour moi une chose trop
nécessaire pour pouvoir m'en passer ; et, depuis que
vous m'avez joué le mauvais tour de me dégoûter de
tout ce que je trouvais aimable avant que d'avoir l'honneur de vous connaître, vous êtes obligée à présent, en
conscience, de me dédommager de l'ennui que vous
êtes cause que je trouve partout. Faites-moi donc,
Madame, s'il vous plaît, la grâce de me faire savoir
quand je pourrai avoir l'honneur de vous voir et de
vous assurer de mes très humbles respects. C'est bien
fâcheux, Madame, qu'il faille finir par des respects les
lettres qu'on vous écrit » ; et, un autre jour, Mme de
Tencin lui ayant fait porter quelque petit cadeau, il en
profitait pour renouveler ses avances ingénues : « Votre
libéralité est parfaite, Madame ; et, si vous aviez ajouté
aux grâces que vous m'avez faites celle de me permettre de vous aller rendre mes devoirs, j'aurais été
au comble du bonheur ; mais on n'est point dans ce
monde pour en avoir tant à la fois. Quand M. de Mon-
targon a vu le paquet que vous m'envoyiez, il m'a

_____

1. Hoym à Mme de Tencin, lettres des 1er juin et 10 septembre
1718 [45], II, 240, 241.

demandé si nous nous rendions nos lettres ; et je vous
avoue que, par un petit mouvement d'amour-propre,
j'ai été tenté de le lui laisser croire. Vous voyez,
Madame, que j'avoue ingénument mes faiblesses ;
mais qui est-ce qui n'a pas les siennes ? Et il y en a qui
sont d'une nature à n'être pas désavouées ». La lettre se
terminait, comme la précédente, par une demande
d'audience, où « il aurait l'honneur de l'assurer de ses
très humbles respects ; c'est bien fâcheux, Madame,
ajoutait-il en manière de refrain, qu'on n'ose finir que
par du respect les lettres qu'on vous écrit »[1]. Il avait
beau gémir, comme il était homme de goût, et qu'il
éprouvait plus qu'aucun autre la séduction de l'esprit
français, il n'avait garde de bouder sérieusement, trop
heureux de trouver à Paris une aussi spirituelle initia-
trice. Rappelé à Dresde, il lui écrit lettres sur lettres,
pour raviver les souvenirs qu'il lui a laissés. Mme de
Tencin, paresseuse, ne souffle mot d'abord, ou fait
écrire par Fontenelle[2] ; si enfin elle se décide à lui
répondre, elle croira lui être agréable, en envoyant à
ce demi-parisien exilé une chronique « du pays qu'il
aime » : elle lui raconte l'incendie du Petit-Pont, les
nouvelles de la Comédie-Française et des Italiens,
l'expulsion de l'abbé de Saint-Pierre hors de l'Académie, bref tous les petits faits divers qui amusent son
salon[3]. Mais cet Allemand tenace s'obstine à demander
davantage. « Je vous ai très peu d'obligation,

1. Billets sans date, années 1715, 1716 ou 1717 [45], II, 229-230.
2. Hoym à Fontenelle, lettre du 30 novembre 1718, et réponse
de Fontenelle [45], I, 20-23.
3. Cf. sa lettre à Hoym du 9 mai 1718 [10].

Madame, des nouvelles que vous me mandez, et don
vous avez fort mal à propos grossi une lettre que vous
pouviez remplir de quelque chose de meilleur. Pourquoi n'y pas mettre, par exemple, ce que je mettrais si
naturellement dans la mienne, si vous me laissiez faire ?
Mais vous avez mieux aimé m'entretenir de Bobour,
de la Desmar, de l'incendie, et de M. l'abbé de Saint-
Pierre, et de mille autres choses, auxquelles je prends
beaucoup moins d'intérêt qu'aux plus indifférentes de
toutes vos actions. Ce n'est pourtant que de ces choses-
là que vous me parlez ; et, de cinq ou six pages qu'a
votre lettre, à peine y a-t-il le quart d'une qui vous
regarde. En vérité, Madame, c'est nous faire tort à
tous les deux de croire que vous n'ayez rien de plus
intéressant à me mander » [1]. On comprend que Mme de
Tencin ait pu trouver parfois le comte de Hoym trop
empressé, et qu'elle ait un peu redouté ses visites.
Parmi les premiers habitués de son salon, beaucoup
sans doute sont comme lui : ils sont venus chercher
quelque chose, qu'on ne leur a point donné ; et, tout
en disant leur déception, ils essaient de prendre goût
au succédané qu'on leur sert.

D'autres, plus heureux peut-être en amour et plus
illustres en littérature, n'avaient pas besoin d'une permission expresse pour se faire ouvrir la porte, à la
maison de la rue Saint-Honoré. Ils y venaient à toute
heure, en hôtes familiers et toujours invités. Un petit
tableau, peint vers 1710 par ce pauvre diable de Jacques
Autreau, nous a gardé le souvenir de ces réunions du

1. Hoym à Mme de Tencin, 1ᵉʳ juin 1718 [45], II, 239-240.

matin, toutes gaies, tout intimes, autour de la table du déjeuner : trois convives seulement, et de cérémonie point. Fontenelle, correct et soigné, porte large perruque blonde, habit clair et veste en drap d'or ; La Motte s'est emballé dans un manteau rouge ; Saurin, tout en noir, est plus négligé, comme il est permis à un mathématicien. Derrière ce respectable triumvirat, la maîtresse de maison fait une apparition jeune : toute simple, en robe du matin avec un bonnet bien retroussé, qui laisse voir sur le front deux jolis accroche-cœurs, elle apporte elle-même la chocolatière. Cependant Saurin argumente et gesticule. On cause, et doctement semble-t-il. Voilà les premiers « mardis » du salon Tencin. Les débuts sont humbles, mais charmants [1].

Pendant bien des années, Fontenelle et La Motte s'en furent ainsi causer chez elle sans pédanterie ni apprêt. On voit, par des notes de police prises en Juillet-Août 1729, qu'ils lui faisaient des visites presque quotidiennes, et dînaient à sa table plusieurs fois la semaine. Si ces notes — ou plutôt ces fragments de notes, car du carnet de l'agent nous n'avons conservé que quatre feuillets [2] — si ces fragments de notes, tout brefs et tout secs qu'ils soient, nous permettent de reconstituer quelques journées de Mme de Tencin ou nous en offrent du moins le cadre, on m'excusera sans doute d'en citer ici quelques extraits :

Du 27 juillet 1729.

— M. l'abbé de Fontenay est venu aujourd'hui en

1. Cf. *Appendices*, IV, *Note iconographique*, n° 175.
2. Cf. *Appendices*, II, *Bibliographie*, n° 74 *bis*.

chaise à porteurs, à onze heures du matin, chez Mme de
Tencin, avec laquelle il a resté pendant une heure.

— M. de la Mothe y est venu dîner, et n'est sorty
qu'à huit heures du soir.

— M. de Fontenelles, de l'Académie des sciences,
est entré à cinq heures, et sorti à pareille heure de
huit (sic).

— Il n'est point venu de domestiques avec ces messieurs; le dîné que Mme de Tencin a donné estoit bon;
on y a mangé un jambon cuit à la broche.

— On a joué ensuite au cadrille.

Du 7 août 1729.

— M. l'abbé de Saint-Pierre est entré à onze heures
et sorty à deux heures.

— M. Destouillets, receveur général des finances de
Soissons, est entré à midy, et sorti aussi à deux
heures.

— M. le président Fériol est entré à une heure, et
sorty à deux.

— M. le président Tansin, M. Soullet, médecin de
Mme de Tencin, M. de la Motte le poète et M. de Fontenelles, sont tous venus entre une heure et deux, et y
ont dîné; ils ont joué ensuite le quadrille, et sont tous
retournés sur les sept heures.

Du huit.

— Il n'est entré personne dans la matinée chez
Me Tansin.

— A trois heures de l'après-midi, M. l'abbé de
Saint-Pierre et M. le président Tansin sont entrés et
sortys à cinq, l'un après l'autre.

— A cinq heures et demy, M. de la Motte le poète est entré, et sorty à huit.

Dans cette affection, qui unissait Mme de Tencin à ses deux vieux amis, il restait peut-être, si la légende est exacte, quelques souvenirs d'amour ; mais ce qui la vivifiait surtout, c'était la sympathie ou plutôt la camaraderie des intelligences. Mme de Tencin n'en fit pas pourtant une amitié purement intellectuelle : elle ne la laissa pas oisive et sans profit. Ses amis devaient s'attendre à être réquisitionnés pour des besognes parfois inattendues : c'est Fontenelle, on s'en souvient, qui travaille en cour de Rome pour l'annulation de ses vœux, Fontenelle, qui la présente au Palais-Royal, Fontenelle, qui intrigue au ministère près de son ami Morville, pour obtenir à l'abbé une ambassade ou un évêché. Faut-il rappeler enfin le rôle de l'excellent La Motte dans les affaires de Rome et la préparation du concile d'Embrun ? Mais ils faisaient mieux encore pour leur amie. Ils la couvraient, pour ainsi dire, de leur dignité, l'entouraient de leur gloire, alors considérable, et lui amenaient, pour qu'elle en fît sa cour, les jeunes auteurs à la mode et les vieux académiciens. Sauf Voltaire, qui resta rebelle, il n'est guère d'écrivain distingué qui ne soit venu chez elle apporter un hommage curieux, bientôt déférent, et chercher comme un supplément de célébrité : Duclos, l'abbé de Saint-Pierre, l'abbé Prevost, Marivaux, Montesquieu, Piron, Mably, Helvétius, Marmontel, bien d'autres, dont la faveur fut courte et la réputation mourut en chemin, vinrent ainsi rue Saint-Honoré, et pour la plupart y

revinrent [1]. Elle sut en effet les gagner par la cordialité virile et la simplicité de son accueil. Plusieurs
même, et' des plus illustres, lui donnèrent une amitié
spontanée, faite d'affection, de respect et de confiance
intellectuelle, amitié dont elle aimait se parer, et qui
reste aujourd'hui le plus sûr témoignage de sa valeur
et de son charme. Toujours prête à leur être utile, elle
mettait à leur service ses influences politiques et ses
relations mondaines. Si Piron part pour Bruxelles, elle
le recommandera à l'ambassadeur français ; et l'hôtel
de l'ambassade s'ouvrira devant son protégé « avec
toutes sortes de marques d'estime et d'amitié ». Si
Fréron a outragé Fontenelle dans quelque feuille dif-
famatoire, elle stimulera son repentir par la menace de
la Bastille [2]. Elle avait pour ses amis une bonté ingénieuse, qui touchait par son à-propos et sa discrétion.
L'argent, qu'elle avait amassé dans les tripots et les
banques louches, elle savait le dépenser largement et
noblement. Plus d'une fois elle a réparé d'une main
légère la petite fortune, que Marivaux, trop distrait,
trop charitable et trop élégant, émiettait sans y penser [3].

1. Il est inutile de rappeler tous leurs noms, dont quelques-uns
ne sont plus que des noms : un Saurin, un Danchet, un abbé
Girard, un Le Vayer, un Autreau, un d'Anfreville, sont aujour-
d'hui des gloires plus que défuntes; mais, en ce temps-là, ils
avaient encore quelque lustre. D'ailleurs, ils faisaient nombre dans
le salon, et contribuaient, pour ainsi parler, à y créer une atmo-
sphère.

2. Piron, Lettre à Mlle de Bar du 26 Juillet 1740; *Notes sur
Fréron* [85 B], 60-1, 202.

3. Cf. *La Vie de Marianne* [82], 288-9. Larroumet, dans son *Marivaux* [157 A], 142 et n. 1, renvoie à un passage de *L'Esprit de
Marivaux*, Paris, Pierres, 1769, 1 vol. in-8, p. 9, où Lesbros parle-
rait des « généreuses attentions de Mme de Tencin pour Mari-

Sa dernière générosité fut pour Montesquieu. Quelques mois avant sa mort, au moment où *L'Esprit des Lois* venait de paraître, elle acheta une bonne partie de l'édition, et en fit distribuer les exemplaires à tous ses amis [1]. Il n'y a pas de charité plus exquise, et qui honore plus son jugement. Aussi Montesquieu l'appelle « notre amie », avec une intonation presque tendre [2] ; et, quand elle mourut, Marivaux resta tout désorienté : « Mme de Tencin n'est plus, écrit-il à la comtesse de Verteillac ; la longue habitude de la voir qui m'avait lié à elle n'a pu se rompre sans beaucoup de sensibilité de ma part » [3]. On sent, sous la réserve voulue des mots, une tristesse qui a sa pudeur et qui atteint le cœur au fond. Mais il avait déjà trahi toute l'ardeur de son amitié dans ce merveilleux portrait de *La Vie de Marianne*, où il l'a peinte avec une minutie et une subtilité d'admiration, qui est le moins déguisé des aveux [4].

Avant l'affaire La Fresnais, tant et de si diverses intrigues absorbaient Mme de Tencin, que le monde bel esprit n'obtenait chez elle qu'une attention intermittente. Cependant, dès son arrivée à Paris, la vie académique, avec ses complots et ses scandales, la passionna : c'était pour elle comme la politique de la littérature, et elle y retrouvait la bataille, qu'elle aimait [5]. Elle s'intéressait aux gens de théâtre, auteurs et acteurs,

vaux »; mais je n'ai pu retrouver ce texte ni à la page 9, ni dans le reste de l'ouvrage.

1. Delandine, *Observations sur les Romans* [126], p. xxix.
2. Lettre au comte de Guasco, de 1742 [87], 259.
3. Lettre du 14 Décembre 1749 [100].
4. IVᵉ et Vᶜ parties; cf. plus loin, dans ce chapitre, p. 198-200.
5. Cf. Trublet, *Mémoires de Fontenelle* [112], 207.

se faisait conduire par Marivaux aux Italiens, et s'in-
géniait déjà à régaler ses hôtes de quelque nouveauté
littéraire [1]. Mais les rudes émotions de l'embastillement,
l'humiliation de l'exil, l'apaisement inévitable de l'âge,
une santé qu'il fallait ménager, resserrèrent peu à peu
dans son salon son activitétoujours tumultueuse. La mort
de la marquise de Lambert, qui survint vers la même
époque (1733), en lui laissant une place et un rôle dis-
ponibles, — acheva de la fixer. C'est alors seulement
que le « bureau d'esprit » de la rue Saint-Honoré reçut
sa constitution définitive, et, en quelque sorte, officielle. Les salons étaient en ce temps-là comme des
fiefs littéraires, qui se transmettaient à des héri-
tières désignées d'avance. Mme de Tencin fréquentait
chez Mme de Lambert, pour obtenir sa succession [2].
Mme Geoffrin viendra chez Mme de Tencin, pour y
prendre des leçons et y chercher des recrues.
Mme Necker fera un stage chez la Geoffrin, avant
d'hériter de son « royaume ». Ainsi se continuent à
travers tout le siècle les mêmes traditions, sinon les
mêmes idées. C'était pour Mme de Tencin une bonne
fortune de succéder publiquement à une femme de haut
rang et de haute distinction, que Fénelon avait
honorée de son amitié, et qui exerçait une autorité
morale sur la société parisienne. Donc, comme dit
Trublet, « après la mort de Mme de Lambert, le mardi
fut chez Mme de Tencin [3] ». Mais, en passant de la rue

1. Cf. sa lettre à Hoym du 9 mai 1718 [10], et un billet d'Hoym
à Mme de Tencin, vraisemblablement de 1716 [45], 230.
2. Mlle Aïssé, lettre du 10 juin 1728 [68], 245.
3. *Mémoires de Fontenelle* [112], 72.

Richelieu à la rue Saint-Honoré, le « mardi » se renouvela. La Motte, qui avait été un des oracles de la marquise, était mort trop tôt pour être compris dans sa succession. Du salon Lambert il ne resta plus à Mme de Tencin que Fontenelle, Marivaux et Mairan. Ce trio « lambertiste » retrouva chez Mme de Tencin le dîner du mardi ; mais, pour ce jour privilégié, la nouvelle « présidente » réserva encore à quatre amis, à Mirabaud, De Boze, Astruc, et Duclos des fauteuils perpétuels autour de sa table. Ainsi se forma le groupe des *Sept Sages*, désormais la cour permanente de Mme de Tencin [1].

Les « sept sages » ne se ressemblaient guère Fontenelle, plus que vieux, mais arrivé à cette seconde jeunesse qu'il gardera jusqu'à cent ans, se reposait égoïstement dans ses souvenirs et dans sa gloire. A lui seul, il représentait toute une tradition littéraire et mondaine ; et, si incontesté que fût le renom du savant, c'était surtout ce passé vivant en lui, qu'une admiration universelle entourait. Vers la fin de sa vie, diront plus tard les *Mémoires de Trévoux*, « M. de Fontenelle était comme un monument » [2] : il l'était déjà. — Marivaux, de trente ans plus jeune, prolongeait l'esprit du maître, en le raffinant et en le subtilisant encore. Il parlait dans les conversations les plus abandonnées avec la même minutie précieuse que la Marianne dont il commençait à raconter l'histoire ; dans un salon, comme sur la scène, il se montrait aussi

---

1. Piron, *A Mme de Tencin, sous le nom de Vénus* [85 A], VIII, 35 sq.
2. *Mémoires pour l'histoire des sciences et des beaux-arts*, etc., septembre 1759, Paris, Chaubert et Hérissant, in-24, p. 2300.

bavard et ingénieux que ses Dorante ou ses Sylvia, et
faisait faire avec lui à ses auditrices étonnées « cent
lieues sur une feuille de parquet [1] ». — Mairan, qui
succédera à Fontenelle comme secrétaire perpétuel
de l'Académie des sciences, était dès ce temps-là un des
plus notables savants de sa compagnie. Son *Traité
de l'aurore boréale* avait, si l'on ose reprendre une
méchante pointe de Voltaire, marqué « l'aurore » de sa
gloire [2], qui devenait européenne. Ce physicien éminent
était un « philosophe aimable » et un galant homme.
Il s'intéressait à tout, et pouvait parler au besoin, avec
bonne grâce et compétence, de musique, de sculpture
ou d'archéologie. Causeur facile et courtois, d'une
« politesse charmante », sachant écrire une langue
noble et sûre, il était très goûté par ses confrères de
l'Académie française, qui bientôt l'appelleront à eux [3].
— Mirabaud, secrétaire des commandements de la
duchesse d'Orléans, avait été militaire et Oratorien,
avant de se faire homme de lettres. Depuis longtemps,
Mme de Tencin l'avait introduit chez elle, si c'est bien
lui, comme je le crois, le mystérieux traducteur de
Guarini, dont parlait Hoym dans une lettre de 1716 [4].
Le public ne connaissait encore de lui que sa terne et
infidèle traduction de la *Jérusalem délivrée*, qui l'avait
fait recevoir à l'Académie; mais ses amis vantaient son
érudition, sa hardiesse d'esprit, sa curiosité intellec-

1. D'Alembert, *Éloge de Marivaux, OEuvres de d'Alembert*, Paris.
Belin, 1822, 5 vol. in-8, t. III, p. 587.
2. Lettre à Mairan, du 1er février 1734 [70], XXXIII, 407.
3. Au même, lettre du 11 septembre 1738 [70], XXXIV, 570.
4. Hoym à Mme de Tencin [45], II, 230.

tuelle : « il avait beaucoup lu et encore plus médité », écrit d'Alembert. Je soupçonne ce « philosophe citoyen », si « respectable » et si « éclairé » d'avoir été modérément folâtre [1]. — De Boze, le plus diligent des numismates, avait fait par l'archéologie une assez belle carrière : à vingt-six ans, il devenait secrétaire perpétuel de l'Académie des inscriptions ; à trente-cinq ans, il entrait à l'Académie française ; à trente-neuf ans, il recevait la garde du Cabinet des médailles. Depuis lors, il collectionnait, collectionnait, collectionnait, et pour lui, et pour le Roi. C'était le modèle des conservateurs. — Astruc arrivait à peine de son Midi : il avait été professeur d'anatomie à Toulouse, successeur de Chirac à Montpellier, médecin inspecteur des eaux minérales du Languedoc, et capitoul de Toulouse ; depuis 1730, il était conseiller d'État, médecin du roi, professeur au Collège de France. Il n'avait pas encore réalisé le rêve de toute sa vie ; et ce sera seulement en 1743 qu'il enseignera à l'Ecole de médecine de Paris ; mais « sans être de la Faculté », il est déjà le médecin à la mode : grandes dames et grands seigneurs se le disputent ; il veut être riche, il le sera ; en soignant ses malades, il songe surtout à bien placer ses économies et sa fille. Mais chez ce coureur d'argent, l'intelligence est admirable de lucidité et de souplesse : la même plume, qui écrira le grand *Traité des maladies vénériennes*, écrira aussi les *Conjectures sur les mémoires originaux dont il paraît que Moïse s'est servi pour composer la*

---

1. D'Alembert, *Éloge de Mirabaud*, éd. cit. t. III, p. 525, 526, 532.

Genèse ; et ce gynécologue est un des fondateurs de la critique biblique [1]. — Duclos, le plus jeune des *Sept Sages*, en est alors le moins illustre. Ce breton de vingt-neuf ans n'avait encore rien publié, mais il avait dans les salons une telle réputation d'esprit, et même de savoir, que l'Académie des Inscriptions l'admettra en 1739, sans lui demander d'autres preuves de son talent ; il les donnera plus tard, et copieusement, par son *Histoire de Louis XI*, ses *Remarques sur la grammaire*, son *Mémoire sur les langues celtique et française*. Libertin, cynique, affectant volontiers une certaine brutalité de parole, observateur avisé des mœurs contemporaines, trouvant toujours, sans le chercher, le mot juste et court, qui caractérise une situation ou qui ridiculise un homme, on pourrait le croire un frère cadet de Voltaire, si sa rudesse, sa droiture, un sentiment très vif de son indépendance et de sa dignité d'homme de lettres, n'en faisaient une personnalité plus franche et moins compliquée.

Tels étaient les *Sept Sages* qui entouraient Mme de Tencin. Tous, académiciens ou en passe de l'être, éminents chacun dans leur art, ayant le goût du travail et de la recherche, ils formaient autour d'elle comme une cour sérieuse, point frivole et presque grave. Dans ce « respectable sénat [2] », elle mettait sa coquetterie à

1. Mme de Tencin à Richelieu, lettre du 28 août 1743 [2], 160 ; cf. dans cette même *Correspondance*, p. 16, 46, 65, 284, 296-7, etc. Sur la place des *Conjectures* dans « l'arsenal des bons incrédules », cf. une intéressante lettre de Michel Servan à Voltaire, du 7 avril 1766, publiée par G. Lanson (*Revue d'Histoire littéraire de la France*, avril-juin 1908, p. 315-6).

2. Épigramme citée par Delort [146], 144.

n'être plus coquette, à faire oublier qu'elle était femme, et à montrer à tous « une tête bien saine [1] ». La demi-austérité de ce docte cercle répondait à son vœu secret ; c'était pour elle plus qu'une réhabilitation : une revanche ; revanche aussi — et dont sans doute elle était fière, après tant de mépris féminins — d'avoir si vite découragé les femmes, qui auraient pu, semble-t-il, désirer pour leurs bons mots cet auditoire d'élite. Peut-être aurait-elle voulu les attirer et les retenir, car plus elle gardait de clients sous sa dépendance, plus elle contentait son besoin de domination ; mais il ne lui déplaisait pas non plus de les intimider. La plupart de ses habitués étaient garçons, les autres laissaient leurs femmes au logis [2]. Quelques filles à marier en quête d'épouseurs, quelques débutantes en bel esprit, appa-raissaient de loin en loin dans ce salon ; à cela près, les femmes y venaient peu, et de mauvaise grâce. Le respect admiratif de tous ces hommes pour la maîtresse de maison, la considération indiscutée, où elle trônait, les glaçait par avance, et mettait devant elles comme une barrière. Elles se sentaient mal à l'aise près de cette femme si simple, « dont les preuves étaient tou-jours faites », qui ne pouvait même pas être pour elles une rivale, mais seulement un juge [3]. Seule, Mme Geof-frin se montrait assidue aux « mardis », en héritière présomptive, qui suppute déjà l'héritage : « La

1. Piron, *A Mme de Tencin, en lui envoyant un chapeau de paille* [85 A], IX, 137.

2. Je ne vois guère que Mme Piron, qui ait été conduite par son mari à la rue Saint-Honoré ; cf. Rigoley de Juvigny, *Vie d'Alexis Piron* [123], 113.

3. Cf. Marivaux, *La Vie de Marianne* [82], 291.

C offrin a de l'esprit, disait Mme de Tencin,... elle méprise Maurepas, et voudrait lui tordre le cou » [1]. Il y avait là de quoi fonder une amitié sur cette haine commune. Ce fut, sinon une amitié, du moins une alliance, et comme un traité tacite : Mme de Tencin utilisait les relations et le crédit de cette riche bourgeoise, mais elle en faisait ouvertement son élève, et lui apprenait l'art de diriger les hommes [2] : « Savez-vous ce que la Geoffrin vient faire ici, disait-elle parfois à ses convives ? Elle vient voir ce qu'elle pourra recueillir de mon inventaire [3] ». C'était donc entre les deux femmes une cordialité sans illusion, sans déception aussi, puisque chacune y trouvait son compte. Quand on annoncera à Fontenelle la mort de Mme de Tencin, il se contentera de répondre avec son indifférente tranquillité : « Eh bien ! je dînerai désormais le mardi chez Mme Geoffrin » [4] ; et le diamant, qu'il comptait laisser à Mme de Tencin comme souvenir de leur amitié, il le réservera maintenant à sa nouvelle hôtesse [5]. Mme de Tencin avait deviné juste : la Geoffrin avait capté sa « succession ».

Si docte que fut ce salon, il ne faudrait point croire qu'il eût été accaparé par une coterie de pédants. Mme de Tencin avait connu elle-même une vie trop diverse et trop souple, pour faire de sa maison un asile étroit, et n'hospitaliser que la science ou la litté-

1. Lettre à Richelieu, du 20 juillet 1744 [2], 374.
2. Horace Walpole, lettre à Thomas Gray, du 25 janvier 1766 [115]. II, 38.
3. Marmontel, *Mémoires* [133], II, 82.
4. Delort [146], 143-4.
5. Trublet, *Mémoires de Fontenelle* [112], 145.

rature seules. Elles voulait, au contraire, les rapprocher davantage de la réalité ; elle conseillait même, à ceux qui auraient été tentés de ne vivre que pour leur art, « de s'assurer d'abord une existence indépendante des succès littéraires, et de ne mettre à cette loterie que le superflu de leur temps : malheur, disait-elle, à qui attend tout de sa plume ; rien de plus casuel : l'homme qui fait un livre ou une tragédie n'est jamais sûr de rien » [1]. Nul, plus qu'elle, ne respectait le talent, mais, pour en grandir le prestige, elle voulait le soustraire aux préoccupations matérielles, et le placer hors des atteintes de la vie. Elle ouvrait donc son salon à tous, pour que chacun pût profiter de tous. Financiers, courtisans, militaires, hommes de robe ou d'Église, venaient chez elle, non en spécialistes, mais en gens du monde, à qui rien d'humain n'est étranger. Tous, sans distinction de caste, y recevaient le même accueil courtois et y fraternisaient dans un même sentiment de respect pour « l'égale dignité des intelligences » : le mot est de Marivaux [2], et caractérise à la fois le siècle qui a mis la gent de lettres à si haut rang, et la femme qui a senti, l'une des premières, la puissance sociale de l'esprit. Dans ce monde nouveau des « intelligences », Mme de Tencin trouva les mêmes succès que jadis dans les alcôves ; c'était une élégance de se faire admettre chez elle, et la visite de son salon était recommandée aux étrangers de distinction. Les Anglais surtout y venaient très nombreux. Si, dans ses romans, elle s'est complue à décrire des amitiés et des amours

---

1. Marmontel, *Mémoires* [133], I, 272.
2. *La Vie de Marianne* [82], 293.

qui se lient fortement des deux côtés de la Manche [1]
c'est que la vie quotidienne lui en fournissait des
exemples. En repassant le détroit, les Bolingbroke, les
Prior, les Schaub n'avaient point oublié leur amie ou
« leur femme », et, de loin, se faisaient auprès d'elle
les introducteurs de leurs plus éminents compatriotes.
Mais tout Anglais ne se sentait-il pas un peu chez soi,
dans une maison où il était sûr de rencontrer
Montesquieu : Montesquieu, si familiarisé avec toutes
les illustrations d'outre-Manche, si cosmopolite par la
pensée, si soucieux de renouveler et d'étendre toujours
ses amitiés de l'étranger ? C'est par lui que furent
présentés à Mme de Tencin le comte de Guasco, le
comte Daniskiold, Martin Ffolkes, Chesterfield [2] et
bien d'autres. Qui ne connaissait point le salon de la
rue Saint-Honoré, ne connaissait point Paris. N'y passât-
on que quelques jours, on voulait être reçu sous « ce
toit simple et modeste »,

> séjour divin, réduit céleste,
> . . . .
> dans lequel être admis vaut mieux
> que de posséder tout le reste [3].

Revenus chez eux, ces hôtes d'un jour racontaient
avec fierté leur initiation dans le sanctuaire de l'esprit
français, et se paraient d'un mot bienveillant de « la
prêtresse » comme d'une faveur royale. La lettre suivante, écrite par Chesterfield, par un des représen-

---

1. Cf. dans *Le Siège de Calais*, Mlle de Roye et Milord d'Arondel,
dans les *Anecdotes*, M. de Saint-Martin et Mlle de Lascy.
2. Cf. ses lettres à Guasco et à Martin Ffolkes [87], 259 et 265.
3. Piron, *L'Amitié médecin* [85 A]. VIII, 98.

tants les plus distingués alors de la culture européenne, exprime ce sentiment en phrases trop
raffinées et trop jolies, pour que je ne la reproduise pas
en entier. Il était venu à Paris en 1741 ; et, pendant
les deux semaines qu'il y avait demeuré, Mme de
Tencin, s'était montrée si particulièrement aimable
pour cet ami de Montesquieu [1], que, l'année suivante, à
son tour, il se crut autorisé à lui présenter une amie :
« Combattu par des mouvements bien différents, lui
écrit-il, j'ai longtemps balancé avant que d'oser me
déterminer à vous envoyer cette lettre. Je sentais toute
l'indiscrétion d'une telle démarche, et à quel point
c'était abuser de la bonté, que vous avez eue pour moi
pendant mon séjour à Paris, que de vous la redemander
pour un autre ; mais, sollicité vivement par une dame,
que son mérite met à l'abri des refus, et porté,
d'ailleurs, à profiter du moindre prétexte, pour rappeler
un souvenir qui m'est si précieux que le vôtre, — le
penchant, comme il arrive presque toujours, a triomphé
de la discrétion ; et je satisfais en même temps à mes
propres inclinations et aux instances de Mme Cleland,
qui aura l'honneur de vous rendre cette lettre. Je sais
par expérience, Madame, — car j'en suis moi-même un
exemple — que ce n'est pas la première affaire de la
sorte, à laquelle votre réputation, qui ne se renferme
point dans les bornes de la France, vous a exposée ;
mais je me flatte aussi que vous ne la trouverez pas la
plus désagréable. Un mérite supérieur, un esprit juste,
délicat, et orné par la lecture de tout ce qu'il y a de

1. Cf. les *Mémoirs of lord Chesterfield*, par M. Maty, en tête de
son édition des *Miscellaneous Works* [90 *bis*], I, 101-2.

bon dans toutes les langues, et un grand usage du monde, qui ont acquis à Mme Cleland l'estime et la considération de tout ce qu'il y a d'honnêtes gens ici, me rassurent sur la liberté que je prends de vous la recommander, et me persuadent même que vous ne m'en saurez pas mauvais gré.

J'avoue, Madame, que ce serait vous faire un mauvais retour pour tout ce que je vous dois, que de vous endosser mes compatriotes, gens très peu faits pour répandre des agréments dans la société, et qui se trouveraient fort déplacés dans celle que votre mérite et votre bon goût forment chez vous, et dont vous êtes en même temps le soutien et l'ornement. Mais ne craignez rien de ce côté-là; je ne pousse pas l'indiscrétion à ce point. Mme Cleland n'est Anglaise que de naissance, mais Française par régénération, si je puis me servir de ce terme. Si vous me demandez par hasard, pourquoi elle m'a choisi pour son introducteur chez vous, et pourquoi elle a cru que je m'étais acquis ce droit-là, je vous dirai naturellement, que c'est moi qui en suis cause. En cela j'ai suivi l'exemple de la plupart des voyageurs, qui, à leur retour, se font valoir chez eux par leurs prétendues liaisons avec tout ce qu'il y a de plus distingué chez les autres. Les rois, les princes et les ministres les ont toujours comblés de leurs grâces; et, moyennant ce faux étalage d'honneurs qu'ils n'ont point reçus, ils acquièrent souvent une considération qu'ils ne méritent point. J'ai vanté vos bontés pour moi, je les ai exagérées même, s'il était possible; et enfin, pour ne vous rien cacher, ma vanité a poussé l'effronterie au point de me donner pour votre ami, favori et enfant de la maison ; quand Mme Cleland m'a pris au mot et m'a dit : « Je vais bientôt en France, je n'y ambitionne rien tant que l'honneur de connaître Mme de Tencin ; vous qui êtes si bien là, il ne vous coûtera rien de me donner une lettre pour elle ». Le cas était embarrassant ; car, après ce que j'avais dit, un refus aurait été trop choquant à Mme Cleland, et l'aveu, que je n'étais pas en droit de le faire, trop humiliant pour mon amour-propre ; si bien que je me suis trouvé réduit à risquer le paquet ; et je crois même que je l'aurais fait, si je n'avais pas eu l'honneur de vous connaître du tout, plutôt que de me donner le démenti sur un article si sensible.

Ayant donc franchi le pas, je voudrais bien en profiter pour vous expliquer les sentiments de reconnaissance que j'ai, et que j'aurai toujours, des bontés que vous m'avez témoignées à Paris ; et je voudrais aussi vous exprimer tout ce que je pense des qualités qui distinguent votre cœur et votre esprit de tous les autres ; mais cela me mènerait également au delà des bornes d'une lettre, et au-dessus de mes forces. Je souhaiterais que M. de Fontenelle voulût bien s'en charger pour moi. Sur cet article, je puis dire, sans vanité, que nous pensons de même, avec cette différence, qu'il vous le dirait avec cet esprit, cette délicatesse et cette élégance, qui lui sont personnelles, et seules convenables au sujet. Permettez donc, Madame, que, destitué de tous ces avantages de l'esprit, je vous assure simplement des sentiments de mon cœur, de l'estime, de la vénération et de l'attachement respectueux avec lesquels, je serai toute ma vie, Madame, votre, etc. [1] ». — La lettre, on le sent, a été rédigée à loisir ; et ses élégances sont un peu travaillées. Le noble lord, en l'écrivant, savait bien, quoiqu'il s'en défende, qu'elle serait « exposée à la critique des souverains arbitres du goût » ; mais, comme il le disait un autre jour à Mme de Tencin, « avec tout le respect que je dois à ces Messieurs, dès qu'il me faut subir votre jugement, je ne me mets point en peine du leur [2] ». L'hommage est galant, il est aussi sincère.

Parfois Mairan amenait avec lui des visiteurs plus graves, quelque associé ou correspondant étranger de l'Académie des sciences qui venait reprendre contact avec la compagnie. Ainsi furent introduits dans le salon de la rue Saint-Honoré, en 1747 et 1748, deux des plus illustres professeurs de l'Académie de Genève, le mathématicien Gabriel Cramer et le physicien Jean Jalabert. Mme de Tencin accueillait ces savants avec une sympathie affectueuse qui les touchait, et dont ses amis étaient très fiers pour elle. Ils lui savaient un gré infini d'avoir pour le mérite scientifique cette considération déférente qu'elle refusait à tel ou tel grand seigneur : « Vous êtes chez elle, écrivait Mairan à Cramer, *notre ami M. Cramer*, avec les éloges qui doivent accompagner ce nom. Je l'en aime et l'en estime davantage [3] ». On retrouve cet instinct de haute équité intellectuelle dans une lettre que Mme de Tencin elle-

1. Lettre du 20 août 1742 [90 *bis*], 37-41.
2. Réponse de Chesterfield à la lettre de Mme de Tencin du 22 octobre 1742 [90 *bis*], 45.
3. Lettre du 4 janvier 1749 [98 *bis*], 307 ; cf. encore id., f° 309 v°, la lettre du 18 janvier 1749.

même adressait à Cramer quelques mois plus tôt: « Je me rends justice, lui disait-elle, je sais aussi la rendre aux autres ; jugez par là, Monsieur, de l'estime que vous m'avez inspirée, et du désir que j'ai d'avoir quelque part dans l'honneur de votre souvenir ». Et elle ajoutait, après quelques mots aimables à l'adresse de Jalabert, qui était à la fois l'élève de Cramer et son ami : « Vous êtes tous deux bien dignes d'être amis l'un de l'autre. Heureux ceux à qui vous trouveriez assez de mérite, pour être admis dans une société où le cœur et l'esprit trouveraient également leur compte »[1]. Il n'y a rien qui fasse plus d'honneur à l'intelligence de Mme de Tencin, que cette lettre presque tendre, où l'on voit une vieille femme s'incliner avec affection, je dirais même avec respect, devant deux jeunes savants.

A elle aussi, on lui « rendait justice » ; et, de toute l'Europe littéraire, les hommages et les adorateurs lui venaient. Son grand ami, Benoît XIV, conduisait le chœur. Cet excellent humaniste, le plus érudit peut-être de tous les docteurs en droit canon, avait quelques menues faiblesses. Il tenait à sa réputation de lettré ; et quand Voltaire croira lui jouer un bon tour en lui dédiant *Mahomet*, ce pape italien sera plus spirituel que le candidat à l'Académie française : il lui répondra en confrère, par des citations de Virgile et des discussions prosodiques. Grâce à « son bon et ancien ami, le cher cardinal de Tencin »[2], il était entré en relations épistolaires avec sa sœur. Entre la nonne défroquée et

1. Lettre du 4 septembre 1748 [22].
2. Benoît XIV au cardinal de Tencin, lettre du 17 janvier 1744 [90], 796, f° 7.

le Saint-Père, les lettres allaient et venaient, très respectueusement amicales d'un côté, très flatteuses et très insinuantes de l'autre, car le salon Tencin n'offrait-il pas à la gloire littéraire du pontife un asile privilégié? Ne pouvant assister personnellement à ces réunions de bel esprit, qui excitaient ses convoitises, il s'y faisait représenter par son portrait, qu'il offrait lui-même à la présidente, en 1742, à l'occasion de l'année nouvelle. Mme de Tencin le remerciait avec une familiarité très habile, qui devait ravir cet homme de lettres exilé sur le Saint-Siège : « Je prends la liberté, lui écrivait-elle, de vous dépouiller de tout ce qui vous est étranger, pour admirer les rares qualités et les hautes vertus qui vous sont personnelles. Avant que votre nom pût être mis au nombre de ceux qui ont illustré la tiare, vous teniez le premier rang parmi les savants les plus illustres [1] ». Rien ne pouvait flatter plus adroitement le pontife que le rappel de ces souvenirs. C'est comme « savant » et homme de goût qu'il voulait être apprécié par ces « savants » et ces gens de goût : « Si Mme de Tencin et ses virtuoses veulent avoir un peu de patience, écrivait-il au cardinal, ils auront nos ouvrages d'une édition égale aux plus belles de Paris, avec plusieurs additions considérables. Nous en enverrions bien la première édition, mais en vérité nous en aurions honte. S'ils le veulent pourtant, nous l'enverrons telle qu'elle est ; mais s'ils la lisent, ils ne voudront plus lire la seconde ; et cela nous ferait de la peine [2] ». Les « virtuoses » exprimaient leur reconnaissance et

1. Lettre de janvier 1742 [20].
2. Lettre du 29 décembre 1742 [90], 790, fos 221 vo-222.

leur estime par de petits cadeaux, qui s'adressaient
moins au pape qu'à l'amateur d'esprit français : tous
les ans, Mme de Tencin lui envoyait les almanachs
de Paris, pour rendre plus familière à son imagination
cette société parisienne, qui lui était devenue comme
une patrie adoptive. Si les almanachs tardaient de
quelques jours, c'était aussitôt des plaintes, qu'il tâchait
de faire badines, pour « s'égayer un peu », et se dérober
quelques instants aux tristesses de l'Église : « Voici une
lettre pour Mme de Tencin, écrivait-il en janvier 1744
au frère de sa correspondante et pourvoyeuse d'almanachs. Le cardinal Crescenzi nous a souvent parlé d'elle
avec de grands éloges ; nous n'avons pas eu peu de
mérite à l'écouter patiemment, et même à le seconder,
étant de très mauvaise humeur contre Mme de Tencin,
de ce qu'elle ne nous a point envoyé de petits almanachs, comme elle l'avait fait les années passées[1] ».
Mme de Tencin n'avait garde d'y manquer[2] : l'amitié
du Saint-Père lui était trop précieuse ; la reine de salon
n'oubliait pas qu'elle dirigeait aussi une politique, que
le pape devait y jouer son rôle, et que la bienveillance
pontificale pouvait n'être point inutile à ses protégés :
« Votre Éminence, écrivait un jour Benoît XIV au cardinal, trouvera ci-joint notre réponse à une lettre de
Mme de Tencin. Elle nous avait écrit, pour nous prier
d'accorder quelque diminution sur les bulles d'une
abbaye, que le Roi a donnée à l'abbé de Boulainvilliers,

1. Lettre du 17 janvier 1744 [90], 796, f° 7.
2. Cf. la lettre de Benoît XIV à Tencin du 1er février 1744 [90],
796, f° 10 : « Nous avons reçu les petits almanachs, et nous en
remercions ».

parent de M. l'Évêque de Verdun. Nous l'avions déjà accordée, avant que le bailli de Tencin nous eût remis sa lettre, et sur ce que le prieur Bouget nous avait dit qu'elle devait nous en écrire. Mme de Tencin nous priait de ne vous point parler de sa demande. Votre Éminence voudra donc bien lui remettre notre lettre, sans paraître instruite du contenu. Si notre lettre est lue dans l'assemblée de ses beaux esprits, nous nous flattons qu'elle y recevra le même accueil que les précédentes[1] ». Mme de Tencin avait écrit au pape ; c'est le bel esprit qui répondait.

Tous ces étrangers, qui tournaient les yeux vers la maison de la rue Saint-Honoré, depuis Benoît XIV jusqu'aux professeurs de l'Académie de Genève, étaient « français par régénération », suivant le mot charmant de lord Chesterfield. A cette « régénération » de l'Europe par la littérature et le goût de Paris, Mme de Tencin est l'une des femmes du XVIIIe siècle qui ont le plus efficacement travaillé. Son salon est notre premier salon cosmopolite ; mais le cosmopolitisme s'y établit dans la suprématie de l'esprit français, acceptée et reconnue par tous. Si, comme elle aimait le répéter, Paris est alors « le salon de l'Europe »[2], son salon n'y serait-il pas pour quelque chose ?

Les contemporains ont souvent décrit ce « délicieux temple du goût »[3] ; mais leurs descriptions ne concordent pas toujours. Le salon qu'a vu Marmontel n'est pas celui que Marivaux a évoqué si amoureusement

1. Lettre du 9 août 1743 [90], 792, f° 148.
2. Article du *Mercure de France*, du 16 Floréal an IX, p. 249.
3. Piron, *L'Amitié médecin* [85 A], VIII, 98.

dans *La Vie de Marianne* ; et le tableau de Marivaux
ne ressemble pas non plus aux esquisses de Piron, de
Duclos ou du « Solitaire des Pyrénées [1] ». Ne serait-ce
pas que Mme de Tencin, suivant la subtile remarque
de Marivaux, n'avait aucune sorte d'esprit, mais qu'elle
avait l'esprit, avec lequel on en a de toutes sortes, suivant que le hasard des matières l'exige [2] » ? Ces différentes descriptions représentent des « mardis » différents ou les différents moments d'un « mardi ». S'il fallait pourtant se fier davantage à l'un de ces portraits,
ce ne serait pas le plus connu, celui de Marmontel,
qu'il faudrait choisir. Observateur médiocre et man-
quant d'expérience, il est venu deux fois à peine au
salon de la rue Saint-Honoré, pour la lecture de son
Aristomène, et pour le dîner qu'elle lui valut [3]. Il avait
alors vingt-six ans, et arrivait de son Limousin. Rien
d'étonnant qu'à un premier contact avec l'esprit parisien, il l'ait trouvé trop raffiné. Ce n'est pas du reste
en deux séances qu'on peut juger un salon. Marivaux
a chance d'avoir mieux vu, parce qu'il avait l'œil plus
fin, qu'il a examiné plus longuement, et surtout qu'il a
plus aimé. Son tableau, il faut le reconnaître, n'est pas
un tableau d'histoire, et ne prétend point à une exactitude documentaire : comme celui de Duclos, il est
encadré dans un roman à clef. Mais, quand bien même
la similitude des noms n'appellerait pas le rappro-
chement, Mme de Tonins des *Confessions du Comte
de* *** et Mme Dorsin de *La Vie de Marianne* sont trop

1. Cf. à la *Bibliographie*, les nᵒˢ 82, 85 A et B, 86, 127, 133.
2. *La Vie de Marianne* [82], 279.
3. Marmontel, *Mémoires* [133], I, 233.

voisines de Mme de Tencin par leur passé, leur genre
de vie, les nuances les plus délicates de leur caractère,
pour que l'identification puisse laisser quelque doute[1];
les contemporains du moins n'hésitaient pas devant ces
portraits : c'est Mme de Tencin qu'ils étudiaient et
admiraient chez Mme Dorsin. Les *Étrennes aux Dames*
de 1763, passant en revue les femmes illustres du
xviiie siècle, empruntent à *La Vie de Marianne*, mais
sans la citer, une de ses pages les plus justes, pour
caractériser Mme de Tencin[2]. L'auteur anonyme qui a
rédigé l'article ne serait-il pas Marivaux lui-même? Le
libraire laisse entendre dans son avertissement, qu'il doit
à d'obligeantes communications quelques notices de ces
Étrennes : ne peut-on pas supposer que Marivaux
aurait voulu avant sa mort déclarer publiquement ce
qu'il pensait de son amie[3]? — Entrons donc dans le
salon de Mme Dorsin : nous y verrons Mme de Tencin.
Les souvenirs très précis du « Solitaire », les indications malicieuses de Duclos, réalistes de Piron, aigre-
lettes de Marmontel, permettront d'apporter quelques
retouches à ce portrait trop idéalisé peut-être.

Celle que ses dévots nomment « la prêtresse du temple »[4] est une prêtresse facile et qui ne pontifie guère.

1. Mme de Tonins a le même âge, la même « mauvaise santé »,
le même cynisme tranquille que Mme de Tencin ; elle aussi, inspire le respect, et « jouit d'une considération assez peu méritée »
(*Les Confessions du Comte de* *** [86], 92-95).

2. C'est le morceau qui débute ainsi : « A ce cœur excellent, à
cet esprit si distingué, elle joignait une âme forte, etc. ». [82], 294.

3. *Étrennes aux Dames* [112 *bis*] I, 38-9. La page est reproduite
dans l'*Histoire littéraire* de Laporte [118], III, 222 et dans le
Dictionnaire portatif des Femmes célèbres [119], 588-9.

4. Piron, l'*Amitié médecin* [85 A], VIII, 98.

Vieillie maintenant et fatiguée, elle ne se soucie plus de sa figure. On ne sent même plus, à la regarder, comme dit Fontenelle, « que l'amour a passé par là »[1]. Elle s'enveloppe de « simplicité et de bonhomie », prend plaisir à faire la « ménagère » et à s'embourgeoiser[2]. Et pourtant elle a grand air, et serait « digne de présider partout »[3]. Elle apparaît à tous « si considérable et si importante » qu'il est impossible de lui refuser le respect. Elle préside admirablement, parce qu'elle semble présider pour les autres et non pour elle. Quoiqu'elle ait « plus d'esprit que ceux qui en ont beaucoup », elle se trouve toujours de niveau avec son interlocuteur, « a toujours l'esprit de la personne à qui elle a affaire », et ne cherche à le saisir que pour s'y conformer. On ne sent même pas « qu'elle règle son esprit sur le vôtre », tant l'harmonie paraît spontanée. Personne ne peut craindre de manquer d'esprit avec elle : « elle n'en désire jamais plus que vous n'en avez ; et c'est qu'en effet elle n'en a elle-même alors pas plus qu'il ne vous en faut »[4]. Ce serait un raffinement de délicatesse, si ce n'était avant tout une intuition utilitaire.

La tradition de Mme de Lambert, et par elle du XVIIe siècle, se prolonge dans ce salon ; non qu'un Despréaux ou un La Bruyère eussent voulu fréquenter chez l'amie de Cydias : ils y eussent trouvé trop de beaux esprits, et pas assez d'honnêtes gens, un irres-

1. Le Solitaire des Pyrénées [127], 1104.
2. Marmontel [133], I, 233.
3. Piron, *A Mme de Tencin, sous le nom de Dardinel* [85 A], VIII, 42.
4. Marivaux [82], 290 et 295 ; Duclos, *Mémoires secrets* [120], 417.

peut trop joyeux à l'égard des Anciens, et trop d'indifférence pour l'art pur. Mais chez Mme de Tencin, comme chez la marquise de Rambouillet ou chez Mlle de Scudéry, le cœur humain reste le principal sujet d'étonnement, d'étude et de jouissance pour l'esprit. On y fait des *portraits*, on y cisèle des *maximes*, on y discute des problèmes sentimentaux. C'est la maîtresse de maison qui le plus souvent les propose : elle met toute son ingéniosité à en suggérer d'imprévus, qui font le tour de Paris et divisent les salons ; par exemple : « On dit d'un amant : il ne la voit pas où elle est ; on dit d'un autre amant : il la voit où elle n'est pas ; lequel exprime la passion la plus forte » ? ou encore : « Est-il plus insupportable de se croire haï de ce qu'on aime que d'en pleurer la mort »[1] ? Chacun prépare une réponse fine, et cherche à la placer au bon moment : Fontenelle, un peu sourd, et dont la réputation n'est plus à faire, laisse parfois passer l'occasion ; Montesquieu l'attend avec calme, Mairan la guette, Astruc va au-devant ; Marivaux surtout est impatient de se montrer au jeu, d'étonner le petit cercle de ses amis par la souplesse et les minuties de sa « métaphysique[2] » ; c'est lui qui fait les réponses les plus subtiles, inexactes parfois à force de recherche ; c'est Mme de Tencin qui fait les plus simples et les plus vraies. Tandis que Marivaux s'étale complaisamment en une série de petites phrases

---

1. Abbé de Saint-Pierre, Lettre à Mme Dupin, du 6 novembre 1740 [81], 221 ; Delandine, *Observations sur les Romans* [126], p. XXIX-XXX.

2. Marmontel [133], I, 233-4 ; Rigoley de Juvigny, *Vie d'Alexis Piron* [123], 113 ; Le Solitaire des Pyrénées [127], 1104.

nuancées pour arriver au fin du fin, elle résume toute une expérience en des formules brèves et fortes : « La grande erreur des gens d'esprit est de ne pas croire les hommes aussi bêtes qu'ils sont ». — « On se persuade facilement, quand on est riche, que les talents s'achètent comme une étoffe ». — « L'état le plus difficile à supporter est celui où l'on est mal avec soi-même ». — « Les malheureux tournent toujours leurs pensées du côté qui peut augmenter leurs peines ; dès que nous gémissons sous quelque infortune, tous ceux qui nous entourent prennent le plus grand empire sur nous », etc. [1].

Quelques-unes de ces réflexions et maximes ont passé dans ses romans, après avoir été ainsi éprouvées dans son salon par un tribunal d'élite, qui en contrôlait l'exactitude psychologique et en raffinait l'expression[2] ; car, pour tous ces esprits, encore très fidèles à la discipline classique, une pensée ne valait guère que par la façon dont on la présentait : l'art de trouver le mot juste, de le mettre en sa place, restait toujours à leurs yeux l'art suprême ; et ils ne connaissaient point

1. Chamfort [134], 258 ; Delandine [126], p. xxx.

2. Cf. *Siège de Calais* [34], 279 ; *Malheurs de l'Amour* [34], 313, 356, 415. — Sur ce rapport des romans sentimentaux et des conversations de salon, il faut relire les réflexions de La Bruyère, qui restent très justes, à condition de ne pas les mettre au passé : « Il a régné pendant quelque temps une sorte de conversation fade et puérile, qui roulait toute sur des questions frivoles, qui avaient relation au cœur, et à ce qu'on appelle *passion* ou *tendresse* ; la lecture de quelques romans les avait introduites parmi les plus honnêtes gens de la ville et de la cour » (*Caractères, De la Société et de la Conversation*, édit. Servois, Paris, Hachette, 1865, in-8, p. 238).

de plus délicate jouissance que d'entendre des idées choisies formulées en une langue parfaite. Les Sévignés d'alors auraient trouvé malaisément des auditeurs mieux disposés, ou qui fissent plus de cas d'une réputation épistolière. Quand Mme Dupin, provisoirement exilée à Chenonceaux, décrivait à Mme de Tencin les plaisirs des champs, quand Benoît XIV se mettait en frais de galanterie et de beau style pour la sœur de « son cher cardinal », quand Chesterfield se faisait près d'elle le chaperon de quelque belle Anglaise, ils savaient bien — on se rappelle leurs aveux — qu'en écrivant à la dame de la rue Saint-Honoré, ils s'adressaient, derrière elle, à tout son salon, et qu'« elle n'aurait point l'injustice de garder leurs lettres pour soi seule », si elle les jugeait « jolies[1] ». On ne se contentait point de se les passer de mains en mains ; on les lisait à haute voix, et non sans quelque cérémonie, comme une *églogue* ou un *dialogue des morts*. Mme de Tencin elle-même va nous conter la chose : « Je voudrais, mylord, répond-elle à Chesterfield, que vous eussiez été témoin de la réception de votre lettre. Elle me fut remise par M. de Montesquieu, au milieu de la société que vous connaissez. Ce que vous me dites de flatteur m'empêcha quelques moments de la montrer ; mais l'amour-propre trouve toujours le moyen d'avoir son compte : le mien me suggéra que c'était une injustice de vous ravir, sous prétexte de modestie, des louanges dignes de vous. La lettre fut donc lue, et ne le fut pas pour une fois. Il faut vous l'avouer, l'effet qu'elle produisit fut bien différent

---

1. Mme de Tencin à Mme Dupin, Lettre du 30 juin 1735 [19].

de celui que j'attendais : ce mylord se moque de nous, s'écria M. de Fontenelle, qui fut suivi des autres, d'écrire en notre langue mieux et plus correctement que nous. Qu'il se contente, s'il lui plaît, d'être le premier de sa nation, d'avoir les lumières et la profondeur de génie qui la caractérisent ; et qu'il ne vienne point encore s'emparer de nos grâces et de nos gentillesses. — Les plaintes et les murmures de l'assemblée dureraient encore, si, après avoir convenu bien franchement de vos torts, je ne m'étais avisée de rappeler les agréments et la douceur de votre commerce. — Qu'il nous revienne donc, dirent-ils tous à la fois ; nous lui pardonnerons alors d'avoir plus d'esprit que nous ». Pour montrer cependant au noble lord que ces parisiens ont encore de « l'esprit », on charge Mme de Tencin de lui transmettre tous ces gentils marivaudages : la réponse se fait pour ainsi dire collectivement ; et Fontenelle, interprète autorisé du salon, y joint une apostille badine, où la louange se glisse délicatement sous le couvert d'un conseil[1]. Ce sont là divertissements, dont le charme nous paraît aujourd'hui suranné ; mais il n'y en a peut-être pas, qui manifestent de façon plus significative l'idéal littéraire d'une société trop soucieuse d'élégance et de bon ton, où les plaisirs de l'esprit se sont anémiés, et restent fort au-dessous de la vie quotidienne.

Ces plaisirs édulcorés, Mme de Tencin les variait de son mieux pour les hôtes de ses « mardis ». Elle leur réservait souvent la primeur des œuvres nouvelles, ou

____

1. Lettre du 22 octobre 1742 [21].

leur présentait les écrivains inconnus, que guettait la gloire prochaine : c'est chez elle que Mirabaud donna lecture de son *Arioste* français, et fit pleurer de bien jolis yeux, en racontant la mort de l'aimable Dardinel [1] ; Marmontel y déclama son *Aristomène* [2] ; et plus d'un auteur apprenti, avant de risquer sa pièce sur les planches, vint subir dans le salon de Mme de Tencin une première épreuve publique. Elle s'intéressait avec vivacité à tous ces débutants, et ne se faisait point prier, pour leur donner des consultations littéraires, et même morales. Ils ne trouvaient chez elle ni compliments fades, ni admiration polie, mais bienveillance sincère et amitié positive. Voici un jeune poète qui lui apporte une comédie ; les vers sont jolis et les plaisanteries fines. Marivaux s'emballe, se fait ingénieux pour louer la pièce et s'engage à la patronner aux Italiens. Mme de Tencin, plus maîtresse de son enthousiasme et plus soucieuse de la réalité, — après un mot d'éloge aimable, mais bref, — préfère rappeler quelques principes, qui révèlent la femme d'esprit, et plus encore la femme de sens : « A votre âge, lui dit-elle, on peut faire de bons vers, mais non une bonne comédie; car ce n'est pas seulement l'œuvre du talent, mais aussi de l'expérience. Vous avez étudié le théâtre; mais, heureusement pour vous, vous n'avez pas encore eu le temps d'étudier le monde. On ne fait point de portraits

---

1. Piron, *A Mme de Tencin, sous le nom de Dardinel, pour qui elle s'était tendrement intéressée, à la lecture d'une traduction de l'Arioste, que M. de Mirabeau* (sic) *nous avait faite chez elle* [85 A], VIII, 42.

2. Marmontel [133], I, 232.

sans modèles. Répandez-vous dans la société ; l'homme ordinaire n'y voit que des visages ; l'homme de talent y démêle des physionomies. Et ne croyez pas qu'il faille vivre dans le grand monde pour apprendre à le connaître. Regardez bien autour de vous ; vous y apercevrez les vices et les ridicules de tous les états. A Paris surtout les sottises et les travers des grands se communiquent bien vite aux rangs inférieurs ; et peut-être l'auteur comique a-t-il plus d'avantage à les y observer, par cela même qu'ils s'y montrent avec moins d'art et des formes moins adoucies. Dans chaque époque, il y a dans les mœurs un caractère propre et une couleur dominante qu'il faut bien saisir. Savez-vous, ajoute-t-elle, quel est le trait le plus marqué de nos mœurs actuelles ? — Il me semble, répond le jeune auteur un peu embarrassé, que c'est la galanterie. — Non, c'est la vanité. Faites-y bien attention, vous verrez qu'elle se mêle à tout, qu'elle gâte tout ce qu'il y a de grand, qu'elle dégrade les passions, qu'elle affaiblit jusqu'aux vices. M. de Marivaux que voilà a dévoilé avec un art infini dans ses comédies, comme dans ses romans, toutes les ruses de l'amour-propre : il s'est fait un genre, et c'est celui d'un homme de beaucoup d'esprit ; mais il est trop fait pour les gens d'esprit, et les effets de la comédie doivent être plus populaires. Attachez-vous à relever les ruses ou plutôt les bêtises de la vanité ; c'est une passion bien plus comique ; et, si le théâtre peut en corriger une, c'est celle-là. Le ridicule en est le véritable antidote, car rien n'est plus misérable que la vanité démasquée[1] ».

1. Le Solitaire des Pyrénées [127], 1103-5.

Ainsi elle conservait dans son salon ce besoin de
diriger, qui lui rendait si attirante et si douloureuse la
vie politique. Elle narguait le lieutenant de police, en
introduisant à sa barbe des livres prohibés, avec autant
de plaisir qu'elle aurait joué un bon tour au Maurepas [1],
et complotait une élection académique comme le remplacement d'une maîtresse royale. Elle livra sa plus
rude bataille pour Marivaux, son vieil ami. Elle prétendit, quelques semaines plus tard, qu'elle n'avait
jamais intrigué que pour lui : « Cette affaire, disait-elle,
lui avait donné tant de peine qu'elle s'était promis, et
qu'elle avait promis à ses amis, de ne leur plus parler
pour personne [2] » ; mais cette déclaration de principes,
n'était ce jour-là qu'une fin de non-recevoir : Saint-Aulaire
venait de mourir ; la duchesse d'Aiguillon, qui convoitait le fauteuil vacant pour l'abbé de La Bletterie, son
protégé, avait fait prier Mme de Tencin de prendre en
main la candidature de l'abbé. Ce M. de La Bletterie
était « appelant et rappelant » : la sœur du président du
conseil d'Embrun aurait eu mauvaise grâce à solliciter
ses amis pour un janséniste. Et puis, et surtout, Mairan, lui aussi, espérait la place ; c'était pour ce « sage »
qu'elle réservait toute son influence, qui fut, d'ailleurs,
efficace [3] ; mais, comme la duchesse d'Aiguillon était
nièce de Richelieu, il convenait de ne point répondre
brutalement, et de dissimuler ce refus personnel der-

1. En 1745, Mme de Tencin avait introduit dans Paris et reçu en
dépôt *Le Contrôleur du Parnasse* de l'abbé d'Estrée : cf. le rapport
de l'exempt Tapin, du 21 décembre 1745 [94].

2. Lettre de Richelieu du 6 janvier 1743 [2], 40.

3. *Chronique de Louis XV*, 30 décembre 1742 [89], 218.

rière une résolution générale. En fait, son salon demeurait toujours l'une des antichambres académiques ; et, un an à peine après avoir refusé à la duchesse d'Aiguillon d'intervenir pour son candidat, elle faisait campagne pour ce « bon diable » d'abbé Girard contre l'abbé de Bernis. Cette fois elle fut battue, mais la bataille fut chaude, et la défaite honorable[1]. Au reste, l'élection de Marivaux disait assez sa puissance. Il se présentait contre Voltaire, qui avait juré de réussir, et prodiguait serments et courbettes dans les milieux académiques. Mme du Châtelet faisait pour son amant une chasse ardente aux parrains ; Richelieu ne savait comment résister aux sollicitations câlines de son poète préféré ; presque tous les grands seigneurs de l'Académie ne demandaient qu'à céder ; le précepteur du Dauphin, M. de Mirepoix, chef du parti dévot à Versailles, mais courtisan retors, n'osait combattre ouvertement ce Voltaire qu'il détestait, et se répandait devant le Roi en louanges complaisantes sur le talent de l'écrivain ; le Roi lui-même semblait oublier l'impiété des *Lettres philosophiques* et promettre son consentement : les chances étaient douteuses pour le discret auteur du *Jeu de l'Amour et du Hasard*. Mais il était l'ami de Mme de Tencin, et « depuis trente ans » ; elle ne l'abandonna point. Elle « se donna de grands mouvements », et mobilisa tous ses amis. Voltaire prit peur, et lui demanda une entrevue, où il espérait sans doute la séduire par ses gentillesses ; elle lui fit consigner sa porte. Coup sur coup elle écrivit trois lettres à Riche-

1. Bernis, *Mémoires* [104], 88-91 ; *Galerie de l'ancienne Cour* [125], III, 290.

lieu, pour emporter ses dernières hésitations, et le
détacher de la coalition voltairienne : « J'ai parlé à mes
serviteurs de Dieu, lui dit-elle ; ils m'ont dit que je ne
pouvais trop vous représenter qu'il ne convenait pas à
un homme comme vous de protéger un athée, que vous
aviez la réputation de parler toujours de la religion
comme il convenait, et que, si vous faisiez recevoir Voltaire à l'Académie, on dirait qu'il vous a perverti ». La
victoire lui resta : « Marivaux a été élu unanime-
ment », écrivit-elle à Richelieu avec un accent de
triomphe [1].

Dans ce tournoi académique, elle combattait autant
contre Voltaire que pour Marivaux. Elle n'aimait point
Voltaire : tante de Pont-de-Veyle et de d'Argental,
amie intime de Richelieu, elle ne pouvait sans doute
déclarer une guerre ouverte à un adversaire dangereux,
au reste fort galant, et même déférent [2] ; mais elle
n'avait grande tendresse ni pour sa politique ni pour
son esprit. Elle lui en voulait de ne s'être pas enrôlé
dans le parti du cardinal. Quand il partit pour Berlin,
en apparence exilé, en fait secrètement chargé par
Amelot et Maurepas de « sonder les intentions de
Frédéric à notre égard », elle fut d'abord ironique
pour ce diplomate improvisé ; elle raconte à Richelieu,
avec une satisfaction visible, que Maurepas a dit à
son frère : « ce n'est pas pour négocier, comme vous

1. Lettres à Richelieu, des 12, 16, 17, 18 décembre 1742 et 6 janvier 1743 [2], 23-30 et 40 ; *Chronique du Règne de Louis XV*, 23 novembre 1742 [89], 70 et 76.

2. Cf. ses lettres à Mme de Ferriol, du 6 mai 1726, à d'Argental
du 15 juillet 1767 [70], XXXIII, 158, XLV, 316.

pouvez bien le penser. — Vous voyez par là, ajoute-t-elle, le cas que ces Messieurs font de Voltaire ». Mais bientôt elle s'inquiète : quoiqu'en disent les ministres, Voltaire *négocie* et « la négociation va bien. Si elle réussit, Amelot et Maurepas s'en donneront les violons », et son frère y perdra encore quelque chose de son crédit[1]. Elle essaie alors de se gagner Voltaire, en gagnant la Du Châtelet, sa maîtresse. Cette « singulière créature » l'amusait et l'irritait tout ensemble par l'exubérance de sa passion ; mais, « folle » ou non, on pouvait l'utiliser et la faire jaser[2] : « c'est mon intention de faire l'impossible auprès d'elle pour savoir la négociation de Prusse... Elle n'est pas habile, et je sais recoudre[3] ». La Du Châtelet, confiante, se laisse conseiller et interroger. Il faut qu'elle dise à Voltaire de ne point parler aux ministres, mais de se réserver pour Mme de la Tournelle, qui pourra seule le faire valoir auprès du Roi : « Mes avis ont bien pris, raconte Mme de Tencin à Richelieu ; je parlerai encore plus fortement quand le moment sera plus prochain[4] ». En attendant, elle continue à la caresser, à « lui faire amitié », à « lui rendre toutes sortes de petits services[5] ». Vaines cajoleries ! La Du Châtelet et son amant restaient « livrés au Maurepas » et ne savaient être que ses « esclaves[6] ».

1. Lettres à Richelieu des 18 juin et 30 août 1743 [2], 59-61, 165.
2. Id., lettres des 11 juillet, 4 et 10 octobre 1743 [2], 80, 223, 238.
3. Lettres des 16 septembre 1743 et 26 janvier 1744 [2], 187, 265.
4. Lettre du 24 septembre 1743 [2], 199.
5. Lettres des 30 août, 16 septembre et 10 octobre 1743 [2], 165, 187, 238.
6. Lettres des 27 septembre et 4 octobre 1743 [2], 205, 208, 222.

Avant même que Voltaire fût devenu une manière d'ambassadeur, elle goûtait peu son talent. Dès 1731, elle lui avait conseillé — suprême affront — de renoncer au théâtre « pour lequel il n'était pas fait » ; Voltaire lui avait répondu par *Zaïre*[1]. Pourtant, comme il ne faisait point fi des applaudissements, d'où qu'ils vinssent, il n'aurait demandé qu'à se rendre bienveillante cette reine du bel-esprit, et qu'à mettre au service de sa propre gloire la puissance d'opinion dont elle disposait. Pour « lui faire sa cour, il chantait les louanges d'Astruc » à leurs amis communs, à Richelieu en particulier, sachant bien que le propos reviendrait à la dame, et lui serait plus agréable que tous les madrigaux[2]. Voici encore une lettre à d'Argental, peu avant la première représentation de *Mahomet*, où se trahit, sous le badinage un peu ironique des formules, le vif désir d'être admiré dans le cercle des Tencin, ou du moins de n'y être pas combattu : « Que dira M. le cardinal de Tencin, que dira Mme sa sœur de nos convulsionnaires en robe longue, qui ne veulent pas qu'on joue *Le Fanatisme* (c'est le sous-titre de *Mahomet*)? A propos, avez-vous mon *Mahomet*? Mme de Tencin le lira : M. le cardinal le lira : qu'en auront-ils dit? Je vous prie de présenter mes respects à Mme votre tante ; et, si je n'étais pas aussi profane, aussi irrévocablement damné que j'ai l'honneur de l'être, je demanderais la bénédiction de Son Éminence[3] ». M. le cardinal fit comme son

1. La Harpe, *Lycée* [135], IX, 146-7.
2. Mme de Tencin à Richelieu, lettre du 9 novembre 1742 [2], 16.
3. Lettre du 22 août 1742 [70], XXXVI, 150.

auguste ami Benoît XIV, et comme Fleury son patron : il sembla n'avoir pris garde qu'au style de la tragédie et signala au poète quelques vers qui méritaient une retouche. Voltaire rendit hommage aux « lumières » de Son Éminence à la première page de *Mahomet*, mais sans se faire illusion sur la tendresse de Tencin à son endroit[1]. Le cardinal la lui montrera plus tard, quand il dénoncera à ses ouailles *Le Siècle de Louis XIV* comme un livre impie[2], et qu'il recevra « assez mal », comme un visiteur sans importance, celui que Lyon tout entier voudra « acclamer »[3]. Quant à Mme de Tencin le demi-échec de *Mahomet* fit sa joie : « Savez-vous, écrit-elle à Richelieu que *Mahomet* est imprimé ? Il a encore plus perdu à la lecture qu'à la représentation ; et Mme de Luxembourg, qui y avait pleuré, n'est pas assez forte pour le soutenir. Ceux qui ont contribué à le faire défendre triomphent[4] ». Deux ans plus tard, en 1744, quand le duc de Richelieu, premier gentilhomme de la chambre en exercice, dut songer à l'organisation des fêtes pour le mariage du Dauphin avec l'infante d'Espagne, ce fut à Voltaire qu'il s'adressa, pour composer un divertissement lyrique, qui comportât des ballets et une figuration somptueuse[5]. Comme le duc était retenu à l'armée, Mme de Tencin servit d'intermédiaire entre eux. Elle le fit par complaisance pour son ami, mais avec un très

---

1. *Mahomet, Avis de l'éditeur* (par Voltaire) [70], IV, 98.
2. Cf. la *Notice* de l'abbé Audouy [156], 70.
3. *Mémoires pour servir à la vie de M. de Voltaire* [70], I, 43.
4. Lettre du 2 novembre 1742 [2], 5.
5. Cf. l'*Avertissement* de *La Princesse de Navarre* [70], IV. 273-4.

médiocre entrain, et sans lui dissimuler qu'elle jugeait
Voltaire impropre à la besogne : « Il faut que vous me
mandiez à peu près ce que vous voulez que je dise à
Voltaire, supposé que vous vouliez encore que je lui
parle. A propos de Voltaire, ce cher homme a envoyé
à d'Argental, pour votre divertissement, un premier
acte dont il n'est point content. Il me charge de vous
écrire, que vous aurez du plus mauvais, si vous voulez
exiger de Voltaire du plaisant. Souvenez-vous, s'il vous
plaît, que l'esprit prend toutes sortes de formes, excepté
la gaîté.... Je crains fort que Voltaire n'ait pas fait de
bonne besogne ; je crois que d'Argental même n'en est
pas content. Pour moi, je n'en ai rien vu. Vous sentez
que mon avis, attendu les beaux-esprits qui m'entourent
n'aurait aucun poids sur Voltaire »[1]. Jamais le poète
ne peina si fort que pour cet humble divertissement.
Lui, qui avait bâclé *Zaïre* en trois semaines, s'énerva
dix mois sur *La Princesse de Navarre* : Mme du Châtelet s'affolait, suppliait d'Argental et Richelieu « de
garder leurs critiques pour un autre temps », s'ils ne
voulaient pas « faire mourir » son ami[2]. Ce fut la pièce
qui mourut. Elle fut reçue fraîchement à la Cour. On
ne manqua pas d'en rire à la rue Saint-Honoré, et
Piron avec quelque irrévérence laissa la comédie de
Voltaire sur la chaise percée de Mme de Tencin[3].

Je croirais volontiers qu'elle ne protesta pas, ni « ses

1. Lettres des 8 et 12 mai et du 20 juillet 1744 [2], 289, 300, 380.
2. Mme du Châtelet à d'Argental, lettres des 8 et 10 juillet 1744,
éd. Eug. Asse, Paris, Charpentier, 1878, 1 vol. in-18, p. 459-461.
3. Piron, *A Mme de Tencin, en lui envoyant une chaise percée*
[85 A], VIII, 47.

beaux-esprits » non plus. Aucun d'eux n'était sympathique à Voltaire : De Boze, qui jugeait toute chose par rapport aux Académies dont il était membre, avait « déclaré que l'auteur de *Brutus* et de *Zaïre* ne pouvait jamais devenir un sujet académique[1] » ; Mairan lui gardait rancune d'avoir aidé Mme du Châtelet dans leur dispute sur la théorie leibnizienne des forces ; Piron ne se lassait point de le persifler ou de le parodier, surtout chez Mme de Tencin[2] ; entre Montesquieu et lui, malgré l'apparence correcte des relations, il y avait animosité sourde : Montesquieu méprisait un peu Voltaire, qui le jalousait beaucoup ; Marivaux, qui s'attendrissait volontiers sur la morale chrétienne, avait médité une réfutation des *Lettres philosophiques*, et nul ne savait railler Voltaire avec une méchanceté si candide[3]. Les esprits les moins dévots, comme Duclos, évitaient tout scandale de parole chez la sœur d'un cardinal. Certes, ni Astruc, ni Mirabaud, ni le jeune Helvétius, qui publieront plus tard, plus ou moins discrètement, leurs libres réflexions sur la Bible, sur l'âme humaine, sur la vie sociale, ne peuvent faire figure de penseurs catholiques ; mais qu'importe, s'ils gardaient le sentiment des convenances ecclésiastiques,

1. Voltaire. *Commentaire historique sur les œuvres de l'auteur de « La Henriade »* [70], I, 76.

2. Cf. une parodie de *Zaïre*, dans la *Lettre du Grand Mogol à Mme de Tencin* [85 B], 223 ; cf. encore, *A Mme de Tencin, en lui envoyant une boîte à quadrille* [85 A], VIII, 48 :

> Pour écrire l'histoire, en vain
> Clio forme un sage écrivain :
> Momus nous présente Voltaire.

3. Cf. Larroumet, *Marivaux* [157 B], 77-83.

s'ils savaient surtout, comme Astruc, travailler pour la
Bulle ! En face de Voltaire, esprit fort et « athée »,
Mme de Tencin, ultramontaine et constitutionnaire
fidèle sinon dévote, entourée de « ses bons amis
jésuites » et de « ses serviteurs de Dieu », représente
à l'égard de l'Église cette déférence traditionnelle et
toute mondaine qui se refuse à la discussion. Son salon
n'est donc point une « synagogue philosophique », ou
un campement d'avant-garde comme sera celui de
Mme Geoffrin. On y « parle toujours de la religion
comme il convient » ; et l'on croirait que les Anglais, qui
fréquentent si nombreux chez elle, ont donné à tous les
habitués du mardi le sens de la « respectability[1] ».

Ne faisons point pourtant trop ennuyeuse et trop
hypocritement décente cette maison très française, où
l'on tenait la franchise pour la suprême vertu de l'esprit.
A côté des mardis officiels, involontairement cérémo-
nieux et compassés, il restait des réunions plus intimes,
où la conversation, moins ordonnée, courait familièrement et gaillardement, comme jadis, lorsque la dame
de céans versait elle-même le chocolat à ses invités du
matin. Toute contrainte bannie, on causait et plai-
santait en camarades, avec une liberté qui paraissait
« triviale » aux puristes et aux prudes[2]. C'est dans ce
petit cercle des vieux amis qu'on complotait, aux jours
anniversaires, l'achat de quelques menus cadeaux, qui
symbolisaient la reconnaissance de tous pour la mai-

---

1. Cf. la lettre de Mme de Tencin à Richelieu du 10 décembre 1742 [2], 26.

2. Duclos, *Les Confessions du Comte de* *** [86], 91 ; *Les cinq
Années littéraires* [105], II, 17.

tresse de maison : cadeaux de ménage, de toilette ou
de salon, tels que boîte à quadrille, balance en émail,
marteau pour casser les amandes, « parfait conten-
tement », etc. [1] Chacun de ces bibelots était accompagné d'une épître dédicatoire, où l'on courait moins
après l'esprit qu'après la gaîté. Au nouvel an de 1747,
le Grand Mogol envoie des étrennes à Mme de Tencin :
c'est « une balance en émail, où elle est représentée
seule du côté qui penche, et, de l'autre, Junon, Minerve
avec leurs attributs » ; l'envoi est accompagné d'une
lettre fort respectueuse, où le Grand Mogol donne les
détails les plus précis sur sa corpulence et son poids ;
mais ce lourd potentat n'est qu'un fétu de paille à côté
de sa correspondante, car, s'il pèse « environ trois
quintaux, c'est-à-dire à peu près la valeur de deux Fontenelle, elle pèse à elle seule plus que trois grandes
divinités [2] ». Mais voici des divertissements moins
mythologiques : le cuisinier de Madame désirerait placer
son garçonnet comme « laqueton » chez une aussi
bonne maîtresse ; il a demandé à l'un de ces messieurs
de rédiger pour l'enfant quelque supplique efficace : le
petit marmiton est introduit, et débite devant l'assemblée un compliment spirituel et sensible, accommodé à
la sauce Piron [3]. Un autre jour, pour consoler le cardinal de n'avoir pu replacer les Stuarts sur le trône, les

1. Cf. Piron, *Épîtres* et *Lettres* diverses [85 A], VIII, 35, 45, 47,
IX, 137 ; [85 B], 222, 392.

2. Piron, *Lettre du Grand Mogol à Mme de Tencin*, l'an de
l'Hégire 1158 [85 B], 222-4.

3. Id., *Compliment à la même, prononcé par un enfant de son
cuisinier que lui présentait ce dernier comme laqueton* [85 B],
225-6.

amis de sa sœur en installent un autre chez elle, un
trône « bas, mais stable », lui disent-ils,

> où vous aurez ceci de doux,
> qu'à la barbe, au nez des jaloux,
> vous y serez en paix profonde,
> et que, si le tonnerre gronde,
> ce ne sera que dessous vous [1].

Pour donner le ton et mettre à l'aise ses amis,
Mme de Tencin affectait de leur parler et de les traiter
avec un sans-gêne de garçon. Elle disait en les montrant :
« ma ménagerie », « mes bêtes », et se faisait peindre en
bergère avec son « troupeau » derrière elle [2] ; à chacun,
le premier de l'an, elle donnait « deux aunes de velours
pour une culotte » [3] ; mais ils usaient de « représailles
honnêtes » ; et, lorsqu'elle partait pour sa villégiature
de Passy [4], ils lui offraient en réponse un « gentil »
chapeau de paille, avec des considérants familiers :

> Vous nous couvrez le cul l'hiver ;
> l'été nous vous couvrons la tête [5].

1. Id., *A Mme de Tencin, en lui envoyant une chaise percée*
[85 A], VIII, 45-6.

2. Id., *A la même, Chanson sur l'air* : « *Laissez paître vos bêtes* »
[85 A], IX, 225 ; Sabatier, *Trois siècles* [122], 372.

3. Marville à Maurepas, 27 février 1746 [95], II, 250 ; c'était une
vieille habitude : cf. Roy, *Le Coche* (1727) [43 C], XIV, 433 :

> le vieux syndic des bourgeois de Cythère (Fontenelle),
> s'évertuant pour sortir de l'ornière,
> pleure un habit de vieux velours tanné
> qu'une Sybille (Mme de Tencin) au cancre avait donné ;

cf. encore Mathieu Marais, lettre à Bouhier, du 21 janvier 1728
[66 A], III, 515.

4. « Passy, où je vas coucher tous les soirs » (lettre à Richelieu
du 11 juillet 1743 [2], 80).

5. Piron, *A Mme de Tencin, en lui envoyant un chapeau de paille
à Passy, au nom de son cercle* [85 A], IX, 137.

La dame « au chapeau de paille » les remerciait sans s'effaroucher, et leur faisait sentir, qu'en causant avec elle, ils restaient entre hommes. Si l'on veut retrouver quelque chose de ces libres conversations, où s'échappait le naturel de la femme émancipée, où son esprit aigu et agile étonnait les hommes par sa sûreté. il faut lire ses lettres, qui gardent pour nous son parler tout vif : elle y est tout entière.

CHAPITRE VI

MADAME DE TENCIN ÉPISTOLIÈRE [1]

Sa correspondance fut, comme sa vie, multiple, diverse, agitée. A l'une seulement de ses correspondantes, et pour une seule affaire, elle écrivait « des volumes » — c'est elle-même qui l'avoue (6). Si nous pouvions tenir en main tous ces « volumes », nous lirions une bien étonnante histoire ; et la femme, qui les a écrits, ressusciterait frémissante, avec l'ardeur de volonté, l'agilité d'esprit, la fièvre de passion, qui ont surmené ses nerfs et usé sa machine. On trouvera, en fin de ce livre, quelques lettres et billets, rassemblés à grand'peine, chétifs reliefs, qui font regretter le festin [2]. Tels qu'ils sont pourtant, ils offrent au lecteur les échantillons de ses différentes « manières », et les témoignages de sa souplesse : Il y a de la pudeur, de la tristesse offensée, de l'émotion contenue, dans sa lettre à M. Cottin, pour congédier La Fresnais ; une déférence banale dans ses souhaits de bonne année et de « santé parfaite » au cardinal Gualterio, de l'ampleur, de la sono-

---

1. Dans ce chapitre, comme dans le chapitre III, les numéros entre parenthèses indiquent les pages de la *Correspondance avec Richelieu* [2]

2. *Appendices*, II, nᵒˢ 22.

rité, un juste attendrissement, lorsqu'elle rappelle à
Dubois ses promesses, ou qu'elle exprime sa reconnaissance au Saint-Père ; un étonnement plaintif dans sa protestation d'innocence à Fleury : des finesses, des galanteries intellectuelles, et presque de la préciosité, dans ses
reproches à Chesterfield d'être trop français ; une courtoisie affectueuse et un vif sentiment de la dignité scientifique, quand elle remercie Cramer de lui avoir fait
goûter le charme de son entretien et la douceur de ses
hommages. Il y a des coquetteries agressives, et comme
la conscience de son talent, dans ses lettres au comte de
Hoym et à Mme Dupin. Là surtout, l'épistolière de renom
se met en frais. Elle s'amuse à des bagatelles, tout au
plaisir d'attifer sa phrase, et d'étaler les joliesses de sa
plume :

« De quoi vous avisez-vous, Monsieur, écrit-elle à
son soupirant saxon, d'être allemand et de vivre dans
votre pays? Croyez-moi, corrigez-vous, et revenez à
Paris. La lettre que vous m'avez fait l'honneur de m'écrire
est un nouvel engagement pour vous. Vous savez que
vous ne deviez me donner de vos nouvelles que dans le
cas de me revoir bientôt. J'ai trouvé que vous écriviez
trop bien, pour vous dispenser de votre parole. Oserai-je
vous dire, Monsieur, que vous avez déjà perdu quelque
chose de votre politesse ? Pourquoi, par exemple,
écrire si bien? Il aurait été mille fois plus galant de me
convaincre que j'avais tort, quand je soutenais, contre
vous, que les hommes l'emportaient sur les dames,
même pour le style ». Et, tout en semonçant Hoym, elle
lui donne raison : elle lui montre le français qu'elle
sait écrire, un français court, exact, sautillant, avec une

pointe d'ironie[1]. — C'est sur le même ton de gentillesse grondeuse qu'elle rudoie la dame de Chenonceaux, qui lui reproche d'accaparer l'abbé de Saint-Pierre : « Vous êtes une friponne, ma belle petite dame, quand vous me dites : *mon abbé*. Vous savez bien, en votre conscience, que cet abbé ne sera ni à moi ni à personne, qu'autant que vous le voudrez. Le voilà attaché à votre char ; il est vrai que les chaînes sont de roses ; ce sont cependant des chaînes, et je ne sais ce que dit la philosophie de voir un de ses plus chers nourrissons garrotté de cette sorte. La description que vous me faites de vos promenades nous a beaucoup divertis ; je dis *nous*, car je n'ai pas l'injustice de garder pour moi seule d'aussi jolies lettres que les vôtres ». Elle aussi, elle écrit une « jolie lettre », qu'elle sait bien que Mme Dupin « ne gardera pas pour soi seule » : Elle rit, elle bavarde, elle taquine, toujours pimpante, toujours rapide : c'est une agréable fusée[2].

Ce serait là, je crois, les seuls débris d'une correspondance très riche, et qui s'étendit en tous sens, si deux compilateurs plus que médiocres de la fin du XVIIIe siècle, Laborde et Soulavie, ne nous avaient conservé, dans un livre aujourd'hui rarissime, quatre-vingts lettres environ de Mme de Tencin, mal classées, il est vrai, parfois mutilées, insuffisamment éclaircies, mais, en dépit de quelques retouches peu scrupuleuses, authentiques[3].

---

1. Lettre à Hoym, du 9 mai 1718 [10].
2. Lettre à Mme Dupin, du 30 juin 1735 [19].
3. Il faut y joindre les cinq lettres nouvelles publiées en 1791 par Faur, dans sa *Vie privée du maréchal de Richelieu* [4] ; mais ces lettres font partie du même groupe, et ont le même destinataire que les lettres publiées par Laborde et Soulavie. Sur l'histoire de

Ces lettres, qui embrassent à peine un espace de deux ans, de novembre 1742 à juillet 1744, sont toutes adressées au duc de Richelieu. Obligé, on se le rappelle[1], d'échanger parfois les salons ou les petits cabinets de Versailles pour son gouvernement de Languedoc ou pour les champs de batailles bavarois et flamands — ne voulant point cependant abandonner ses intrigues de cour — le duc se faisait renseigner par son amie, et concertait avec elle les travaux de défense et les plans d'attaque. Ce ne sont donc pas des lettres désintéressées, écrites pour satisfaire une virtuosité de styliste ou même un simple caquet de femme indiscrète; ce sont des lettres d'affaires; et, si l'amitié, la tendresse n'y font pas défaut, ce n'est jamais le cœur seul qui est en peine de l'absent. L'essentiel est de renseigner, de demander des directions, de suggérer des ruses. Il faut agir avec une promptitude et une précision informées, avant tout réussir. L'art n'est atteint que par surcroît, et sans le vouloir, sinon sans le savoir. Quelques-unes déconcertent d'abord par leur jargon conventionnel; la clef nous en échappe parfois; ou, quand elle nous est donnée, elle est peu sûre. Si, par exemple, Mme de Tencin écrit à son ami : « J'ai vu *Mademoiselle Sauveur* pour lui parler des *gouttes du général*; elle prétend qu'*Helvétius* les a conseillées mal à propos à notre *gentilhomme*. *M. de Mairan* prétend aussi qu'elles lui ont fait tout le mal qu'il a; malgré sa philosophie il est furieux contre ce remède »(3) — l'éditeur

ces deux publications et sur l'authenticité de ces textes; cf. *Appendices*, II, n°s 2 et 3.

1. Cf. plus haut, chapitre III, p. 101-2.

nous avertit qu'il faut lire : « J'ai vu le cardinal Fleury pour lui parler de Mme de la Tournelle ; il prétend que vous l'avez mal à propos conseillée au Roi ; Mme de Mailly prétend aussi que c'est vous qui avez fait tout son mal, etc. [1] ». Mais la clef de l'éditeur est insuffisante et fantaisiste ; elle ne s'adapte pas à tous les textes : il en est qui demeurent obscurs et inutilisables [2]. Au reste ces lettres déguisées sont peu nombreuses. Mme de Tencin se précautionnait ainsi contre les indiscrétions du cabinet noir, quand elle se servait de la poste royale et qu'elle n'avait pas le temps de chiffrer, ou qu'elle avait perdu « son grimoire ». Mais le plus souvent elle confiait ses lettres à des courriers, ceux de son frère, des Pâris, des Salles, ou du maréchal de Noailles. Elle se soulageait alors, et « parlait à découvert [3] ».

1. *Correspondance du card de Tencin*, etc. [2], *Observations*, p. 7.
2. Par exemple : « J'ai envoyé chercher, suivant vos ordres, votre intendant, pour faire retirer du ménage le *syrop de vie* ; il m'avait d'abord dit qu'il était aigri » (13) ; « L'évêque de Langres ne veut point du *sel d'Angleterre* » (17) ; « Écrivez-moi par la voie des *pots de chambre* » (23) ; « Les *aliments amers* sont employés pour la fortifier, on les mettra en œuvre dans peu de jours » (239), etc.
3. Ce que Mme de Tencin appelle « son grimoire », c'est la clef de l'alphabet chiffré : « Je suis à la campagne, chez Montmartel. Je n'ai point *mon grimoire*, je ne puis par conséquent vous dire bien des choses ». Les lettres, qui n'étaient pas chiffrées, étaient du moins numérotées, pour que les deux correspondants pussent se rendre compte s'il s'en égarait quelqu'une : « Je vous envoie un nouveau chiffre ; accusez-moi les numéros, et tâchez de vous accoutumer à en mettre aussi » (300) ; la lettre autographe, qui est publiée aux *Appendices* [3], porte en tête : « n° 4 », et indique le nom des courriers le plus souvent utilisés. — Sur la méfiance de Mme de Tencin à l'égard de la poste, cf. lettres des 18 juillet et 23 septembre 1743 : « Je vous écrivis hier par la poste, et je vous

Cette correspondance, trop peu connue, est un document précieux pour l'histoire du xviiie siècle : les Goncourt en ont tiré parti dans leur livre sur *La Duchesse de Châteauroux*. Il s'en faut qu'ils en aient épuisé le contenu ou l'intérêt. Je n'essaierai point de le faire ici ; mais il y a dans ces lettres une vie intense et drue, dont je voudrais pouvoir communiquer la sensation.

Cette sensation est d'autant plus forte, que la réalité apparaissait dans les romans de Mme de Tencin plus exsangue et plus décolorée. Dans ces pages, écrites pourtant de la même main, elle surgit au contraire tumultueuse et riche, d'une couleur crue, d'un relief trop accusé, presque brutal ; la langue, souple et diverse comme cette réalité, hardie, parfois même cynique, accueille tous les mots et toutes les images — qu'ils soient nobles ou plébéiens — pourvu que le frémissement de la vie y passe. En chroniqueur passionné, sa façon de conter les choses dit à plein comment elle les sent. Elle écrit : « Je redouble de jambes autour du beau-frère » (23) ; — « Si Voltaire réussit, Amelot et Maurepas s'en donneront les violons » (165) ; — « Si on ne vient pas à bout de le dégoter, on travaille en vain (137) » ; — « Je vous réponds qu'elle ne s'oublie pas, et qu'elle met bien du foin dans ses bottes » (176) ; —

ai écrit un mot par un courrier le même jour ; je ne confierais pas à la poste tout ce que j'ai à vous dire » (93) ; « Comme celle-ci sera portée à Fontainebleau par mon frère, qui la remettra lui-même au courrier, je vais vous parler à découvert » (196) ; « je n'ose même me confier à notre *grimoire* : on m'a averti, qu'à force de tourner les lettres de plusieurs façons, on vient à bout d'y donner un sens qui peut être mille fois plus dangereux que le véritable » (30-1).

« Maurepas jette le chat aux jambes du chevalier de
Camilly, qui n'en peut pas davantage » (313-4) ; — « Mon
frère sert le maréchal sur les deux toits » (63) ; —
« Belle-Isle prendra le haut du pavé, et donnera du
bâton à nos fichus ministres » (36), etc., etc. Les idées
abstraites ne parviennent point chez elle à s'isoler,
mais se logent et s'insinuent en des images courtes et
savoureuses : Mme de la Tournelle est trop distante :
« On commence à s'apercevoir que la dame est haute
comme les monts » (34) ; — Les ministres sont satisfaits :
« Il paraît par leur mine qu'ils sont très bien en selle... ;
pour Maurepas, il se donne des talons dans le cul toute
la journée... ; si le maréchal n'y met bon ordre, les
ministres nous mangeront le gras des jambes » (126,
234) ; — Chavigny n'a qu'une honnêteté douteuse :
« Sa probité est faite à la fatigue depuis longtemps »
(160) ; — Amelot est un instrument de Maurepas : « Il
ne fait pas une panse d'*a* que par les ordres qu'il en
reçoit » (166) ; D'Argenson est un ingrat : « Il se sert
de tout pour échafauder, mais il abat l'échafaud, dès
que le bâtiment est achevé » (184) : — On peut se fier à
Mme de Montauban : « Elle est sûre dans le commerce
comme la Bastille » (338) ; — M. de Mirepoix n'a pas
de parole : « Soyez assuré que, quand on viendra à
fondre la cloche, il manquera » (28) ; — Ne vous en-
thousiasmez pas trop pour Mme de Boufflers : « Prenez
garde d'être comme Dieu, et de vous repentir d'avoir
fait l'homme » (327) ; — Pourquoi ne me dites-vous pas
quand vous allez à la tranchée ? « Il semble que ce sont
de petits soupirs que la discrétion vous oblige de taire
(366) ;..... je sais que vous ne craignez pas plus de

vous battre que d'attaquer une jolie femme [1] », etc.

Rien ne ressemble moins que ces images à des métaphores ou à de la rhétorique, tant l'artifice littéraire en est absent, tant elles paraissent imposées par les choses mêmes, et font corps, pour ainsi dire, avec l'émotion ou l'idée. De petits contes, écrits dans cette langue, trouveraient encore des lecteurs aujourd'hui; et Mme de Tencin serait peut-être à la mode. Mais il est rare qu'elle s'amuse à trousser joliment une anecdote à la façon légère et court vêtue d'une Sévigné. Elle est trop pressée, pour s'attarder complaisamment à des détails qui n'intéressent point l'action. Voici pourtant une historiette, qui a été écrite sans fièvre ; elle n'est point de « haute graisse » ; et, si elle est charmante, c'est dans le genre tempéré: « Il faut que je vous conte, mon cher duc, une petite aventure. Nous étions, mon frère et moi, dans ma chambre, et nous parlions de vous, quand un de mes gens vint m'annoncer: M. le duc de Richelieu. Nous tressaillîmes de joie, et aussi d'inquiétude: et il me passa dans la tête dans un instant je ne sais combien de pensées différentes. C'était M. votre fils qui causait tout ce mouvement. Je voudrais que vous eussiez vu la grâce avec laquelle il fit tous ses petits compliments à mon frère, et avec quel plaisir mon frère les recevait. « Je sens, me disait-il, de la tendresse pour cet enfant ». Il furent bientôt bons amis. M. de Fronsac fit toutes ses petites confidences : c'est la plus aimable créature du monde. Nous sommes peut-être les seuls, mon frère et moi, qui vous aimions assez pour ne lui avoir rien

____

1. Lettre du 24 juillet 1743 [4], 419.

donné à son goûter ; il mangea son pain très sec. Il est vrai que M. de Turgi (son gouverneur) et Astruc nous auraient bien relevés de sentinelle, si nous avions voulu en agir autrement[1] ». Mais, pour se divertir ainsi à de jolis riens, il faut des loisirs et une imagination libre ; le plus souvent, quand elle écrit à Richelieu, elle pousse, pour ainsi dire, les uns sur les autres, les faits, les idées et les sentiments, dans un élan de convoitise, qui emporte tout. Elle va droit aux choses, et les mots suivent comme ils peuvent : « On dit bien quand le cœur conduit l'esprit », affirme-t-elle quelque part (342) ; ce qui signifie pour elle : « quand on sent fortement, on rend vivement et justement ». Si rapide, ou si négligé qu'il soit, son style n'est jamais médiocre, parce que l'ardeur qui le soutient, elle non plus, n'est pas médiocre.

Elle le sentait bien elle-même. Un jour, elle fait écrire par l'abbé Poissonneau une lettre anonyme, dont elle ne veut point qu'on reconnaisse l'inspiratrice : Il sera impossible, dit-elle à Richelieu, de me découvrir derrière mon secrétaire ; et d'avance, elle le rassure par un post-scriptum, qui trahit toute la conscience du styliste : « Je ne veux pas manquer de vous dire que le style de l'abbé Poissonneau est différent du mien comme le jour et la nuit » (300). Le post-scriptum n'était point nécessaire : on savait autour d'elle faire « la différence ». On savait qu'elle avait une plume très distinguée, et on l'utilisait : « J'ai oublié de vous dire une chose plaisante, raconte-t-elle à son ami... Le Roi a

1. Lettre du 6 août 1743 [2], 134.

écrit une très jolie lettre à Mme de Lauraguais. Elle
chargea Pont-de-Veyle de la réponse, et Pont-de-Veyle
m'en chargea à son tour, sans, comme vous le croyez
bien, dire que je la ferais. J'ai donc fait cette lettre ; si
on ne l'a pas gâtée, elle est très bien, je vous assure. Je
voudrais de tout mon cœur que la princesse (Mme de
Châteauroux) me donnât la même commission ; mais il
n'y a pas moyen ; je lui écris avec une simplicité qui
ne doit pas lui donner opinion de mon style » (311).
C'est qu'alors une certaine prudence et réserve diplomatique amortissait sa flamme. Ici, elle se livre tout
entière. Mais le style reste chose secondaire; elle
marche à la conquête du pouvoir, non avec tout son art,
mais avec tout son tempérament; les mots, les phrases
disparaissent : on la voit elle-même s'agiter et vivre.

Elle vit d'abord et surtout, semble-t-il, par ses
haines : toute sa vigueur s'y est ramassée. Quand elle
tâche, suivant son mot (166), de « barrer » un ennemi
qui la gêne en ses combinaisons : M. de Rennes, cet
« audacieux, pour ne rien dire de plus » (95), d'Argental, ce « nigaud » (162), d'Argenson, ce fêtard (176),
La Peyronie, ce « drôle très dangereux » (101), M. de
Mirepoix, ce « plat moine » (343), Mme de Boufflers,
« la plus tracassière et la plus méchante de toutes les
femmes » (297), — on sent qu'elle voudrait pouvoir
anéantir tous ces obstacles vivants, contre lesquels elle
s'irrite. Parfois la lucidité de son regard s'obscurcit;
elle ne voit plus que ce que sa haine veut voir : la princesse de Rohan a quitté Richelieu; comment pourrait-
elle encore être jolie? « Je ne sais si le chagrin que
j'ai conçu contre elle l'a enlaidie, ou si elle est changée

effectivement, mais elle ne me parût point bien » (189-190). — Il serait à craindre que *la Poule* succédât bientôt à sa sœur comme maîtresse royale. A tout prix, il faut éviter cette révolution de sérail : Mme de Flavacourt *doit* être laide. La voilà dans le carrosse de la reine, dont elle est dame du palais : « La Poule était jaune en perfection. Je l'ai regardée de tous mes yeux, et j'ai eu la satisfaction de la trouver comme je la veux » (334). Mais il est quelqu'un sur qui toute sa haine se concentre, d'autant plus violente et rageuse qu'elle doit se dissimuler, c'est Maurepas, « le plus méchant » de tous leurs ennemis, « ce cher homme qu'elle hait de tout son cœur », ce courtisan médiocre et « léger, au cœur perfide », qui les déteste, elle et son frère, et se met sournoisement au travers de leurs ambitions [1]. Il n'est guère de lettres qui ne contiennent ce nom exécré. Sa haine l'a rendue ici clairvoyante; on peut parler de ce ministre frivole et vain avec moins de brutalité; il est difficile pour le fond de n'être pas aussi sévère que Mme de Tencin : « C'est un homme faux, jaloux de tout, qui, n'ayant que de très petits moyens pour être en place, veut miner tout ce qui est autour de lui, pour n'avoir pas de rivaux à craindre. Il voudrait que ses collègues fussent encore plus ineptes que lui, pour paraître quelque chose. C'est un poltron, qui croit toujours qu'il va tout tuer, et qui s'enfuit en voyant l'ombre d'un homme qui veut résister. Il ne fait peur qu'à de petits enfants. De même Maurepas ne sera un grand homme qu'avec des nains,

---

1. 20, 43, 297, etc.

et croit qu'un bon mot ou qu'une épigramme ridicule
vaut mieux qu'un plan de guerre ou de pacification.
Dieu veuille qu'il ne reste plus longtemps en place pour
nos intérêts et ceux de la France » [1] !

Sa tendresse pour Richelieu la soulage de sa haine
du Maurepas. On croirait que, dans cette amitié, c'est
le cœur surtout qui a des exigences et trouve des satisfactions: « J'admire, lui dit-elle, l'impression que font
sur vous les qualités du cœur et de l'esprit; à vous dire
le vrai, je n'en suis pas fâchée. Comme je possède les
premières au souverain degré, et que je ne suis pas
tout à fait dépourvue des secondes, me voilà bien
assurée que vous m'aimerez toujours » (41). Et elle
lui étale toutes les qualités de son cœur. Il semble que
ce cœur soit assoiffé d'affection: « Aimez-moi, supplie-
t-elle,… aimez-moi autant que je vous aime; non, c'est
assez de la moitié; vous m'aimeriez encore plus que
tout ce que vous aimez » (138, 307). Quel frisson d'angoisse, quand elle sait la bataille imminente et le péril
de son ami ! « Je suis agitée par deux sentiments con-
traires, lui écrit-elle, je voudrais qu'on se battît, et je le
crains à mort,… je suis dans la plus affreuse inquiétude…; c'est dans ces occasions qu'on voudrait avoir
crédit au ciel » (65, 190-1). Qui me dira si Mme l'abbesse
du Trésor, sœur de Richelieu, était belle ou « laide en
perfection » ? Mais, quand Mme de Tencin la reçoit à
dîner, elle ne la regarde certes pas avec les mêmes
yeux que la Flavacourt ou la Rohan: « Je ne sais si le
charme que vous répandez sur tout ce qui vous appar-

1. Lettre du 1er août 1743 [4], 423-4.

tient a opéré pour moi, mais je vous assure qu'elle m'a paru très aimable » (290). Elle aime les enfants de son ami comme s'ils étaient les siens ; à la moindre égratignure, elle s'affole pour eux. Voici le duc de Fronsac qui a la rougeole : « Si je ne connaissais pas combien je vous aime, écrit-elle au père du petit malade, c'est dans ces occasions que je verrais le fond de mon cœur... J'aime mon frère et ma sœur comme je vous aime, mais je ne les aime pas mieux » (176, 231). Rien de plus familier, de plus abandonné, de plus cordial, de plus « camarade » que le ton de ses lettres ; ce sont des embrassades répétées, des protestations affectueuses, des recommandations infinies, et de toute sorte, des compliments câlins, des sermons gentiment grondeurs : « Si vous n'étiez pas duc et pair, oh ! que je vous gronderais de ce que vous oubliez de numéroter vos lettres ! vous seriez traité de franc étourdi ; mais la dignité m'en impose. L'amitié y est cependant supérieure, et autorise tout ; c'est donc elle, mon cher duc, qui vous dit que vous avez tort de manquer à cette attention. Vous sentez qu'elle est nécessaire, et que je ne sais où j'en suis avec vous » (46). Cette amitié « supérieure à tout » est faite de confiance, d'une confiance sans réserve, et qui réclame la réciprocité : « On a toujours un ami dans le monde, à qui on dit tout, et vous êtes cet ami » (318) ; mais il faut que l'ami aussi lui dise tout : « Je vous boude, mon cher duc, écrit-elle à Richelieu, un jour qu'elle a appris par un autre ce que le duc aurait dû lui confier : vous avez fait un péché mortel envers l'amitié, de n'avoir pas eu toute la confiance que vous me devez » (88). Autour d'elle, on essaie de la mettre en garde et d'attirer son attention sur tous ces péchés mortels : « Des amis prétendus viennent me conter à l'oreille que je prends trop de confiance en votre amitié, que vous ne changerez pas pour moi, et que vous n'en avez pour personne. D'autres me demandent si je suis bien assurée que vous nous aimez, que je prenne garde, que vous êtes plein d'ambition, que vous ne voulez que pour vous, et mille impertinences de cette espèce…. Comme on croit que vous gouvernez la personne aimée, on s'imagine qu'il ne tient qu'à vous de faire tout pour mon frère. Mais moi. qui sais le dessous des cartes, qui sais les préventions que vous avez à craindre, et même l'éloignement, je sens jusqu'au fond du cœur tout ce que vous faites, et crains seulement que vous n'en fassiez trop et que vous ne vous nuisiez à vous-même » (287). Le duc proteste contre ces perfidies « des amis prétendus », comme si Mme de Tencin s'y était laissée prendre, soupçon injurieux, qui indigne son amie ; tout de suite, elle « soulage son cœur » : « Avant que de vous parler d'autre chose, il faut que je vous gronde sur la morale que vous me faites au sujet de ce que je vous ai mandé des discours qu'on affectait de me tenir. Il semble, à vous entendre, qu'ils m'aient fait impression. Je vous battrais, si je le croyais. Pouvez-vous avoir le plus léger doute sur ma façon de penser? Je me méfierais de moi-même plutôt, je ne dis pas que de me défier de vous, mais que d'avoir le plus léger ombrage. Vous ne connaissez pas encore mon cœur, et c'est là ce qui me fâche. Je vous ai dit ce mauvais propos, parce que je vous dis généralement tout, et que sur ce qui me regarde, je me ferais scrupule de vous taire la moindre chose. Ne faut-il pas vous instruire? Ne faut-il pas vous faire connaître, par cette circonstance, que l'on vous tend de tous côtés des pièges? Encore une fois, dites-vous bien que je douterais de moi-même avant de douter de vous. Demandez-moi pardon, et dites-moi que c'est de bon cœur que vous m'aimez, et, ce qui m'est plus important, que vous êtes assuré que je vous aime, et que ma confiance n'a et ne peut jamais souffrir la moindre atteinte » [1].

Cette exubérance sentimentale masque à peine des desseins très positifs. Ce qui lui rend le duc si cher, c'est qu'il fait à la Cour la principale force du parti Tencin, et qu'en lui repose le dernier espoir du cardinal d'arriver peut-être au « grand objet » : « Nous n'avons point de famille, lui disait-elle un jour trop naïvement; nous ne tenons à la cour que par vous » (228-9). Richelieu, qui ne manquait point d'esprit, n'avait sans doute aucune illusion sur la sincérité de son amie. Ne lui laissait-elle pas entrevoir son égoïsme jusque dans les déclarations les plus tendres? « Mes inclinations, mes amitiés, lui écrivait-elle, sont toujours subordonnées au sentiment de mon cœur, et vous savez que ce cœur est bien à vous » (284); et ailleurs : « Je suis ainsi faite; dès que je n'estime plus, je n'aime plus » (240). Les mots d' « estime » et de « cœur » essaient de donner le change; mais l'aveu est lâché :

1. Lettre du 12 avril 1744. 268-9. Cf. aux *Appendices* [3], le texte entier de cette lettre. L'éditeur a daté du *8 mai* la lettre à laquelle celle-ci fait suite manifestement, et dont elle s'efforce de réparer les effets. Il faut sans doute lire : *28 mars*.

elle aime dans la mesure de ses ambitions et de ses besoins. Comme tant d'autres, Richelieu n'est entre ses mains qu'un « instrument dont il faut se servir », sans s'y attacher (383). Elle ne s'attachera qu'au pouvoir, si jamais elle le conquiert. Elle veut être « un des ressorts principaux de la grande machine », ou plutôt mettre elle-même « la grande machine » en mouvement[1]. C'est là, chez elle, le désir dominateur, qui commande ou annihile tous les autres. Elle déteste Mme de Boufflers, mais, s'il le faut, « elle cultivera cette liaison avec soin... ; je l'aime puisque vous l'aimez, et je veux qu'elle m'aime aussi » (175). Cet appétit de conquête la tient toujours haletante. Si elle cédait à toutes les envies qui la tourmentent, chaque jour, chaque minute, on la verrait installer quelque batterie nouvelle, pour emporter plus sûrement la place qu'elle assiège. Elle accable Richelieu de ses lettres jusqu'à satiété ; elle sent qu'elle le lasse, mais elle ne peut se tenir de parler, de conseiller, d'aiguillonner : « Si vous n'êtes pas fatigué de mes lettres, mon cher duc, il faut que votre patience soit extrême ; mais il me semble que l'amitié doit vous donner celle dont vous avez besoin ; et, en vertu de cette opinion, je vais mon chemin » (341). Il lui faut tout l'effort de sa raison pour se refuser parfois le plaisir d'écrire à la favorite : « Dites, je vous prie, que je n'écris pas par discrétion, et qu'il m'en coûte d'être si discrète. Il faut qu'on m'en sache gré, et qu'on reçoive par vous mes hommages » (341). Corps et âme, elle est prise tout entière par sa passion. Elle

____

1. Lettre du 1er août 1743 [4], 423.

en a la fièvre, et pas seulement par métaphore : « Je ne
suis pas assez forte, avoue-t-elle, pour soutenir des
inquiétudes aussi violentes » (90, 255). Quand elle
écrit : « Ce M. de Rennes me tracasse furieusement
l'esprit » (100), ou : « Je meurs d'impatience de savoir
le parti que prendra le Roi » (189), ou encore : « Je
meurs de peur que mon frère ne prenne à gauche »
(137), on sent que toute sa vie, toutes ses énergies
physiques sont engagées dans cette chasse. Elle est
lancée d'un mouvement si irrésistible, qu'elle en oublie
parfois toutes ses habiletés, et qu'il lui arrive de lâcher
quelque aveu trop ingénu, comme ce cri si spontané et si
douloureux, quand elle apprend que Mme de la Tournelle se livre imprudemment à une amie peu sûre :
« Mon Dieu, je l'avais fait prier de n'avoir d'autre confidente que moi » (23) ! « N'oubliez pas, dit-elle encore
à Richelieu, qu'il faut que mon frère obtienne quelque
chose et qu'il est temps plus que jamais. Il faut un
département à un homme qui a envie de bien faire, et
qui veut servir ses amis »[1].

Ce sont là ses seules naïvetés. Pour le reste, elle a
une maturité d'expérience et un sens positif, qui l'ont
purgée de toute humeur sentimentale. Ancienne maîtresse de Richelieu, comme bien d'autres laissée de
côté, elle a accepté sans espoir de retour l'amitié qu'on
lui offrait ; maintenant, déjà vieille, d'une plume détachée et comme amusée, elle raconte à son amant d'autrefois les faits et gestes de « ses petites dames », de
« sa défunte poule », de « sa petite marchande de la

---

1. Lettre du 20 mars 1744 [4], 443-4.

rue Saint-Honoré » [1]. S'il s'agit de liaisons moins fugitives ou plus considérables, elle les traite en affaires sérieuses, mais en affaires. La princesse de Rohan, maîtresse de Richelieu, aurait voulu devenir maîtresse royale; par un dépit amoureux d'un nouveau genre, elle en voulait à son amant de ne lui avoir point facilité cette dernière étape, et d'avoir mis tout son crédit au service de la Tournelle. La princesse boudait le duc, et parlait de rupture. Mme de Tencin s'émeut. Les Rohan sont une alliance utile pour le parti de son frère; mieux vaudrait que Richelieu fût conciliant : « Je vous conseille, si vous l'aimez de tâcher de la ramener; c'est la seule femme de la cour, dont on puisse faire une amie aussi bien qu'une maîtresse » (7). Mais, que ce soit rupture définitive ou « raccommodage plâtré », il faut faire vite : « Encore une fois, je suis fâchée de votre rupture avec Mme de Rohan. Tâtez-vous bien;... Si vous l'aimez véritablement, je ferai l'impossible pour vous raccommoder. Si, au contraire, vous n'avez pour elle qu'une fantaisie, il vaut autant finir présentement que dans deux mois » (10). Richelieu hésite; il rompt, mais avec des regrets; elle les lui secoue durement, presque brutalement : « Est-il vrai que la princesse de Rohan vous a quitté, et en êtes-vous fâché? Je ne le serais point à votre place. Dès qu'un domestique manque d'affection, quelques bonnes qualités qu'il ait d'ailleurs, il n'est plus digne de nos regrets... Je serais bien fâchée que cette aventure vous causât quelque peine. A votre place, je n'en aurais aucune. En vérité

1. 5, 80, 143.

ce n'est pas ces sortes de caractères pour lesquels on peut prendre un attachement durable » (182, 198). Il serait bon pourtant que la princesse ne portât point son amour ailleurs. Mme de Tencin « continue à l'étudier », et s'efforce « le plus adroitement possible d'en tirer quelque chose » : « Elle dit qu'elle n'*a* personne, écrit-elle à Richelieu ; Dieu le veuille » (190, 198)! Mais cette amante disponible voulait « *avoir* » quelqu'un ; et bientôt le duc apprend par son amie qu'il y a « quelques chiffonnages » et « beaucoup d'agaceries » entre la Rohan et le d'Argenson (224, 265). Il faut les laisser faire, disait Mme de Tencin ; il ne faut pas se brouiller avec une femme, avec celle-là surtout : « Il ne faut jamais se mettre hors de mesure avec ces sortes de femmes (266)... Je sais, mon cher duc, que vous savez vous conduire parfaitement, mais je croirais qu'il faut ménager une femme qui peut nuire, et qu'un ennemi de plus est bon à éviter. Vous faites si peu de frais pour plaire, qu'il ne vous coûtera pas beaucoup de soins pour lui ôter toute idée de vengeance, si naturelle aux femmes » [1]. Elle a trouvé du reste sur qui diriger les ardeurs encore jeunes de Richelieu : c'est la Lauraguais, la sœur de la favorite : « Pour moi, je suis toujours d'avis que vous la preniez, bien sûr que, si vous le voulez, vous en viendrez à bout ». Ce sera de l'amour, et ce sera en même temps de bonne politique : le Roi, la Châteauroux, la Boufflers en sauront gré au duc (338).

C'est ainsi qu'elle parle toujours à son ami des

_____

1. Lettre du 30 septembre 1743 [4], 433.

choses de la galanterie ou de la débauche, froidement,
sans indignation ni surprise, en femme qui connaît
tout, et que rien n'étonne plus ; et elle le dit avec une
franchise de langage, qui serait cynique, si elle n'était
d'abord indifférente : « La Monconseil a très grand
crédit auprès de d'Argenson ; apparemment faute de
mieux, il couche encore avec elle » (158). — « Si les d'Argental avaient eu l'un et l'autre le sens commun, ils
auraient profité du crédit que le cocuage leur donne
sur Solard, pour le gagner entièrement à mon frère »
(162-3). — « D'Argenson a plus d'une femme avec qui il
prend la goutte ; Mme de Monconseil a des rendez-vous
avec lui à Neuilly ou dans d'autres maisons secrètes,
où ils passent ensemble une partie de la nuit. Il y en a
encore une autre qui, je crois, est pour le plaisir »
(198). — « Votre petite marchande de la rue Saint-
Honoré triomphe et trompe tant qu'elle peut son
amant ; il faut convenir qu'il le mérite bien : qui
diantre a jamais placé sa confiance dans une gue-
nipe ? cela n'est permis que quand on sort du collège »
(80). Tout est raconté sur ce ton et avec ce sang-froid ;
sa plume ne connaît aucune réserve, ni celle des idées,
ni même celle des mots. Elle surveille l'intendant de
Richelieu ; elle veut savoir si vraiment, comme on l'avait
rapporté au duc, il « faisait dépense auprès de certaines petites femmes ». Eh bien ! non. l'intendant
« est au contraire très économe et très mesuré sur ces
sortes d'amusements » (15). Il n'est conversation masculine qu'elle n'ose entendre ou répéter. Elle redira
avec Maurepas : « Ce bougre de Tencin ne partira-t-il
pas bientôt pour Lyon ?... La Châteauroux sera chassée,

et son maquereau, malgré sa charge, (c'est Richelieu, premier gentilhomme de la chambre) avalera bien des couleuvres » (283). Elle écrit au duc : « On a fait des chansons sur l'évêque de Rennes, si ordurières qu'on n'a osé me les donner; je tâcherai pourtant de les avoir pour vous les envoyer » (128). Il n'y a là aucune recherche de l'obscénité pour elle-même, mais l'inconsciente impudeur d'une femme, qui ne se souvient plus qu'elle l'est, et qui veut pouvoir tout entendre et tout dire.

Ce n'est pas en amour seulement qu'elle cherche à se dégager des habitudes et des préjugés féminins; partout elle voudrait échapper à son sexe. Elle a tracé quelque part le portrait de « la femme telle qu'il la faut » : « aimable, de la douceur, de l'esprit, de la sûreté dans le commerce » (333). Ce sont là des qualités de second plan, des qualités passives; dès que les femmes veulent agir, elles sont pitoyables, et compromettent tout par leurs bavardages (43), les bizarreries de leur sentimentalité, leur inintelligence du réel : « elles parlent toujours de ce qu'elles désirent, tout impossible que cela soit »[1]. Cette femme a pour les femmes un franc mépris, et jamais homme n'a été plus dur pour elles : « On ne maîtrise les femmes qu'en les faisant parler et en les prenant par leurs paroles. Il faut espérer que celle-là ne vous estimera pas assez pour ne pas vous craindre ». — « Il est toujours dangereux d'avoir des femmes pour ennemies ». — « Les femmes sont aussi dangereuses ennemies que faibles amies ». — « La

---

1. Lettre du 30 septembre 1743 [4], 431.

tête d'une femme est une étrange girouette », etc., etc.[1] Quand elle parle des femmes, elle le fait toujours avec cet accent, comme d'un animal très incertain et très fuyant, dont il faut avoir peur et pitié. Rien de plus amusant, de plus significatif aussi, que ses impressions sur Mme du Châtelet. On sent qu'elle est séduite par cette intelligence supérieure ; mais tant de passion jointe à tant d'esprit la déconcerte. Son amour pour Voltaire lui paraît extravagance pure : « La *vieille comtesse* (Mme du Châtelet) est plus folle que jamais du *géomètre* (Voltaire) ; elle vient me conter ses jalousies sur Mme de Boufflers ; je ne sais que lui dire : comment faire entendre raison à quelqu'un qui a la tête et le cœur pris, et qui, en conséquence, s'alarme d'entendre trotter une souris?... La Du Châtelet est si folle, qu'il n'y a pas moyen de commercer avec elle... C'est une tête bien complètement tournée ; elle me fait grand pitié... Elle part cette nuit plus folle, plus perdue d'amour que tous les romans ensemble ; il faut en avoir pitié »[2].

Elle-même reste encore très femme par le goût des intrigues minuscules et la férocité de ses jalousies ; mais elle fait effort pour se libérer de ces mesquineries, pour hausser le ton, et parler gravement de choses graves. Si parfois elle prend plaisir à bavarder, à colporter de petits commérages d'antichambres — plus souvent elle trouve un plaisir supérieur à étudier le cœur humain[3], à en découvrir précisément ce qu'on

1. 9, 22, 190, 198.
2. 4, 223, 232, 265.
3. Cf. par exemple : « Je sais que le cœur de l'homme vous est connu, aussi je n'ai nulle inquiétude » (379) ; « Il est aisé, quand on connaît le cœur humain, de distinguer, etc. » (362).

voudrait le plus lui cacher, à « recoudre » des lambeaux
d'aveux (265), à « pénétrer à travers toutes les ruses le
fond du sac » (184) ; plus souvent encore, elle préfère
méditer sur la chose publique et s'indigner contre
l'incapacité des dirigeants. La critique est aisée ; mais
Mme de Tencin la fait si vigoureuse et si intelligente,
qu'on serait presque tenté d'oublier que sa clair-
voyance est l'envers de son ambition. Elle voit déjà la
culbute de l'ancien régime : « Il est impossible de rien
faire de bon à moins de faire maison neuve [1]... Il est
impossible que tout n'aille au diable à la façon dont les
affaires sont conduites (322)... On ne fait partout que
des sottises ; mais je crois qu'à la fin on en fera
tant, qu'il y aura un bouleversement dans toutes les
affaires [2]... Elles sont dans un état si déplorable que
c'est un bien de ne s'en pas mêler ; tout ceci finira par
quelques coups de tonnerre (36)... A moins que Dieu
n'y mette visiblement la main, il est physiquement
impossible que l'État ne culbute » (227). Les ministres
sont des tyranneaux incapables, qui ne savent que
s'amuser : « Ils ont le ton plus haut actuellement que
les ministres de Louis XIV, et ils gouvernent despoti-
quement... Tandis que les affaires actuelles occupe-
raient quarante-huit heures — si les journées en
avaient autant — les meilleures têtes du royaume, ils
passent leur temps à l'Opéra ; ils y étaient dimanche »
(24). Et ailleurs : « La conduite de ces messieurs est
toujours aussi ridicule ; ils vont continuellement aux
spectacles, sans négliger l'opéra-comique. D'Argenson

1. Lettre du 1er août 1743 [4], 421.
2. Lettre du 22 juin 1743 [4], 415.

fait de son côté des soupers sous le nez, où il boit au point de ne pouvoir ni se montrer, ni travailler » (177-8). Le public est leur complice par son insouciance : « Ne croyez pas que l'on soit fort occupé ici de notre armée et du mouvement des ennemis. Pas un mot. Un opéra nouveau, qu'on a joué mardi pour la première fois, et le procès d'une Mme d'Anisi, qui plaidait en sépara- tion avec son mari, fait le sujet de toutes les conversa- tions. Il faut assurer que voici un bon pays pour la frivolité » (154).

Mais le grand coupable, c'est le Roi ; à un moment où la France presque entière mettait encore son espé- rance dans la jeunesse de Louis XV, Mme de Tencin, plus lucide, a pressenti l'incurable veulerie de cette volonté ; « la nonchalance du maître » l'étonne [1], elle ne peut s'y résigner ; et son indignation est intaris- sable : « C'est un étrange homme que ce monarque, disait-elle souvent... rien dans ce monde ne ressemble au Roi (141, 155)... Ce qui se passe dans son royaume paraît ne pas le regarder ; il n'est affecté de rien ; dans le conseil, il est d'une indifférence absolue : il souscrit à tout ce qui lui est présenté. En vérité, il y a de quoi se désespérer d'avoir affaire à un tel homme ; on voit que, dans une chose quelconque, son goût apathique le porte du côté où il y a le moins d'embarras, dût-il être le plus mauvais... Il est comme un écolier qui a besoin de son précepteur, il n'a pas la force de se déci- der... On prétend qu'il évite même d'être instruit de ce qui se passe, et qu'il dit qu'il vaut encore mieux ne

1. Lettre du 24 juillet 1743 [4], 417.

savoir rien. C'est un beau sang-froid; je n'en aurai
jamais tant[1].... Il met les choses les plus importantes,
pour ainsi dire, à croix ou à pile dans son conseil... On
voit qu'il y va pour la forme, comme il fait tout le reste,
et qu'il en sort, comme soulagé d'un fardeau qu'il est
las de porter... On croirait qu'il a été élevé à croire,
que, quand il a nommé un ministre, toute sa besogne
de roi est faite, et qu'il ne doit plus se mêler de rien.
C'est à celui qu'on lui a désigné de tout faire; cela ne
doit plus le regarder, c'est l'affaire de celui qui est en
place. Voilà pourquoi les Maurepas, les d'Argenson,
sont plus maîtres que lui. Je ne puis mieux le comparer
dans son conseil qu'à M. votre fils, qui se dépêche de
faire son thème pour en être plus tôt quitte... Encore
une fois je sens malgré moi un fonds de mépris pour
celui qui laisse tout aller selon la volonté de chacun ».
Mais elle ajoute aussitôt, en femme qui sait utiliser les
pires situations, et qui n'oublie pas ses convoitises : « Il
a besoin d'être gouverné. Le poids des rênes de l'État
est trop pesant pour lui; et, puisqu'il sera toujours de
nécessité qu'il les confie à quelqu'un, j'aurais mieux
aimé que ce fût à mon frère. Cela eût été également
plus utile pour vous : nous ne tenons à rien, et vous
auriez eu sur nous toute l'influence que l'amitié peut
donner »[2].

Le bout de l'oreille se montre ici imprudemment; et
ce petit retour sur soi, presque touchant à force d'ingénuité, jette pourtant quelque discrédit sur ces considé-
rations de haute politique. Mais, quand bien même le

1. Lettres des 22 juin et 24 juillet 1743 [4], 413-4. 417.
2. Lettres des 1er août et 30 septembre 1743 [4], 421-3, 430-2.

cardinal ne serait candidat à aucun ministère, le tempérament viril de cette femme souffrirait de la lâcheté
royale; et c'est un cri de révolte désintéressée que cette
protestation : « Je ne conçois pas qu'un homme puisse
vouloir être nul quand il peut être quelque chose » [1].
Aussi, malgré les froideurs de la Châteauroux, qui
affecte de les tenir à distance, elle et son frère, et se
rallie de mauvaise grâce à leurs projets, elle ne peut
lui refuser une sympathie admirative, parce qu'elle
sent en la favorite une volonté qui s'impose et qui ne
« veut point être gouvernée » (34) : « C'est une femme
qui annonce de l'énergie, dit-elle; sa conduite marque
de la fermeté » (177); elle saura « tirer le Roi de son
engourdissement » [2]. Elle l'en tire, en effet, pour
quelques semaines; et Mme de Tencin en est fort aise,
et pour son parti et pour la beauté de la chose : « Elle
est enfin parvenue à donner une volonté au Roi, ce n'est
point un petit ouvrage ». Grâce à sa maîtresse, on verra
donc le Maître « à la tête de ses armées » : « Ce n'est pas
qu'entre nous, fait-elle observer, il soit en état de com-
mander une compagnie de grenadiers, mais sa présence
fera beaucoup : le peuple aime son Roi par habitude,
et il sera enchanté de lui voir faire une démarche, qui
lui aura été soufflée. Ses troupes feront mieux leur
devoir, et les généraux n'oseront manquer si ouvertement au leur... Un roi, quel qu'il soit, est pour les soldats et le peuple ce qu'était l'Arche d'Alliance pour les
Hébreux : sa présence seule annonce des succès » [3].

1. Lettre du 22 juin 1743 [4], 413.
2. Id., id.
3. Lettres des 24 juillet 1743 et 20 mars 1744 [4], 418-9, 443.

Ici, comme dans ses romans, comme dans son salon, la réflexion s'achève en « maxime ». Mais les formules y sont presque toujours moins abstraites, moins intellectuelles que dans les romans, parce que l'image y vivifie et colore la pensée [1] : « On ne passe pas d'acte devant notaire pour faire une friponnerie » (351). — « L'esprit prend toutes sortes de formes excepté la gaité » (289). — « Il n'y a rien qui augmente tant le crédit que l'opinion que le public prend qu'on en a beaucoup » (384). — « On dit bien quand le cœur conduit l'esprit » (342). — « Les petites choses préparent les voies » (187). — « Quand on n'a pas le choix des instruments, il faut se servir de ceux qu'on a » (184). « Je ne conçois pas qu'un homme puisse vouloir être nul quand il peut être quelque chose [2] ». — « Tout sert en ménage, quand on a en soi de quoi mettre les outils en œuvre » (230). — « On gagne de mauvaises parties, on n'en gagne jamais d'abandonnées » (127), etc. Plus encore que par leur rare bonheur d'expression, ces maximes s'imposent au lecteur par leur énergie. Cette femme sans scrupule et sans morale n'a gardé qu'une vertu, la volonté. Tandis qu'autour d'elle, les caractères

---

1. En voici une pourtant, qui a toute la subtilité abstraite de ses romans (à propos de Mme de Mailly, qui parlait du Roi avec aigreur) : « Je parierais bien sur tout ce qu'elle a dit qu'elle n'a jamais aimé le Roi de bonne foi. *Il est aisé, quand on connaît le cœur humain, de distinguer ce que le dépit fait dire et même fait penser dans le moment qu'on le dit, d'avec ce qu'on a pensé dans tous les temps. D'ailleurs, la colère ne s'attache qu'à l'amant et aux actions dont on se plaint, et ne va pas chercher des sujets de blâme, de mépris même, dans les choses où l'amour n'a aucun rapport* » (Lettre du 23 juin 1744 [2], 362-3).

2. Lettre du 22 juin 1743 [4], 413.

masculins se laissent efféminer et anémier par la vie de
cour — elle, au contraire, se raidit dans une attitude
forte, et cherche toujours à se viriliser davantage.
Quand elle écrit à Richelieu : « Mon frère opine toujours pour les partis les plus vigoureux », « mon frère
est très persuadé que nous devons montrer partout de
la vigueur », « je vous réponds que mon frère parlera,
et parlera avec force » [1]. — qui ne sent que c'est elle
qui « parle » ainsi, que c'est elle qui est la « force » et
toute la « vigueur » de son frère? Ce qu'elle appelle
« un cœur bien gâté », c'est une volonté débile, qui
« cède partout à l'intérêt présent », qui se dérobe à
tout effort, qui sacrifie ses desseins à ses plaisirs (224).
Indulgente aux débauches qui n'évervent pas les cou-
rages et n'asservissent pas les intelligences, elle n'aura
qu'un mépris sommaire pour « les âmes de chiffe »
(186), les « nigauds » et les « faibles » (162), qui ne
savent pas résister aux pressions extérieures. En lisant
ses lettres, il faut laisser là le détail des faits, les petites
intrigues, les passions d'un jour, il faut oublier la mono-
tonie, et, somme toute, la médiocrité des intérêts; il
reste alors ce spectacle, qui n'est ni sans rareté ni sans
beauté, d'une volonté féminine, servie par un esprit très
libre, et tendue sans défaillance vers un seul but.

1. 35, 158, 178.

*
* *

Il y a d'elle un mot célèbre. Parlant un jour à son cher Fontenelle, et lui mettant la main sur la poitrine : « Ce n'est pas un cœur que vous avez là, lui dit-elle avec un sourire ; c'est de la cervelle, comme dans la tête[1] ». Elle aussi, ce n'était pas un cœur qu'elle avait là ; ou, s'il existait, elle l'avait bien maté. La plupart de ses amitiés, toutes ses galanteries, semblent se succéder, pour ainsi dire, dans le silence de son cœur et même de ses sens : avoir un ami, c'est pour elle prendre un parti ; se donner un amant, c'est travailler à un dessein. Fontenelle n'a que « de la cervelle » : c'est un dilettante, qui s'amuse avec les idées. Chez Mme de Tencin, tout est volonté : chaque désir tend impérieusement à sa réalisation, et les mouvements de l'esprit s'achèvent en effort et en lutte. Plus qu'aucun homme, cette femme a eu soif de pouvoir, besoin de dominer ; et dans la vie, tout autour d'elle, elle n'a vu que « des outils à mettre en œuvre »[2].

Aprement, et jusqu'au dernier jour, elle fait la chasse à l'argent, comme au plus sûr « moyen de parvenir[3] » ; elle ne se renferme dans son salon, que pour rétablir sur les intelligences une domination qui lui échappait ailleurs ; elle se crée des amis dans le « grand monde », non pour flatter sa vanité, mais pour manifester sa

<hr>

1. Trublet, *Mémoires de Fontenelle* [112], 116.
2. Mme de Tencin à Richelieu, lettre du 8 octobre 1743 [2], 230.
3. Duclos, *Mémoires secrets* [120], 419.

force, et pour « se soutenir dans l'imagination des hommes[1] ». Elle ne peut voir une volonté disponible, sans chercher aussitôt à l'accaparer et à la rendre sienne : elle a peut-être dépensé autant de génie pour faire la conquête de ses domestiques que pour séduire le Saint-Père ; du pape à son dernier laquais, elle entend que personne ne se dérobe à sa main-mise ; elle veut « l'affection », c'est-à-dire le dévouement intégral, de tous ; et, quand on ne la hait pas, on « l'adore », c'est-à-dire qu'on devient sa chose, et qu'on est heureux de l'être[2]. Elle méprise les femmes, mais elle s'en sert, et conseille de s'en servir, « parce qu'au moyen des femmes, on fait tout ce qu'on veut des hommes[3] » ; son plaisir est de marier les gens, pour faire deux prises d'un seul coup ; elle aime surtout les mariages difficiles, qu'il faut emporter de haute lutte ; quand elle a dit : « il vous épousera, j'en fais mon affaire », ou « laissez-moi faire, je lui parlerai », c'est presque chose faite[4] ; souvent l'utilité immédiate est nulle, mais sa virtuosité de femme « d'affaires » y trouve une satisfaction. Si elle a décidé la conquête d'une amitié, on se défend malaisément contre elle ; et son accueil, toujours cordial, appelle et retient la confiance. Elle s'est donné pour règle de ne jamais rebuter personne, parce

1. Marivaux, *La Vie de Marianne* [82], 293-4.

2. Marivaux a noté, comme un trait particulièrement intéressant, cette adoration des domestiques pour leur maîtresse (*La Vie de Marianne* [82], 296) ; cf. encore Mme de Tencin, lettre à Richelieu du 10 septembre 1743 : « Dès qu'un domestique manque d'*affection*, quelques bonnes qualités qu'il ait d'ailleurs, il n'est plus digne de nos regrets » [2], 182.

3. Marmontel, *Mémoires* [133], I, 272-3.

4. Id., *Id.* 227 ; Marivaux, *La Vie de Marianne* [82], 223.

que, sur dix indifférents, elle trouvera peut-être un
bon ouvrier pour travailler à son œuvre [1] : c'est ainsi
qu'on découvre des La Motte et des Mably ; le visiteur
novice, tout ému de sa bienveillance, sentant en cette
femme, la veille inconnue, une amie véritable, qui
s'associe à tous ses rêves, s'écrie avec attendrissement :
« Oh ! la bonne femme [2] »! mais, l'instant d'après, si
« l'ami » trop naïf la gêne sur sa route, elle n'hésitera
pas à se débarrasser de lui en « douceur ». Sa pensée
de derrière la tête est un dédain profond pour l'espèce
humaine ; volontiers, entre intimes, elle s'en va répé-
tant que « la grande erreur des gens d'esprit est de ne
pas croire le monde aussi bête qu'il est [3] ». « Accoutumée
à faire tous les usages possibles de son corps et de son
esprit pour arriver à ses fins [4] », elle ne connaît dans
ses désirs aucun scrupule, et dans ses succès aucun
remords ; elle est « sans principes, capable de tout
exactement [5] ». Il n'y a pas de tempérament plus amoral
dans son fond.

Elle a eu des amis, et peut-être pas une amie [6]. De

1. Walpole à Thomas Gray, lettre du 25 janvier 1766 [115], 38.
2. Marmontel, *Mémoires* [133], I, 272.
3. Chamfort [134], 217, 258.
4. Villars, *Mémoires* [71], 13.
5. Chamfort [134], 258.
6. A peine pourrait-on citer Mme d'Augny, chez qui elle reçut
l'hospitalité pendant son exil d'Ablon, et qu'elle appelle quelque
part : « une amie de trente ans » (Lettre à Richelieu du 3 janvier 1743 [2], 34). Mais peut-être n'est-ce là qu'une formule, pour
obtenir du duc ce qu'elle désire. Dans une lettre de Mlle Aïssé du
13 août 1728 [68], 252, je lis : « Sa favorite, Mme d'Oigny (il s'agit
sans doute de Mme *d'Augny*) commence à être dans la disgrâce ».
S'il y eut donc amitié, ce fut une amitié intermittente.

toutes les femmes qui l'ont connue, bien peu l'ont approchée sans effroi ; beaucoup lui ont rendu en haine ce
qu'elle leur donnait en mépris : la « bonne » Mlle Aïssé
elle-même la « détestait », par une instinctive répugnance d'âme féminine[1]. C'est' que Mme de Tencin
était très peu femme ; Marivaux disait déjà que « son
esprit n'avait pas de sexe », façon galante d'insinuer
qu'elle avait l'esprit masculin[2]. Nulle flatterie ne dut
lui être plus douce : elle soutenait à ses amis que les
hommes l'emportaient en tout sur les femmes[3] ; et nulle
femme, je crois, n'a souffert davantage de n'être pas
homme. Du moins, a-t-elle attaqué la vie en homme, et
senti, comme bien peu d'hommes, la mâle volupté de
l'effort. Si elle a aimé son frère d'un amour si passionné, c'est que cette volonté molle n'était qu'un
instrument dans ses mains, qu'elle s'était incarnée tout
entière en lui, et qu'elle goûtait avec lui l'illusion de la
lutte virile. Par cette puissance d'action qui étonnait
Gœthe[4], par cette affirmation robuste, et jamais découragée, de sa passion et de son vouloir, elle a conquis
chez ses amis une estime, je dirais même un respect,
qui sont aujourd'hui encore le meilleur de sa fortune ;
beaucoup ont éprouvé devant elle une admiration d'artistes, à la fois attirés et inquiétés par cette « rare créature[5] » : « Elle avait, dit Marivaux, une âme forte, courageuse et résolue, de ces âmes supérieures à tout évé-

1. Lettres d'août 1727 [68], 240, et passim.
2. *La Vie de Marianne* [82], 279.
3. Lettre à Hoym, du 9 mai 1718 [10].
4. *Rameau's Neffe, Anmerkungen* [138], 213 : « Das grösste
Geschick in weltlichen Dingen zu wirken ».
5. Piron, *A Mme de Tencin, sous le nom de Vénus* [85 A], VIII, 35.

nement, dont la hauteur et la dignité ne plient sous
aucun accident humain, qui retrouvent toutes leurs ressources où les autres les perdent, qui peuvent être affli-
gées, jamais abattues ni troublées [1] ». Et Piron, moitié
badin, moitié sérieux, exprimait le même respect admiratif en ses vers sautillants :

> Femme au-dessus de bien des hommes
> du siècle héroïque où nous sommes,
>
> . . . .
>
> femme forte que rien n'étonne,
> ni n'enorgueillit ni n'abat,
> femme, au besoin, homme d'État
> et, s'il le fallait, amazone [2].

Ce « siècle héroïque » l'était trop peu pour elle. Il lui
aurait fallu une vie forte et pleine, une vie de bataille,
plus encore que de victoire ; elle a dû regretter souvent,
j'imagine, de n'avoir point vécu cent ans plus tôt : elle
eût été une belle « frondeuse », vaillante, dominatrice,
implacable : elle eût ainsi évité les basses galanteries
où elle a sali sa jeunesse, et les mesquines intrigues où
elle a usé son âge mûr. Le siècle affadi et léger qui fut
le sien, ce siècle, dont « la vanité, disait-elle, a dégradé
les passions et affaibli jusqu'aux vices [3] », ne lui offrit
qu'un rôle de courtisane ; elle s'y résigna, mais de
mauvaise grâce, et son caractère reste supérieur à sa
vie. Elle apparaît, au milieu d'une génération frivole,
comme une « amazone » manquée.

1. *La Vie de Marianne* [82], 294.
2. *A Mme de Tencin, en lui envoyant une chaise percée* [85 A],
VIII, 45.
3. *Le Solitaire des Pyrénées* [127], 1104.

APPENDICES [1]

I. — TESTAMENT DE M. DE LA FRESNAIS

1. Le *Testament de Charles-Joseph de La Fresnais*, dont l'original semble perdu, nous a été conservé par plusieurs copies du xviiie siècle [2]. J'en ai vu deux : l'une que Mathieu Marais a fait prendre quelques semaines après la mort du conseiller et qu'il envoya à son ami le Président Bouhier, à Dijon (*Correspondance* [66 A], VII, fos 144-5 ; pièce reproduite dans l'édition du *Journal* [66 B], III, 414-6) ; l'autre, qui paraît avoir été revue et corrigée avec plus de soin sur l'original (Bibliothèque Nationale, Mss Clairambault, nº 1089, fo 149-151). C'est le texte qu'on trouvera ici. Le testament a, d'ailleurs, été réimprimé plusieurs fois ; cf. Boisjourdain, *Mélanges historiques* [140], II, 41-44, etc.

Sur l'avis et les menaces que m'a fait depuis longtemps Mme de Tencin de m'assassiner ou de me faire assassiner, et que j'ai même cru qu'elle exécuterait, il y a quelques jours, sur ce qu'elle m'emprunta un de mes pistolets de poche que j'ai eu le courage de lui donner ; et, comme, de ma connaissance particulière, elle a fait tout ce qu'elle a pu

1. Dans ces appendices, les pièces que je crois entièrement ou en partie inédites ont été marquées d'un astérisque (*).
2. Cf. bibliothèque de La Rochelle, Mss, nº 637, fo 54.

pour faire assassiner M. de Nocé[1], et que son caractère la rend capable des plus grands crimes, j'ai cru que la précaution de faire mon testament, ainsi qu'il en suit, était très convenable.

Je déclare que je veux vivre et mourir dans la foi catholique, apostolique, romaine, dans laquelle je persévérerai jusqu'au dernier moment de ma vie.

J'ai le cœur pénétré de la plus vive douleur, en voyant que mon bien suffit à peine pour payer mes dettes. Mais j'ai perdu plus de 50 000 francs dans le cours de l'année 1724[2], et, depuis ce temps, j'ai vécu avec la plus grande économie, me plaignant (*sic*) même le nécessaire, pour tâcher de payer mes dettes ; j'ai rempli enfin tout ce qu'exige de moi la probité, j'en prends à témoin tous ceux avec lesquels j'ai vécus. Je déclare que M. Cottin[3] m'a crédité de 80 000 francs reçus de M. de Saint-Marc, sans que M. de Saint-Marc l'ait approuvé en aucun temps. Ainsi, M. Cottin reste débiteur de M. de Saint-Marc en cette partie ; c'est un témoignage que j'ai toujours cru devoir à la vérité.

Mme de Tencin a à moi appartenant entre ses mains un certificat de dix actions primées par le Sr Chabert pour mon compte, ainsi qu'il le déclarera ; outre cela, elle a un transport de 50 000 francs sur l'île de Ré, que j'ai acquis de M. Poncet et mis sous son nom. M. Jourdain, qui a passé le contrat, a fait passer la contre-lettre à mon profit[4] ; elle a encore un contrat de 45 000 francs, ou du moins une obligation passée par M. de Masseau à mon profit, dont je lui ai fait un transport simulé. M. Chèvre, qui a passé le transport, a fait passer la contre-lettre[5] : l'un et l'autre le décla-

1. Cf. plus haut, chapitre I, p. 40 et n. 2.

2. Avec le comte de Flohr et le sieur de la Grye ; cf. plus haut, chapitre II, p. 48.

3. C'est l'ami cité plus loin, auquel Mme de Tencin a écrit la lettre du 2 octobre 1725 [17].

4. Le contrat est du 6 septembre 1725. La pièce originale a été vue par M. Phelippot [93 B], 441.

5. Contrat du 4 septembre 1724, passé par le beau-frère de La

reront. Je lui ai remis le tout entre ses mains, ainsi qu'un
billet de 40 000 francs, dont je n'ai reçu aucune valeur,
parce que ce dépôt, me disait-elle, la rendait sûre de moi.
Elle est coutumière du fait. L'on trouvera dans mes papiers
une protestation que j'ai faite contre un billet de 20 000 francs,
qu'elle m'avait fait faire, qui a été remis par elle-même à
M Cottin. Je joins à ce testament une lettre qu'elle écrivit
au Sr Cottin, dans une querelle que j'eus avec elle. Cette
lettre prouve le commerce qu'il y a eu entre elle et moi [1].
Quand j'ai voulu retirer mes effets, j'ai été extrèmement
surpris de trouver une scélérate, qui m'a dit qu'elle ne me
rendrait rien, que je ne lui payasse le billet de 40 000 francs,
que c'était le moindre paiement qu'elle pût recevoir pour
avoir couché avec moi.

Cette misérable a eu pour moi les façons les plus indignes,
et si monstrueuses, que le souvenir m'en fait frémir : mépris
public, noirceur, cruauté, tout cela est encore trop faible
pour exprimer la moitié de tout ce que j'ai essuyé ; mais sa
grande haine est venue de ce que je l'ai surprise, il y a un
an, me faisant une infidélité avec Fontenelle, son vieil amant,
et de ce que j'ai depuis découvert qu'elle avait, avec son
neveu d'Argental, le même commerce qu'avec moi. Cette
infâme a couché avec moi pendant quatre ans, au vu et su
de tous ses domestiques, d'une partie de ses parents et amis,
et, après cela, n'a pas eu honte de me traiter publiquement
comme un valet, et par ses friponneries m'a mis hors d'état
de payer mes dettes, sans jamais même s'être ressouvenue
un instant qu'elle seule avait causé ma ruine, pour m'avoir
lié malgré moi avec des fripons, avec lesquels elle ne s'est
jamais entendue, comme on l'en a soupçonnée.

Je finis en réclamant la justice de Mgr le Duc [2] et celle de
M. le Garde des sceaux ; ils ne doivent pas souffrir que cette
malheureuse continue plus longtemps sa vie infâme ; elle est

Fresnais, Pierre Masseau, agissant comme fondé de pouvoir de
son père ; cf. *Insula Rhea* [93 A], 105.

1. C'est la lettre n° 17.
2. Le duc de Bourbon, premier ministre.

entrée religieuse au couvent de Montfleury, près Grenoble ;
ils doivent l'obliger d'y retourner, pour y faire pénitence de
ses péchés. Les déclarations que j'ai faites par ce présent
testament m'ont paru nécessaires pour l'intérêt de mes
créanciers. Je prends Dieu à témoin qu'elles sont dans
l'exacte vérité, et que la passion ne m'y a rien fait changer
ni ajouter.

A Paris, ce 18 février 1726.

Signé : DE LA FRESNAIS.

Cecy est mon testament que je veux être déposé chez un
notaire, pour être ouvert après ma mort, en présence de
mes créanciers.

A Paris, ce 20 mars 1726.

Signé : DE LA FRESNAIS.

II. — LA CORRESPONDANCE DE Mme DE TENCIN

A. — LETTRES AU DUC DE RICHELIEU.

Les lettres de Mme de Tencin au duc de Richelieu sont
réparties en deux recueils d'inégale importance :

2. *Correspondance/du cardinal/de Tencin,/ministre d'état,/et
de/Madame de Tencin/sa sœur,/avec le duc de Richelieu,/sur
les intrigues de la Cour de France depuis 1742/jusqu'en 1757,
et sur/tout pendant la faveur/des dames de Mailly, de Vintimille, de Laura/guais, de Châteauroux et de Pompadour. — En
un seul volume in-8° de 400 pages [s. l. (Paris)] 1790.*

Ce livre est très rare. J'en connais deux exemplaires dans
les bibliothèques de Paris, l'un à la Bibliothèque Sainte-
Geneviève, l'autre à la Bibliothèque Nationale. L'exemplaire
de Sainte-Geneviève (L 755¹⁴) est incomplet. Il s'arrête à la
page 304, à laquelle on a collé la dernière page 385. Cette
lacune s'explique aisément si l'on remarque que le livre a

paru par fascicules. Il faisait partie d'une *Collection historique de Mémoires du règne de Louis XV*, dirigée par Soulavie, et paraissant, depuis septembre 1790, par livraisons d'environ cent pages les 10, 20 et 30 de chaque mois. La *Correspondance de Mme de Tencin* parut les 10, 20 et 30 octobre 1790. Une dernière livraison parut le 10 février 1791 (cf. A. Mazon, *Histoire de Soulavie*, 2 vol. in-8, Paris, Fischbacher, 1893, t. I, p. 100). On comprend ainsi que certains exemplaires ne soient constitués que par trois livraisons.

L'exemplaire de la Bibliothèque Nationale (Lb³⁸56) ne renferme que 385 pages, alors que le titre de l'ouvrage en annonce 400. Mais ce titre promet aussi une correspondance qui durera jusqu'en 1757, alors que la dernière lettre du recueil est du 27 juillet 1744. Pour des raisons inconnues, les éditeurs ont donc interrompu leur publication. Les Goncourt (*La Duchesse de Châteauroux* [154], 303, note) prétendent que cet exemplaire de la Bibliothèque Nationale est incomplet, et que le leur seul, provenant de la Bibliothèque de Maximilien de Bavière, donne la correspondance dans son entier. Je ne sais ce qu'est devenu leur exemplaire, mais l'indication est inexacte, puisque, de leur aveu même, il ne contenait, lui aussi, que 385 pages.

On lit à la page 369 la note suivante : « Les lettres de Mme de Tencin ont été imprimées jusqu'à cette feuille par les soins de M. de *** [Jean-Benjamin de Laborde] qui les tenait du maréchal de Richelieu : l'édition désormais en est soignée par M. Soulavie jusqu'à la fin du volume ». La part de Soulavie dans cette publication semble plus importante que cette note pourrait le laisser croire. La *Correspondance de Mme de Tencin*, comme tant d'autres mémoires et documents du xviiiᵉ siècle, sort de l'officine de Soulavie. Je n'ai pas à discuter ici les mérites de Soulavie éditeur et historien. Sa réputation est mauvaise. Il vaut mieux qu'elle. Ses récits, parfois fantaisistes, sont d'un pamphlétaire sans critique et sans impartialité, mais ses documents ne sont pas apocryphes : il en avait trop, et de trop curieux, pour s'amuser à en fabriquer de médiocres (cf. Mazon, *Op. cit.*

t. II, p. 203-264, et en particulier 210-1). Travaillant vite, et cherchant surtout un succès de scandale, il n'apportait point sans doute dans sa besogne d'éditeur la minutie et la précision d'un chartiste : il avoue lui-même (note citée de la page 369) « qu'il retranchera des phrases, où il n'est parlé que de la pluie et du beau temps, pour ne laisser que les fragments piquants ou historiques ». Nulle part l'orthographe des documents originaux n'est respectée, et c'est une licence plus que tolérable, car le livre eût été illisible ; « la table des chiffres et des noms déguisés », qui se trouve à la fin du volume (p. 385), ne donne la clef d'aucun chiffre, et reste, pour « les noms déguisés », à la fois insuffisante et inexacte : Il est certain que le *géomètre* (p. 5), désigne Voltaire, et non pas Richelieu, comme l'affirme l'éditeur (p. 7 des *Observations*) ; il est douteux que *Lespéroux* et la *Guimbarde* désignent toujours le Roi (cf. plus haut, chapitre III, p. 94 et note 4). Le livre a été imprimé hâtivement : il y a, dans le texte, des numéros de notes (p. 6, 9, etc.) qui ne renvoient à aucune note ; les fautes d'impression et les lacunes sont nombreuses : par exemple, la page 161 ne fait pas suite à la page 160 ; il manque des mots, peut-être même des phrases : « Heureuse || ronie ; je ne sais cependant », etc. ; il faut lire sans doute : « Heureusement..... La Peyronie ». Erreur plus grave, les dates sont parfois mal lues ou mal restituées : dans une lettre qui est inscrite au 12 décembre 1742, Mme de Tencin essaie de gagner Richelieu à la candidature de Marivaux contre celle de Voltaire ; or, Marivaux était élu depuis le 10 (cf. Larroumet, *Marivaux* [157 B], 119, note). Une autre lettre, datée du 17 janvier 1743, raconte la visite faite par Louis XV au cardinal de Fleury mourant ; or, le roi n'alla à Issy que le 19 (cf. Pierre Narbonne, *Journal des règnes de Louis XIV et Louis XV*, (édition Le Roi, Paris-Versailles, 1866, p. 588). La lettre du 12 avril 1744 fait suite manifestement à une lettre, qui a dû être écrite vers la fin de mars, et que l'éditeur inscrit au 8 mai (cf. plus haut, chapitre VI, p. 234 et note 1), etc., etc. Il faut donc user de ces textes en les contrôlant ; mais, à quelques détails près, ils sont authentiques. On en aura la preuve en comparant le texte de la lettre du 12 avril 1744, tel que le donne la *Correspondance* (p. 268-270), et celui de l'autographe même, que je possède. On verra que, l'orthographe exceptée, les différences sont rares et insignifiantes.

3. *Lettre de Mme de Tencin au duc de Richelieu, du 12 avril* [1744], 3 pages in-4, autographe, non signée, sans adresse, cachet conservé [1].

N° 4 [2].

à paris ce 12 avril [3].

J'ay receu toutes vos lettres mon cher duc une par le courier des salles [4] deux par celui de duvernay [5] et deux qui me sont venue de chè vous. avan que de vous parler d'autre chose il faut que je vous gronde sur la morale que vous me faite au suject de ce que je vous ay mendé des discours qu'on afectoit de me tenir. il semble à vous entendre qu'ils m'ont fait impretion. je vous battrois si je le croiès. pouvès [6] vous avoir le plus léger doute sur ma façon de penser pour vous [7]. je me méffierois de moy même plus tôt je ne dis pas que de me meffier de vous mais que davoir le plus léger ombrage. vous ne conoissè pas encore mon cœur et

1. Je ne note que les différences de texte, et non d'orthographe ou de ponctuation. Pour cette lettre, comme pour les autres lettres autographes de Mme de Tencin, j'ai introduit une ponctuation rudimentaire, afin d'en faciliter la lecture : l'original n'en porte aucune.

2. Ce numéro, qui est le n° d'ordre (cf. plus haut, chapitre VI, p. 224, note), n'est pas reproduit dans le texte imprimé.

3. Texte imprimé : *Paris, ce 12 avril 1744.*

4. Les Salles, amis de Mme de Tencin : elle parle souvent dans sa *Correspondance* (cf. [2], 373, etc.) de Salles du Fescq, pour qui elle voulait obtenir la charge de trésorier des États de Languedoc.

5. L'un des frères Pâris.

6. Texte imprimé : *Pensez-vous.*

7. Id. : *pour vous* est supprimé.

c'est là ce qui me fache. je vous ay dit ces[1] mauvais propos parce que je vous dis génerallement tout et que sur ce qui me regarde je me ferois un scrupule de vous taire la moindre chose. ne faut il pas vous instruire? Ne faut-il pas vous faire conoistre par cette circonstence que l'on vous tendoit[2] de tous costé des pieges? encore une fois dite vous bien que je douterois de moy même avan de douter de vous. demendé moy pardon et dite moy que cet de bon cœur que vous m'aimé et ce qui m'est plus important que vous ete assuré que je vous aime et que ma confience na et ne peut jamais souffrir la moindre attinte. jay fait exactement tout ce que vous m'avès mendé. la lettre qui ne pesche que par la longueur que je ne pouv[ois] éviter puisqu'il faloit les plus gra[nds] détails, partira ce mattin.

Un secretaire de mon frère a qui javois donné nos chiffres pour les mettre dans lordre du vostre les a esgarès. j'en refais un nouveaux que vous aurés emparti[3] par un courier qui partira ce soir. je vous écrirais par la même occasion. il a fallu courir au plus pressé et soulager mon cœur.

A ce recueil de Laborde et Soulavie vinrent s'ajouter, l'année suivante, cinq lettres nouvelles :

4 [Faur], *Vie privée du Maréchal de Richelieu, contenant ses amours et intrigues et tout ce qui a rapport aux divers rôles qu'a joués cet homme célèbre pendant plus de quatre-vingts ans....* A Paris, chez Buisson, libraire, rue Hautefeuille, n° 20, 1791, 3 vol. in-8. A l'appendice du tome II, p. 403-444, on trouve neuf lettres de Mme de Tencin à Richelieu, datées

1. Id. : *ce.*
2. Id. : *tend.*
3. Id. : *en partie* supprimé.

des 18 et 22 juin, 14 juillet, 1er et 13 août, 9 octobre, 8 novembre 1743 et 20 mars 1744. Les lettres des 18 juin, 13 août, 9 octobre et 8 novembre avaient déjà été publiées par Laborde et Soulavie. Mais les cinq lettres qui restent sont précieuses, et il importe d'en discuter l'authenticité. Ce groupe de neuf lettres a été réédité plusieurs fois dans les *Œuvres complètes* de Mme de Tencin, et dans les recueils épistolaires suivants :

5 A. *Lettres de Mmes de Villars, de La Fayette et de Tencin*, accompagnées de notes biographiques et de notes explicatives, Paris, Chaumerot jeune, 1805, 1 vol. in-12.

5 B. *Les mêmes*, réimprimées chez le même éditeur en 1823.

6 A. *Lettres de Mmes de Villars, de La Fayette et de Tencin et de Mlle Aïssé*, Paris, Léopold Collin, An XIII, 1805, 1 vol. in-12.

.6 B. *Lettres de Mme de Tencin à M. de Richelieu*, Paris, Léopold Collin, 1806, 1 vol. in-12 [tirage à part de l'édition précédente].

7. *Lettres de Mmes de Villars, de La Fayette, de Tencin, de Coulanges, de Ninon de L'Enclos, et de Mlle Aïssé*, accompagnées de notices biographiques, de notes explicatives et de *La Coquette vengée* par *Ninon de L'Enclos*, 3e édition, Paris, Léopold Collin, 1806, 3 vol. in-12.

Ces cinq lettres nouvelles appellent les mêmes réserves que la *Correspondance* publiée par Laborde et Soulavie. Les dates en particulier sont suspectes : la même lettre, inscrite par Soulavie au 8 octobre 1743, est datée du 8 novembre par Faur et du 18 novembre dans les *Lettres de Mmes de Villars*, etc. [5 A]. Mais ces négligences d'éditeur laissent intacte l'authenticité des textes mêmes : « Dans le cas du moindre doute sur l'authenticité de ces pièces, dit le prospectus relié en tête du tome I (Exemplaire de la B. N., Ln 27 17 426), on est prêt à en déposer les originaux chez un notaire ». Il ne faut pas voir dans ce défi une vantardise de faussaire. La *Vie privée du Maréchal de Richelieu* a été publiée par Faur pour faire pièce aux *Mémoires du Maréchal duc de Richelieu* [130 A]

composés par Soulavie. Celui-ci était alors brouillé avec
l'éditeur Buisson, et lui avait retiré la publication des
Mémoires du Règne de Louis XV, qui obtenaient un gros succès
de librairie (Mazon, *Op. cit.*, t. 1, p. 99). La *Vie privée du
Maréchal* est la riposte de Buisson. Si Soulavie avait eu le
moindre doute sur l'authenticité de ces nouveaux textes, il
n'aurait pas manqué d'en faire état dans sa polémique avec
Sénac de Meilhan, qu'il croyait être l'auteur de la *Vie privée*.
La lettre suivante au duc de Fronsac, fils du Maréchal de
Richelieu, semble au contraire admettre implicitement l'authenticité des documents employés par son rival. La lettre
a été publiée par le *Moniteur* du 20 février 1791 (Mazon, *Op.
cit.* t. 1, p. 55-6) : « ... Il paraît à présent, Monsieur, une
prétendue *Vie* de Monsieur votre père, en trois volumes,
chez M. Buisson, libraire; la vérité y est bien étrangement
défigurée.... J'y trouve, monsieur, avec mes apostilles, les
pièces originales que je vous ai rendues, en retirant un ré-
cépissé en 1789, et qui ne devraient pas s'y trouver; car,
tenant ces pièces de M. le Maréchal, vous les ayant offertes,
et engagé par vous à continuer mes travaux, vous avez
sanctionné ma propriété ». On doit donc utiliser ces « pièces »
avec la même prudence que les lettres publiées par Soulavie
lui-même, mais on peut les utiliser.

B. — Lettres a diverses personnes.

J'ai réuni ici toutes les autres lettres de Mme de Tencin,
qui me sont connues. Comme la plupart sont, je crois, inédites, ou se trouvent dans des recueils aujourd'hui rares,
j'en donne le texte intégral en suivant l'ordre chronologique.

8. *Lettre sans date à X...*, reproduite en fac-simile, dans
l'*Isographie des Hommes célèbres*, Paris, Mesnier, 1828-1830,
2 vol. in-4, t. II; cf. aussi *Mémoires du Comte de Comminge.
Le Siège de Calais*, notices et notes par M. de Lescure, Paris,
Quantin, 1885, 1 vol. in-8, p. 66-7 ; autographe.

Je vous suplie monsieur de vousloir bien suspandre

la réponse que vous devès faire à la lettre que vous
m'avès fait l'honneur de me montrer hier jusqu'à ce
que jay eu celuy de vous entretenir un moment.

Jay l'honneur destre monsieur avec un attachement
très respectueux votre très humble et très obéissante
servante.

DE TENCIN.

Ce semmedy.

9*. *Lettre de Mme de Tencin, Religieuse de Montfleury au R.
P. Maniquet, écrite vers juin 1706, Bibliothèque Mazarine. Mss
français, 2204, f° 56, copie du* xviii° *siècle. La lettre a déjà
été publiée, mais très inexactement, et d'une façon parfois
inintelligible, dans les* OEuvres complètes *de Mme de Tencin,
et dans les recueils épistolaires que j'ai cités, sous le titre
d'«* Extrait d'une lettre à M. de Fontenelle *» cf.* OEuvres [28], V,
328, *et* Lettres [5 A], 188. *Les mots et membres de phrases
entre crochets ont été supprimés ou modifiés dans le texte
traditionnel.*

Je ne sais si vous m'avez fait du bien ou du mal de
me donner quelque connaissance de la philosophie de
[M.] Descartes. Il ne s'en faut guère que je ne m'égare
dans les idées qu'elle me fournit : tous les tourbillons,
qui composent l'univers, me font imaginer que chaque
homme en particulier pourrait bien être un tourbillon.
Je regarde l'amour-propre, qui est le principe de
[tous les] mouvements, comme la matière céleste, dans
laquelle nous nageons. Le cœur de l'homme est le
centre de son tourbillon ; les passions sont les planètes
qui l'environnent ; chaque planète entraîne après elle
d'autres [petites] planètes, [qui sont à son égard ce que
la lune est à notre terre]. L'amour, par exemple,
emporte la jalousie ; elles s'éclairent réciproquement,

et par réflexion ; toute leur lumière ne vient que de celle que le cœur leur envoie. Je place l'ambition après l'amour : elle n'est pas si près du cœur que la première ; aussi la chaleur qu'elle en reçoit lui donne un peu moins de vivacité. L'ambition n'aura pas moins de satellites que Jupiter, mais il[s] deviendr[ont] différent[s], selon les différentes personnes qui composent les tourbillons. Dans l'une, la vanité, la bassesse, l'intérêt, [les inquiétudes] seront les satellites de l'ambition ; dans l'autre, ce sera la véritable valeur, la grandeur d'âme et l'amour de la gloire. La raison aura aussi sa place dans le tourbillon, mais elle est la dernière : c'est le bon Saturne : nous ne sentons [les effets de sa] révolution qu'après trente ans. Les comètes ne sont autre chose, dans mon système, que les réflexions : ce sont ces corps étrangers, qui, après bien des détours, viennent passer dans le tourbillon des passions. L'expérience nous apprend qu'elles n'ont [nulle part] ni bonnes, ni mauvaises influences. [Je ne vois autre chose dans la matière canellée, qui unit l'aimant avec le fer [1], que la sympathie dont les ressorts sont aussi surprenants que cachés]. Les taches, que nous remarquons dans notre soleil, [peuvent se rapporter, ce me semble, aux] effets que l'âge produit en nous : il affaiblit peu à peu, et fait enfin cesser la chaleur naturelle, dont le cœur tire toute sa [vivacité]. Peut-être [que le temps fera la même chose sur notre soleil] : nous ne différons avec lui que du plus ou moins de durée.

1. Sur cette « matière canellée, qui unit l'aimant avec le fer » — et non « matière *cachée* », comme impriment les éditeurs de Mme de Tencin, — cf. *Les Principes de la Philosophie*, IV⁰ partie, § 131-8 et 145-8.

10. *Lettre au comte de Hoym, du 9 mai* 1718, publiée par le baron Jérôme Pichon dans la *Vie du Comte de Hoym*, [155], II, 237-9 ; autographe.

A Paris, ce 9 may 1718.

De quoy vous avisé vous, Monsieur, d'estre Allemant et de vivre dans vostre païs? Croié moy, corrigé vous et revenés à Paris. La lettre que nous m'avés fait l'honneur de m'escrire est un nouvel angagement pour vous. Vous savés que vous ne deviés me donner de vos nouvelles que dans le cas de me revoir bien tôt. J'ay trouvé que vous écriviés trop bien pour vous dispanser de vostre parolle. Auseray-je vous dire, Monsieur, que vous avés déjà perdu quelque chose de votre politesse? Pourquoy par exemple escrire si bien? Il auroit esté mille fois plus galan de me convincre que j'avois tort quand je soutenois contre vous que les hommes l'emportoit sur les dames, mesme pour le stille.

On vous a mandé sans doute l'insandie. Si vous an étiés bien curieux, on pourroit même vous an anvoyer le portrait. Un peintre qui logeait dans le mesme lieux a abandonné la maison aux flames pour ce mesnager le plaisir de pindre l'embrasement. La superstition a allumé les feux, elle a voulu aussi se mesler de l'étindre. Un homme vint avec empressement s'aufrir de conjurer le feux, mais M. de Macho anvoya assés insivillement le conjureur an prison et ne voulu d'autre secours que ceux des charpantier.

Nos spectacles ressembleron bien tost au vostres au moins par les acteurs. Beaubour a quitté la comédie; la Démar nous menasse d'en faire autan. Les comédiens italien donne assés souvent des pièce françoise de l'ancien théâtre. Vous seriez hétonné de voir ses acteurs dont vous avés admiré la vivassité jouer aussi froidement quand ils sont obligée de se servir de leur mémoires que les plus mauvais acteurs de la commedie françoise.

M. l'abbé de Saint-Pierre a esté chassé de l'Académie au sujet d'un livre qu'il a fait sur la pluralité des conseils. On dit que ce malheureux trait (?) augmentera la liste de ceux qui ont été puni pour avoir dit la vérité. Ce livre attaque la mémoire de Louis XIV. M. le maréchal de Villeroi an a demandé la suppression et la punission de l'autheur. Voislà la première victoire que ce mareschal a remporté sur les ennemis du feu Roy.

M. de Fontenelle se plaint de votre oubli. Il me prie de vous faire bien des complimens. Adieu, Monsieur, je souhaite que vous ayé par semaine sain ou sis repas pareil à ceux dont vous me feste la description. Anfain je vous recomande à l'Ennui. J'espère de ceste puissante divinité, que nous aurons bientôt le plaisir de vous revoir. Je suis, Monsieur, avec des sentimant destimes très particullier, vostre très humble et très obéissante servante.

DE TENCIN.

11*. *Lettre au cardinal Gualterio*[1], *du 17 janvier* 1723, British Museum, Addit. Mss., 20 400, f° 49 ; autographe.

MONSEIGNEUR,

Je reçois avec autan de respect que de plaisir les marques de bonté que votre eminence veut bien me

---

1. Le cardinal Gualterio ou Gualtieri (1660-1728) avait été nonce à Paris en 1700 ; prélat érudit, resté en relations avec beaucoup d'hommes de lettres et de gens de cour, il était très attaché à la France, qui d'ailleurs le pensionnait grassement.

donner. Au commencement de cette année mon frere d'allieurs ne me lesse pas ignorer celles dont vous lhonnorés. incy je me trouve angagée à une double reconnaissance à votre égar. je fois les veux les plus sainceres et les plus ardans pour que vous jouissiés de tout le bonheur que votre éminence mérite et dune santé parfaitte. ces mesme veux ceront entierement remplis si vous ete persuadé du véritable attachement et du proffond respect avec lequel jay l'honneur d'être monseigneur de v[otre] E[minence] la très humble et tres obéissante servante.

De Tencin.

paris ce 17 janvier 1723.

12°. *Lettre au cardinal Dubois, du 7 mars 1723,* Archives des Affaires étrangères, *Rome,* t. 646, f°s 239-240; autographe.

Je prend la liberté de faire souvenir vostre eminance de ce qui est dut à mon frère, est de luy représanter que jay pris des engagement pour luy auquel je ne puis satisfaire si elle na la bonté de me faire payer le cartier de janvier qui eschoit a la fain de ce mois.

Jay eu aussi lhonneur de donner a vostre eminance un mémoire consernan les bois est les forges de la province de dauphiné. cette afaire est dune tres grande consequance pour le commerce est pour la plus grande partie de la noblesse, est mes frères y sont particullièrement interessé. le procureur g(é)n(ér)al du parlement a eu lhonneur d'an escrire à vostre eminance est doit naturellement attandre ses ordres pour agir. nous aprenons cependan que le parlement est sur le point de faire un réglement, et comme linterest de quelque particullier pouroit bien lemporter pres deux sur ce luy de la province est du comerce. je suplie vostre éminance de faire escrire au procureur g(é)n(ér)al de suspendre cette afaire jusqu'à ce quelle est le temps de san faire rendre conte.

Jay lhonneur destre monseigneur de vostre éminance la tres humble et tres obéissante servante.

De Tencin.

ce 7 mars.

13*. *Lettre au cardinal Dubois, du* 12 *avril* 1723, Archives des Affaires étrangères, *Rome*, t. 647, fᵒˢ 127-8 ; autographe.

J'ay eu lhonneur monseigneur d'ecrire a vostre éminance pour luy demander le cartier de janvier qui est dut à mon frère. je la supplie très humblement de vous loir bien faire quelque attention a ma lettre. il est important pour moy que vous ayés cette bonté puisqu'il s'agit de parolles d'honneur que jay données. vous monseigneur qui avés rétablis la vérité est la confiance dans l'europe ne vous driés pas qu'une personne que j'ose dire que vous devés aimer est qui vous est aussi particulliérement attachée manquast à ses engagements.

Jay l'honneur destre monseigneur de vostre éminance avec tout le respect possible vostre très humble et tres obeissante servante.

De Tencin.

ce 12 avril.

14. *Lettre au comte d'Argenson, du* 4 *juillet* 1723, Bibliothèque de l'Arsenal, Archives de la Bastille, nᵒ 10767, fᵒˢ 53-4 ; original, signature autographe, cachet conservé ; communiquée par M. Frantz Funck-Brentano à la *Nouvelle Revue rétrospective,* juillet-décembre, 1895, p. 120.

à Paris ce 4 juillet.

Je vous prie, mon cher petit, de vouloir vous adoucir pour les Srs Besson et Vernet [1]. Une personne pour qui je m'intéresse m'a demandé d'écrire en leur faveur. J'espère que vous voudrés bien à ma prière ne leur estre pas contraire. On dit qu'ils ont esté arrestés pour une chose de peu d'importance. Adieu, je suis avec un tendre attachement votre très humble et très obéissante servante.

DE TENCIN.

Monsieur
Monsieur le comte d'Argenson
Lieutenant g(é)n(ér)al de police
à Paris.

15. *Extrait d'une lettre au comte de Hoym, fin 1723 ou début 1724*, publiée par le baron Jérôme Pichon, dans la *Vie du Comte de Hoym* [155], l, 34 note. L'éditeur « croit » que cette lettre est de 1721, mais l'allusion aux évêchés vacants permet de rectifier cette supposition. L'évêque de Nantes, M. de La Vergne de Tressan avait été transféré à l'archevêché de Rouen en octobre 1723 : c'est donc entre cette date et celle de la nomination de Tencin à l'archevêché d'Embrun qu'il faut placer ces quelques lignes.

Si vous n'allez (sic) à Versailles ce soir, je vous prie de vous souvenir de Besançon, de Nantes et de Marseille, qui peut être vacant par la démission de l'archevêque d'Arles [2].

16*. *Extrait d'une lettre à l'archevêque d'Embrun, son frère,*

1. Le dossier fait connaître que les sieurs Besson et Vernet avaient été emprisonnés pour « billets non visés » et « trafic et commerce d'effets annulés ».
2. Marseille n'était pas vacant; Besançon l'était depuis mai 1721.

du 31 *juillet* 1724, Archives des Affaires étrangères, *Rôme,* t. 657, f° 29 ; copie du xviii° siècle.

Il se répand beaucoup de bruit sur le mécontement où l'on est à Rome du cardinal de Rohan. Je suis persuadée qu'il trouvera des changemens désagréables pour luy en ce pays-cy.

Il revient de tous costés des choses agréables pour vous ; elles augmentent encore l'envie que j'aye de votre retour. Je vois clairement que vous n'auriès qu'à perdre en restant à Rome.

On parle beaucoup ici de l'affaire d'Esp(agn)e. On prétend que les cartes sont très brouillées. Il y a même des négociants de ce pays-là qui écrivent icy que les français sont prests à revenir.

J'ay dit au cardinal de Bissy toutes les plaintes que le cardinal de Polignac faisoit de vous. Elles luy ont paru comme à moy, c'est-à-dire misérables. Il a parlé sur votre compte à Chantilly avec toutes sortes d'amitiés et d'éloges. Il m'a dit qu'on n'estoit point encore déterminé sur le choix d'un ambassadeur, et pour vous dire plus, on ne sait encore si on vous y laissera ou si l'on chargera M. le cardinal de Polignac des affaires. Si M. de Morville n'étoit parti hier à six heures du matin, M. de Fontenelle l'auroit vu sur tout cela, et en auroit peut-être sceu davantage. Il faut attendre à la semaine prochaine.

Je conviens avec vous de la médiocrité de la *pendule* [1] ; on ne laisse cependant pas de s'en accommoder beaucoup.

1. Jargon conventionnel ; de même : « la fortune », « le prédicateur », « les façons (?) ».

La fortune perd tous les jours de ses droits ; il faut convenir aussi qu'elle n'est pas conduite par la prudence ; je crois le prédicateur dans la crédulité. Les façons (?) en paroissent le lien.

On m'a dit que le cardinal Paulucci penchoit à la manche quant au crédit ; ce qui me fait de la peine par rapport à M. l'Archevêque que je sais être de ses amis.

L'ambassade d'Espagne devient tous les jours plus incertaine.

17. *Lettre à M. Cottin, du 2 octobre* 1725, Bibliothèque Nationale, Mss Clairambault, 1089, f° 151 ; copie du xviii᷉ siècle, reproduite, avec quelques variantes insignifiantes, dans les *Mélanges historiques* de Boisjourdain [140], II, 39.

Je suis bien touchée, Monsieur, de vos bontés et des marques d'amitié que je reçois de vous dans cette malheureuse occasion. Quoiqu'il puisse m'en coûter, je suivrai le parti que j'ai pris : j'en ai trop senti la nécessité. Votre ami et moi ne pouvons plus penser l'un pour l'autre comme nous avons pensé. Quand la tendresse a été altérée jusqu'à un certain point, elle ne peut revenir comme elle a été. D'ailleurs, je me dois à moi-même de finir un commerce, où je n'ai trouvé depuis plusieurs mois que des amertumes et des sujets de désespoir. Votre ami n'est pas aussi touché que vous le croyez. Je vous ferai voir des lettres qu'il m'a écrites, et vous jugerez, par ce qu'elles contiennent, qu'il n'est pas un moment dans des sentiments dont je puisse être contente. En un mot, son caractère, d'ailleurs plein de probité, n'est pas propre pour un

commerce tel que le nôtre devait être. Je serai toute
ma vie de ses amies, et je voudrais lui en donner des
marques réelles ; mais c'est tout ce que je puis pour lui
présentement. Il m'a mis dans la nécessité de faire un
effort pour m'arracher des sentiments, qui faisaient le
malheur de ma vie, et qui en devraient faire le
bonheur. Je ne puis oublier que ses emportements
m'ont exposée à ce qu'il y a de plus terrible, et qu'il a
eu des soupçons de ma conduite, dont mon caractère
devait m'épargner la honte. Adieu, mon cher Monsieur,
je vous embrasse de tout mon cœur. Je vous prie de
dire à votre ami qu'il ne doit plus songer à me voir.

A Monsieur, Monsieur COTTIN.

18 A'. *Lettre au cardinal de Fleury, du 25 juin 1730, ap.*
N.-L. Le Dran, *Sur le progrès de la fortune de l'abbé de Ten-*
cin, etc. [111], 73, fᵒˢ 92-4 ; copie du xviiiᵉ siècle.

Je garderais un silence respectueux sur la réponse
que Votre Éminence a daigné me faire, si je n'y voyais
avec douleur des marques sensibles de l'impression
désavantageuse que ma dernière lettre lui a donnée de
ma sincérité. Pardonnez-moi, Monseigneur, la liberté
que je prends de combattre cette impression que je ne
puis laisser dans l'esprit de Votre Éminence ; je me
suis sans doute mal expliquée dans ma lettre ; il faut
qu'en protestant que je ne me mêlais ni ne m'étais mêlée
des affaires présentes, je n'aie pas assez marqué la
distinction que je fais entre savoir les choses et s'en
mêler ; je suis trop attachée à mon frère, pour avoir
ignoré ses démarches ; j'ai reçu ses lettres ; j'ai distribué quelques-uns de ses ouvrages imprimés ; mais

tout cela n'est pas faire des intrigues, ni se mêler
contre la bienséance de mon sexe des affaires en question ; et, mon frère étant dans le parti de l'Église et de
l'État, je n'ai pas cru ni dû soupçonner qu'il fît rien
contre les vues du gouvernement ; j'ai su en particulier
son dessein de se séparer de communion d'avec M. de
Montpellier, mais je proteste à Votre Éminence qu'il
n'y a point eu d'entrevue chez moi, sur ce sujet, ni
d'évêques, ni d'autres ecclésiastiques. Il pourrait y en
avoir eu, Monseigneur, que je n'aurais pas cru pour
cela avoir rien fait qui pût déplaire à Votre Éminence,
et m'attirer le reproche de me mêler des affaires qui
ne me conviennent point ; mais, encore une fois, j'ose
protester devant Dieu qu'il ne s'est fait chez moi, pour
cela ni pour autre chose, aucune assemblée d'évêques,
ni en général d'ecclésiastiques ; et, si j'avais pu me
faire quelques reproches à cet égard, je vous aurais,
Monseigneur, avoué ma faute ingénument, bien assurée
du pardon, par la confiance que j'ai en la bonté naturelle de votre cœur et en la bienveillance particulière
dont vous m'avez toujours honorée.

18 B*. *Seconde lettre au cardinal de Fleury, du 25 juin* 1730 ;
cf. N.-L. Le Dran, *Id.* [111], 73, f° 94 r° et v°. « A cette lettre
(la précédente), Mme de Tencin en joignit une seconde, du
même jour, 25 juin, pour supplier Son Éminence de procurer à l'archevêque d'Embrun, son frère, quelques marques
de la satisfaction de Sa Majesté, pour le consoler des dégoûts
qu'il recevait ; cette lettre finissait dans les termes suivants » :

Considérez, Monseigneur, qu'il est dans un pays
affreux, abandonné à lui-même, sans aucun secours, et
qu'il a besoin de quelque consolation.

19. *Lettre à Mme Dupin, à Chenonceaux par Amboise, du 30 juin 1735*, dans le *Portefeuille de Mme Dupin*, dame de Chenonceaux, publié par le comte Gaston de Villeneuve-Guibert, arrière-petit-neveu de Mme Dupin, Paris, Calmann-Lévy, s. d. [1884], 1 vol. in-8, p. 477-9.

A Paris, ce 30 juin 1735.

Vous êtes une friponne, ma belle petite dame, quand vous me dites : *mon abbé*[1]; vous savez bien, en votre conscience, que cet abbé ne sera ni à moi ni à personne, qu'autant que vous le voudrez. Le voilà attaché à votre char ; il est vrai que les chaînes sont de roses ; ce sont cependant des chaînes, et je ne sais ce que dit la philosophie de voir un de ses plus chers nourrissons garrotté de cette sorte. La description que vous me faites de vos promenades nous a beaucoup divertis ; je dis nous, car je n'ai pas l'injustice de garder pour moi seule d'aussi jolies lettres que les vôtres. En vérité, je vous loue et je vous admire de vous admirer[2] comme vous faites à votre campagne ; je vois que vous avez autant de raison que d'agrément. Je ne doute pas que ce soit là ce que votre abbé dit à la philosophie pour s'excuser. Quand nous le renverrez-vous? Je vous conseille cependant de le garder le plus que vous pourrez.

Nous avons dîné chez M. de Fontenelle et chez le commandeur. La compagnie n'étoit composée que de vos amis. Madame et mademoiselle du Bouchet[3] sont parties pour leur campagne le lendemain du jour que

1. L'abbé de Saint-Pierre.

2. *Sic.* Peut-être y a-t-il faute de lecture ou d'impression. Ne faudrait-il pas lire : « je vous admire de vous *amuser* »?

3. Mlle du Bouchet épousa plus tard le neveu de Mme de Tencin, d'Argental.

nous avons dîné chez le commandeur. Nous avons fait ce que nous avons pu pour obtenir de Madame du Bouchet de rester encore quelques jours; mais il n'y a pas eu moyen, elle s'est piquée de suivre sa première résolution. Son opiniâtreté lui a paru fermeté, et elle s'en est remerciée. Rien ne prouve plus le mérite de la fille que la sottise de la mère : il faut que l'une soit bien aimable, pour faire supporter l'ennui que l'autre donne. Je vous avoue que, pour moi, elle me met dans des impatiences que j'ai beaucoup de peine à dissimuler. Nous avons résolu de les aller voir à la campagne; je m'y suis déterminée, parce que l'on m'a assurée qu'on la voyoit moins là qu'ailleurs. N'êtes-vous pas bien aise que le commandeur nous reste? pour moi, je meurs de peur que quelqu'un ne l'enlève à notre société. Il trouvera quelque joli minois qui lui plaira, et nous ne le verrons plus. J'en serois tout à fait affligée : il gagne beaucoup à être connu; j'ai des preuves, en mon particulier, de sa droiture et de la bonté de son cœur. Je vous dirai cela, quand nous aurons quelqu'une de ces conversations, où vous avez la complaisance de paraître oublier l'heure.

Adieu, ma belle petite dame : il faut, s'il vous plaît, que cette lettre vaille quelque chose à l'abbé; si vous m'aimez, vous l'embrasserez pour moi des deux côtés. M. de Fontenelle dit qu'il a toujours aimé ce qui n'était que simplement joli, que vous jugiez par là de ce qu'il sent pour vous! J'ai eu bien de la peine à vous dire quelque chose d'aussi galant de sa part; mais il m'a menacée, à mon refus, de vous l'écrire lui-même. Je vous embrasse, ma chère friponne, d'aussi bon cœur

que je vous demande d'embrasser l'abbé, qui est vôtre,
et qui n'est plus que vôtre.

19 bis. Lettre au cardinal de Fleury, du 6 septembre* 1739,
Archives des Affaires étrangères, *Mémoires et documents*
(petits fonds), n° 1558, f°ˢ 178-9 ; autographe.

Je suplie V[otre] E[minence] de me permettre de
faire ce que mon frère feroit s'il étoit ici c'est Monseigneur de prendre la liberté de vous solissiter en faveur
de M. le présiden Baral notre cousin germain[1]. ses
longs servisses luy donnent droit d'esperer que vous
vousdrès bien pencer a luy pour remplir la place de
premier president du parlement de Grenoble que la
mort de Mr de Gramon vien de laisser vacante. Les
bontés dont V[otre] E[minence] honore mon frère for-
tifie cette espérance. Nous en attendons dans cette
occasion Monseigneur ce nouveau témoignage. il ne
pourra rien ajouter à ce que nous sentons de respect,
de tendresse et d'affection. ces sentiment nont pas
attendu la reconnaissance pour naitre en nous.

Jay lhonneur d'être de V[otre] E[minence] Monsei-

---

1. Le président de Barral, président à mortier au Parlement de
Grenoble, convoitait la succession de M. de Gramont qui venait
de mourir le 3 septembre. On trouvera dans le même dossier
toutes les pièces de cette candidature, qui fut malheureuse ; voici
en effet (f° 183) la réponse de Fleury à Mme de Tencin (minute
autographe) : « A Mme de Tencin, 7 septembre 1739. Je suis bien
fâché, Madame, de ne pouvoir faire ce que vous souhaitez pour
M. le président Baral, mais il y a plus de quatre ans que le Roi a
pris un engagement qu'on ne peut se dispenser de remplir. Je
connois le mérite et les services de M. de Baral, et je souhaite
qu'il se présente quelque autre occasion de luy rendre service.
Je vous prie d'être persuadée aussi de tous les sentiments avec
lesquels je suis, Madame, le cardinal de Fleury. »

gneur avec le plus respectueux dévouement la tres humble et très obéissante servante.

DE TENCIN.

à paris ce 6 7bre.

20. *Lettre de Mme de Tencin au pape (Benoît XIV* [1]*) pour le remercier de son portrait qu'il lui avait envoyé, de janvier* 1742, dans les *Mélanges historiques* de Boisjourdain [140], II, 45-6.

Très Saint-Père, le portrait de Votre Sainteté, dont elle a daigné m'honorer, n'est pas chez moi sous un dais ; mais, à la place de cette marque extérieure de respect qui m'est interdite, mon cœur rend à Votre Sainteté un hommage plus digne d'elle, et, si j'ose le dire, peut-être plus flatteur ; c'est, Saint-Père, celui de ma tendresse, de ma soumission et de mon zèle, sentiments dans lesquels je ne le cède pas même à mon frère. Ce n'est plus le chef de l'Église qui me les inspire ; je prends la liberté de vous dépouiller de tout ce qui vous est étranger, pour admirer les rares qualités et les hautes vertus qui vous sont personnelles. Avant que votre nom pût être mis au nombre de ceux qui ont illustré la tiare, vous teniez le premier rang parmi les savants les plus illustres ; votre affabilité, Saint-Père, votre bonté, votre fidélité dans l'amitié, qui vous a fait de tendres amis de ceux qui sont devenus vos enfants, mes vœux, plaçaient depuis longtemps Votre Sainteté sur la chaire de Saint-Pierre. J'étais votre fille spirituelle, avant que vous fussiez le père commun des fidèles. Aussi l'exaltation de Votre Sain-

1. Sur l'amitié de Benoît XIV et de Mme de Tencin. cf. plus haut, chapitre V, p. 195-198.

teté n'a-t-elle produit en moi aucun sentiment nouveau
que je puisse remettre à vos pieds; mais le précieux
don qu'elle m'a fait m'a donné de nouveaux besoins.
Il me faudrait, Saint-Père, des indulgences particulières, pour effacer le reste de l'orgueil dont je ne puis
me défendre, depuis que j'ai été honorée du présent
de Votre Sainteté.

21. *Lettre à lord Chesterfield, du* 22 *octobre* 1742, dans les
Miscellaneous Works de Chesterfield [90 bis], II, 41-5.

Paris, ce 22 octobre 1742.

Je voudrais, mylord, que vous eussiez été témoin
de la réception de votre lettre[1]. Elle me fut remise par
Mr. de Montesquieu au milieu de la société que vous
connaissez. Ce que vous me dites de flatteur m'empêcha
quelques momens de la montrer, mais l'amour-propre
trouve toujours le moyen d'avoir son compte. Le mien
me suggéra que c'étoit une injustice de vous ravir, sous
prétexte de modestie, des louanges dignes de vous.

La lettre fut donc lue, et ne le fut pas pour une fois.
Il faut vous l'avouer, l'effet qu'elle produisit fut bien
différent de celui que j'attendois: Ce mylord se moque
de nous, s'écria Mr. de Fontenelle qui fut suivi des
autres, d'écrire en notre langue, mieux et plus correctement que nous. Qu'il se contente, s'il lui plaît, d'être
le premier homme de sa nation, d'avoir les lumières et
la profondeur de génie qui la caractérisent; et qu'il ne
vienne point encore s'emparer de nos grâces et de nos
gentillesses.

1. C'était une lettre d'introduction pour Mme Cleland auprès de
Mme de Tencin. On trouvera cette lettre plus haut, chap. V., p. 190-4.

Les plaintes et les murmures de l'assemblée dureraient encore, si, après avoir convenu bien franchement de vos torts, je ne m'étois avisée de rappeler les agrémens et la douceur de votre commerce. Qu'il nous revienne donc, dirent-ils tous à la fois, nous lui passerons alors d'avoir plus d'esprit que nous.

J'ai un frère qui est tout à fait de cet avis; il m'a chargée expressément de vous dire, mylord, que s'il avait été ici, il aurait pris sa part de l'honneur que vous me faisiez de venir chez moi. Je n'eus qu'hier celui de voir Mme de Cleland[1]. Je meurs de peur qu'à force de vouloir bien faire, je n'aye fait tout de travers: c'est votre faute, mylord; pourquoi me donnez-vous à soutenir l'opinion trop avantageuse que vous avez prise de moi, auprès d'une des femmes de toute l'Angleterre la plus aimable, et, à ce que vous me mandez vous-même la plus éclairée? Je lui ai fait part d'un château en Espagne que je bâtis pour vous, qui ne seroit point si château en Espagne, si vous vouliez. En cas qu'il réussit, j'espère que nous y ajouterons un appartement pour Mme de Cleland.

J'ai chargé mon mari[2] de vous faire souvenir quelquefois de moi; ne voulez-vous pas bien, mylord, que je prenne la liberté de vous charger à votre tour de ma

---

1. Il est probable que cette Mme Cleland était la veuve de William Cleland, ami écossais de Pope, et qui venait de mourir en 1741.

2. On a vu plus haut, chap. I, p. 26, que Mme de Tencin s'appelait elle-même « la femme de Schaub »; il me paraît donc vraisemblable que ce doit être lui qu'elle désigne. Chesterfield et Schaub étaient en effet très liés, « extremely intimate » : cf. M. Maty, *Memoirs of Lord Chesterfield*, en tête de son édition des *Miscellaneous Works* [90 *bis*], I, 188-9.

tendresse pour lui? Il seroit ma caution, mais j'aurois bien perdu mon tems si j'en avois besoin, et si vous n'étiez pas bien persuadé des sentimens qui m'attachent à vous, et du respect avec lequel j'ai l'honneur d'être,

Mylord,

Votre très humble et obéissante servante,

De Tencin[1].

C'est une gloire pour la langue Françoise, qu'un seigneur Anglois ait pris la peine de l'apprendre aussi parfaitement que je vois que vous la savez, mylord; mais trouvez bon que je vous donne un petit avis à l'oreille. Prenez garde, s'il vous plait, de ne vous point trop attirer la jalousie des auteurs François; pour moi, qui aspire à avoir un peu de raison, je suis encore, et serai toujours, avec tout le respect possible,

Mylord,

Votre, etc.

Fontenelle.

22*. *Lettre à Gabriel Cramer*[2], *du 4 septembre* 1748, British

1. Chesterfield répondit (*id.*, II, 45) : « S'il y avait au monde un discernement que je respectasse plus que le vôtre, vous seriez fort mal avec moi, d'avoir exposé à la critique des souverains arbitres du goût et de l'éloquence une lettre que les ordres de Mme Cleland m'avoient arrachée, et qui aurait dû souhaiter l'oubli au lieu de l'examen ; mais, avec tout le respect que je dois à ces Messieurs, dès qu'il me faut subir votre jugement, je ne me mets point en peine du leur. Je suis sûr qu'ils me pardonneront, et même qu'ils approuveront ce sentiment ».

2. Sur Cramer et Jalabert, cf. Jean Senebier, *Histoire littéraire de Genève*, Genève, Barde, Manget and Cᵇ, 1786, 3 vol. in-8, t. II, p. 104-112 et 126-133 ; Charles Borgeaud, *Histoire de l'Université de Genève*, I, *L'Académie de Calvin*, Genève, Georg, 1900, in-fº. p. 502-4 et 564-9. — Sur leurs relations avec Mme de Tencin, cf. plus haut, chapitre V, p. 194-5.

Museum, Addit. Mss. 23 889, f° 46 ; original, signature auto-graphe.

A Passy, ce 4 7bre 1748.

J'aurois été bien fachés, Monsieur, si les lettres que vous mavés fait l'honneur de mecrire ne metoient pas parvenües, ce sont des titres pour moy de votre amittiez et si je pouvois croire tous ce que vous me ditte de flateur ce seroit encore une preuve que jaurois quelques méritte, mais je nay garde de prendre pour vray des choses que je ne doit qua votre politesse. Je me rend justice, je sait aussi la rendre aux autres, jugez par la monsieur de lestime que vous mavés inspirés et du désire que jay davoire quelques parts dans lhonneure de votre souvenir. Jaurois presque regret davoire fait connoissance avec vous si je navois lesperance que nous nous reverrons dans ce païs cy. La douceur et lagrement que vous mettez dans la société nauroit été remplacé (que ?) par votre amy monsieur Jalabert, s'ils pouvois lettre. Nous lavons trouvés tel que vous le dépégné, je ne lait pas veü autan que je lauroit souhaité. Ce n'est pas ma faute, il a voulu me faire croire quil lauroit souhaitez autan que moy et javoue que je nait pu me refuser au plaisir de pensé quil ma dit vray. Vous êtes tous deux bien digne detre amis l'un de l'autre. Heureux ceux a qui vous trouveriez assé de merite pour être admis dans une sociétés ou le cœur et lesprit trouveroient également leur compte. Je sais que si jetois aportés de jouir de cette avantage jaurois la vanité dy prétendre. je me rend témoignage que jen suis au moins digne par mes sentimens. Je suis Monsieur avec un tres véritable

attachement, votre tres humble et tres obéissante servante.

DE TENCIN.

Je suis chargés de vous faire les honneurs de tous
nos convives surnommé les belles[1].

III. — ESSAI DE BIBLIOGRAPHIE

A. — OEUVRES DE MADAME DE TENCIN.

1. — Éditions originales.

23. MÉMOIRES ‖ DU COMTE ‖ DE COMMINGE. ‖ A La Haye (Paris), ‖ chez
J. Néaulme, Libraire. ‖ MDCCXXXV. 1 vol. in-12 de 184 p.

L'édition originale contient cet *Avis au lecteur*, qui n'a plus été
reproduit : « Ce manuscrit a été trouvé dans les papiers d'un
homme après sa mort. On voit bien qu'il a donné des noms faux
à ses personnages, et que ces noms sont mal choisis; mais on a
donné le Manuscrit tel qu'il étoit, et sans y avoir rien changé. Du
reste on a lieu de croire que les événemens sont vrais, parce
qu'on a d'ailleurs quelque connaissance de la façon dont le Manuscrit est venu entre les mains de celui chez qui on l'a trouvé ».

Je ne dresserai point ici la liste bibliographique de toutes les
rééditions du *Comte de Comminge*. J'en donne seulement les
dates : elles peuvent servir à l'histoire de l'influence et de la réputation de Mme de Tencin. Sauf indication contraire, ces rééditions
ont été faites à Paris : 1765, 1786, 1804, 1808, 1812, 1815, 1816,
1818 (Avignon), 1820, 1821 (Avignon), 1823, 1825, 1826, 1828 (traduction espagnole), 1831, 1834, 1835, 1836, 1846, 1861, 1864, 1865,
1882, 1885, 1890 (Berlin), 1893, 1908.

---

1. J'ignore qui sont ces « belles » : N'ayant pas vu l'original
de cette lettre, j'avais supposé que mon copiste avait mal lu, et
qu'il fallait lire sans doute « les bestes » ; ç'aurait été alors une
allusion à la « ménagerie » de Mme de Tencin (cf. plus haut,
chap. V, p. 248); mais M. J. C. W. Hiley, qui a bien voulu revoir
le texte pour moi, m'assure « qu'on ne peut lire que *belles* ».

24. LE SIÈGE ‖ DE ‖ CALAIS, ‖ *Nouvelle Historique*. ‖ A La Haye (Paris), ‖ chez Jean Néaulme. MDCCXXXIX, 2 vol. in-12 de 271 et 282 p.

L'édition originale s'ouvre par une *Epître Dédicatoire*, qui n'a pas toujours été reproduite dans les éditions suivantes : « C'est à vous que j'offre cet ouvrage ; à vous à qui je dois le bonheur d'aimer. J'ai le plaisir de vous rendre un hommage public, qui cependant ne sera connu que de vous ».

Le Siège de Calais a eu 3 éditions l'année même de son apparition. Autres rééditions : 1740, 1781, 1786, 1804, 1808, 1812, 1815, 1820, 1823, 1825, 1826, 1827, 1831, 1834, 1835, 1836, 1840, 1849, 1853, 1864, 1885, 1890 (Berlin).

25. LES ‖ MALHEURS ‖ DE ‖ L'AMOUR. ‖   — *Insano nemo in amore sapit*, Propert. ‖ A Amsterdam (Paris). ‖ MDCCXLVII, 2 vol. in-12 de 247 et 319 p.

L'édition originale s'ouvre par une *Epître Dédicatoire à M.....* qui n'a pas toujours été reproduite dans les éditions suivantes : « M. Je n'écris que pour vous. Je ne désire des succès que pour vous en faire hommage. Vous êtes l'Univers pour moi ».

Rééditions : 1761, 1786, 1789 (sous ce titre : *Louise de Valrose ou Mémoires d'une Autrichienne*, traduits de l'allemand sur la troisième édition, Paris, 1 vol. in-12), 1804, 1808, 1812, 1820, 1825, 1831, 1849, 1861, 1864, 1865. Il faut y joindre une réédition sans date.

26. ANECDOTES ‖ DE LA COUR ‖ ET DU RÈGNE ‖ D'ÉDOUARD II, ‖ ROI D'ANGLETERRE. ‖ par M^{de} L[a] M[arquise] D[e] T[encin], et M^{de} E[lie] D[e] B[eaumont], ‖ A Paris, ‖ chez Pissot, libraire, quai des ‖ Augustins. ‖ MDCCLXXVI. ‖ Avec Approbation et Privilège du Roi.

L'édition originale renferme un *Avertissement de l'éditeur*, qui n'a plus été reproduit : « On ne cherchera point à prévenir le public sur le mérite du Roman qu'on lui présente ici. Il suffira peut-être pour exciter sa curiosité, de dire que Madame de Tencin, auteur du *Siège de Calais* et du *Comte de Comminge*, en a écrit les deux premières parties, qui, à sa mort, ont été trouvées dans ses papiers ; et que Mme E[lie] D[e] B[eaumont], auteur des *Lettres du Marquis de Rozelle* [Paris, Cellot, 1764, 2 vol. in-12], a bien voulu se charger de finir l'ouvrage, sans avoir d'autre guide dans ce travail que l'histoire d'Angleterre et sa propre imagination ».

Rééditions : 1786, 1804, 1808, 1812, 1820, 1825, 1831, 1864.

2. — *OEuvres complètes.*

27. *OEuvres de Mme de Tencin* [précédées d'*Observations sur les romans et en particulier sur ceux de Mme de Tencin*, par M. Delandine, correspondant de l'Académie royale des Belles-Lettres et inscriptions, etc.], à Amsterdam, et se trouve à Paris, MDCCLXXXVI, 7 vol. in-12.

28. *OEuvres complètes de Mmes de La Fayette et de Tencin*, nouvelle édition revue, corrigée, précédée de notices historiques et littéraires [par MM. Auger et Colnet], et augmentée de la *Comtesse de Tende* par Mme de La Fayette, de la *Correspondance de Mme de Tencin avec M. de Richelieu*, de la *Comtesse de Savoie* et d'*Aménophis* par Mme de Fontaines, etc. A Paris, chez Colnet, an XII, 1804, 5 vol. in-8. [Les œuvres de Mme de Tencin occupent les tomes IV et V.]

29. *Les mêmes.* A Paris, chez Colnet 1808, 4 vol. in-8.

30. *OEuvres complètes de Mme de Tencin*, nouvelle édition, revue, corrigée et précédée d'une notice historique et littéraire, Paris, d'Hautel, 1812, 4 vol. in-18.

31. *OEuvres complètes de Mmes de La Fayette et de Tencin*, nouvelle édition, revue, corrigée, etc., à Paris, chez la veuve Lepetit, 1820, 4 vol. in-8.

32. *OEuvres complètes de Mmes de La Fayette, de Tencin et de Fontaines*, précédées de notices historiques et littéraires, par MM. Étienne et A. Jay, Paris, Moutardier, 1825, 5 vol. in-8.

33. *Les mêmes*, Paris, Moutardier, 1831, 5 vol. in-8.

34. *OEuvres de Mmes de Fontaines et de Tencin*, Paris, Garnier frères, s. d. [1864], 1 vol. in-8.

3. — *OEuvres perdues ou attribuées à Mme de Tencin.*

35. *Chronique scandaleuse du genre humain* [1720 (?)] ; cf. *Mémoires du Maréchal de Richelieu* [130 A], III, 305 sq. : « Elle existe encore cette histoire ordurière et manuscrite des actions crapuleuses des libertins connus par l'histoire de toute l'antiquité : Mme de Tencin, qui l'avait composée à l'usage de Dubois et du Régent, la commença par le récit des erreurs affreuses de ce peuple de l'Orient, que la nature n'avait appelé qu'à la jouissance des plaisirs innocents, et qui ne lui avait donné qu'une inclination régulière pour ses beaux ouvrages. De chez les Grecs, Mme de Tencin passe à Rome et dépeint les débordements de cet empire à

l'époque où la dépravation avaitsuccédé à ses mœurs antiques et sévères : l'auteur n'oublie pas les fameux cantiques de Salomon, ni les ouvrages du Marini et de l'Arétin ; elle m'a paru en avoir enrichi ses ouvrages, etc. » ; cf. plus haut, chap. I, p. 24-5.

36. *Le Complaisant* [généralement attribué à Pont-de-Veyle], comédie en cinq actes (en prose), Paris, Lebreton, 1733, 1 vol. in-12 ; cf. Hénault, *Mémoires* [106], 397 (cf. le n° suivant) et Mme de Genlis, *De l'influence des Femmes* [144], II, 150 : « On dit que Mme de Tencin eut part aussi à la jolie comédie intitulée *Le Complaisant* ». — Il ne faut voir là sans doute qu'une autre forme de la tradition relative à la collaboration de la tante et du neveu ; cf. plus haut, chap. IV, p. 134-3 ; pourtant l'information n'est peut-être pas sans fondement.

37. *Le Fat puni* [généralement attribué à Pont-de-Veyle], comédie (en un acte et en prose) avec un divertissement, Paris, Prault fils, 1738, 1 vol. in-8 ; cf. Hénault, *Mémoires* [106], 397 : « Les deux frères, toujours étroitement unis [Pont-de-Veyle et d'Argental], joints à Mme de Tencin, leur tante, nous ont donné quelques pièces fort agréables : la comédie du *Complaisant*, celle du *Fat puni*, *Le Siège de Calais*, etc. — Même observation que pour le n° précédent.

38. *Traduction de Chrisal* ou *Les Aventures d'une Guinée* (?) ; cf. Mme Briquet, *Dictionnaire des Françaises* [137], 328 : « Elle est encore auteur de plusieurs productions anonymes, entre autres de la *Traduction de Chrisal* ou *Les Aventures d'une Guinée*, histoire anglaise, 1767, in-12 ». — Je n'ai pu retrouver cet ouvrage. On peut même se demander s'il existe.

B. — SOURCES D'UNE HISTOIRE DE MADAME DE TENCIN [1]

(documents manuscrits ou imprimés)

39. *Documents relatifs à la famille Guérin de Tencin* :
A*. Bibliothèque de Lyon, ancien fonds, n° 1443.
B*. Id., Fonds Morin-Pons, n° 206, — 1 et 2.

1. Les textes qui suivent ont été classés dans l'ordre chronologique, non pas d'après les dates de leur publication, mais, autant que possible, d'après les dates certaines ou approximatives de leur rédaction ; pour les correspondances, journaux et mémoires, j'ai adopté comme date celle du premier texte où il est parlé de Mme de Tencin.

C*. Bibliothèque de Grenoble, Mss, n° 2326.

D. A. Prudhomme, *Notes pour servir à l'Histoire de Mme de Tencin et de sa Famille*, Grenoble, Allier, 1905, 1 broch. in-8 (Extrait du *Bulletin de l'Académie delphinale*, 4e série, t. XVIII).

40. *Acte de baptême de Mme de Tencin* (1682), ap. A. Prudhomme, *Notes* (39 D], 15-16.

41. *Documents relatifs au monastère de Montfleury* et aux démêlés du chapitre noble avec le cardinal Le Camus, ap. Henri de Maillefaud, *Recherches historiques sur le monastère royal ou chapitre noble de Montfleury, près Grenoble, de l'ordre de Saint-Dominique*, Grenoble, Maisonville, 1857. 4 vol. in-8.

42. Bolingbroke, *Correspondance avec Prior, Mme de Ferriol, etc. (1712-1720)*, dans les recueils suivants :

A. *The Works of the Right Hon. Henry St-John, Lord Viscount Bolingbroke*, London, Robinson, 1754-1798, 7 vol. in-4. Les tomes VI et VII sont occupés par la *Correspondance*, publiée par Gilbert Parke.

B. *Lettres historiques, politiques, philosophiques et particulières de Henri Saint-John, lord vicomte Bolingbroke*, etc., précédées d'un essai historique sur sa vie, etc., [par le général Grimoard] Paris, Dentu, 1808, 3 vol. in-8.

43. *Chansons diverses sur la jeunesse et les premières intrigues de Mme de Tencin* (1716-1730).

A*. *Recueil de chansons choisies*, pour servir à l'histoire anecdote depuis 1600 jusque et compris le mois d'août 1744, t. VII, Bibliothèque Nationale, Mss. fr. n° 15132.

B*. *Recueil du chansonnier de Mgr le comte de Maurepas*, t. XIII, XVI, XVII, XVIII, XXXIX, XL, Bibliothèque Nationale, Mss. fr., n°s 12628, 12631, 12632, 12633, 12634, 12655.

C*. *Chansonnier, dit de Clairambault*, t. XIV, XV, XVI, XVIII, Bibliothèque Nationale, Mss. fr. n°s 12699, 12700, 12701, 12703. Quelques-unes de ces chansons ont été imprimées dans le recueil suivant.

D. *Chansonnier historique du XVIIIe siècle*, publié avec introduction, etc., par Émile Raunié, Paris, Quantin, 1879-1882, 6 vol. in-12.

44. *Acte de baptême de d'Alembert* (1717), ap. A. Jal, *Dictionnaire critique de biographie et d'histoire*, 2e édition, Paris, Plon, 1872, 1 vol. in-8, Additions, p. 1340.

45. Comte de Hoym, *Correspondance avec Fontenelle, Mme de Mimeure, le duc de Richelieu, Mme de Tencin, etc.*, ap. [Baron Jérôme Pichon], *Vie de Hoym* [155]. t. I et II.

46. *Acte de constitution de la société en commandite*, fondée par Mme de Tencin et ses amis, le 20 novembre 1719, ap. A. Prudhomme, *Notes* [39 D], 16-23.

47*. M. de Chambrier, *Lettre à Frédéric-Guillaume Ier*, du 5 juin 1722. Archives des Affaires étrangères, *Prusse*, t. 70, fo 201.

48*. Cardinal Dubois, *Lettre à Mme de Tencin*, du 25 juin 1723, Archives des Affaires étrangères, *Rome*, t. 648, fo 243.

49. Abbé de Tencin, *Lettres à Mme de Tencin* (1722-1724), ap. Hénault, *Mémoires* [106], 304-335. — Les dates données par Hénault ne sont pas sûres.

50. *Extrait des dépêches de l'abbé de Tencin, année 1724, et suivantes, et des lettres de ce dernier à sa sœur*, « qui me les a communiquées » (note de Duclos), ap. Duclos, *Œuvres complètes*, Paris, Colnet, 1806, 10 vol. in-8, t. X. p. 206-215. — Plusieurs de ces lettres ne se trouvent pas chez Hénault [49].

51*. Abbé de Tencin, *Correspondance avec le cardinal Dubois* (1722-1723), Archives des Affaires étrangères, *Rome*, t. 636-640, 642, 648, 649.

52*. Id., *Correspondance avec M. de Morville* (1723-1724). Archives des Affaires étrangères, *Rome*, t. 649, 651, 655.

53. Jean Buvat, *Journal de la Régence* (1715-1723), édition Émile Camperdon, Paris, Plon, 1865, 2 vol. in-8.

54*. *Mémoire pour le sieur Jacques de La Grye ... contre Messire Charles-Joseph de la Frénais*, Bibliothèque Nationale, Mss Clairambault, no 1089, fo 44. — Au verso, indications manuscrites sur la jeunesse de Mme de Tencin, « dictées par une personne des mieux instruites ».

55*. *Rapports de police des 7, 8, 10 avril sur l'affaire La Fresnais*, Bibliothèque nationale, collection Joly de Fleury, t. 48, fos 213-219.

56. A. Maurepas, *Correspondance relative à l'affaire La Fresnais*, *Archives de la Bastille*, publiées par François Ravaisson, Paris, Pedone-Lauriel, in-8, t. XII, 1881.

56-B*. Id., *Autres lettres relatives à la même affaire*, Bibliothèque de l'Arsenal, *Archives de la Bastille*, no 10947, fos 87-9.

57*. *Pièces diverses relatives à l'embastillement et à la libération de Mme de Tencin*, Bibliothèque de Lyon, Fonds Morin-Pons, no 206, — 4, 6, 7.

58. Moreau [procureur du Roy au Châtelet] et Mérault [procureur général du Roy au Grand Conseil], *Correspondance relative à l'affaire La Fresnais*, ap. Delort, *Histoire de la Détention des Philosophes* [146], 131-7.

59*. *Lettre du Sr Bradchet, secrétaire de M. Tronch... au Sr Teyzier de Beaujour, gentilhomme du Marquis de S. Philippe, à la Haye*, Paris, 16 avril 1726, Copie, Bibliothèque de Lyon, Fonds Morin-Pons, n° 206, — 5.

60*. *Histoire de la procédure de Mme de Tencin*, Bibliothèque de Grenoble, Mss, n°ˢ 1356-1390 (ancien 1318), fᵒˢ 59-62.

61. *A Nos seigneurs du Grand Conseil*, supplie humblement Claudine-Alexandrine de Guérin de Tencin, etc. Paris, Simon, s. d. in-fᵒ, Bibliothèque Nationale, Mss Clairambault, n° 1209, fᵒ 80. — Pour ce n° et les quatre suivants, cf. A. Corda et A. Trudon des Ormes, *Catalogue des factums*, Paris, Plon, in-8, t. VI, 1902, p. 31.

62. *Mémoire au Roi et à son Conseil pour le procureur général de Sa Majesté au Grand Conseil contre son substitut au Châtelet de Paris*, Paris, Simon, 1726, in-fᵒ, Bibliothèque Nationale, Collection Joly de Fleury, t. 48, fᵒ 220.

63. *Addition de Mémoire pour le procureur général du Roi au Grand Conseil contre son substitut au Châtelet*, Paris, Simon, 1726, in-fᵒ Id., id., fᵒ 223.

64. *Mémoire pour demoiselle Alexandrine Guérin de Tencin*, Paris, Simon, s. d., in-fᵒ, Id., id., fᵒ 229.

65. *Arrest du Grand Conseil, qui condamne la Mémoire de Charles-Joseph de La Fresnais à perpétuité et son libelle qualifié testament à être lacéré*, du 3 juillet 1726, Paris, Simon, 1726, in-4, Id., id., fᵒ 231.

66 A*. Mathieu Marais, *Lettres au Président Bouhier*, dans la *Correspondance littéraire du Président Bouhier*, t. VI et VII, Bibliothèque Nationale, Mss. fr., n°ˢ 24 414-5, 2 vol. in-4. — On trouvera de nombreux extraits de ces lettres dans le n° suivant.

66 B. Mathieu Marais, *Journal et Mémoires sur la régence et le règne de Louis XV* (1715-1737), publiés par M. de Lescure, Paris, Didot, 1868, 4 vol. in-8.

67*. Le Président Bouhier, *Lettres à Mathieu Marais* (1724-1737), Bibliothèque Nationale, Mss. fr., n°ˢ 25 541-2, 2 vol. in-4.

68. Mlle Aïssé, *Lettres à Mme Calandrini* (*1726-1732*), dans le recueil publié par Eugène Asse, *Lettres portugaises avec les réponses, Lettres de Mlle Aïssé, suivies de celles de Montesquieu*, etc., Paris, Charpentier, 1873, 1 vol. in-18.

69. Barbier, *Chronique de la Régence et du règne de Louis XV* (*1718-1767*), 1ʳᵉ édit. complète, Paris, Charpentier, 1857, 8 vol. in-18.

70. Voltaire, *Correspondance*, et *Œuvres complètes*, édition Moland, Paris, Garnier, 1877-1885, 52 vol. in-8.

71. Maréchal de Villars, *Mémoires*, publiés d'après le manuscrit original par le marquis de Vogüé, Paris, Renouard, 1884-1892, 6 vol. in-8, t. V.

72. *Gazette d'Amsterdam*, année 1727, n°s LXXIII-LXXXVII, Bibliothèque Nationale, G 4,321.

73. *Nouvelles ecclésiastiques ou Mémoires pour servir à l'histoire ecclésiastique des années 1728, 1729, 1730* [rédigés par Jacques Fontaine, cf. [Picot] *Mémoires pour servir à l'histoire ecclésiastique pendant le* xviiie *siècle*, seconde édition, Paris, Le Clerc, 1815-6, 4 vol. in-8, t. II, p. 104-9 et t. IV, p. 293-4], s. l. n. d. (Paris), 1 vol. in-4.

74. Montesquieu, *Voyage en Italie (1728-9)*, ap. *Voyages de Montesquieu*, publiés par le baron Albert de Montesquieu, Bordeaux, Gounouilhou, in-4; t. II, 1896.

74 bis*. *Notes de police sur Mme de Tencin (juillet-août 1729)*, Bibliothèque de Lyon, Fonds Morin-Pons, n° 206. — 8.

75. Cardinal de Fleury, *Lettres à Mme de Tencin de juin-novembre 1730*, ap. N. L. Le Dran [111], 73, f°s 86 v°-96 v° et 147 v°-149r°.

76. Maurepas, L'archevêque d'Embrun, *Lettres relatives à l'exil de Mme de Tencin (1730)*, ap. *Archives de la Bastille*, t. XII [cf. n° 56 A].

77*. Mme de Ferriol, *Lettre au conseiller Hérault du 21 octobre 1730*, Bibliothèque de Lyon, Fonds Morin-Pons, n° 206, — 10.

78. Saint-Simon, *Annotations à Dangeau*, ap. *Journal du marquis de Dangeau, avec les annotations inédites du duc de Saint-Simon*, édition Feuillet de Conches, Paris, Didot, in-8, t. XVIII, 1860.

79. Id., *Mémoires*, édition Chéruel et Regnier, Paris, Hachette, in-18, t. XVI, 1874.

80. [L'abbé Prevost], *Le Pour et le Contre*, ouvrage périodique d'un goût nouveau, dans lequel on s'explique librement sur tout ce qui peut intéresser la curiosité du public, etc., nombre CIII, Paris, Didot, in-12, t. VII, 1735, nombre CCXLI, t. XVII, 1739.

81. L'abbé de Saint-Pierre, *Lettres à Mme Dupin (1735-1742)*, dans *Le Portefeuille de Mme Dupin* [cf. n° 19], p. 168-233.

82. Marivaux, *La Vie de Marianne ou les aventures de la Comtesse de ***, IVe et Ve Partie (1736) dans les Œuvres complètes de Marivaux*, édition Duviquet, Paris, Haut-Cœur, et Gayet, in-8, t. VI, 1829.

83*. L'archevêque d'Embrun, *Lettres à sa sœur (mai-juin 1736)*, Archives des Affaires étrangères, *Mémoires et documents (petits fonds)*, n° 1558, f°s 13-16.

84. Marquis d'Argenson, *Journal et Mémoires*, édition J. B. Rathery, Paris, Renouard, 1859-1867, 9 vol. in-8.

85. A. Piron, *Epîtres et Poésies diverses*, dans les *Œuvres complètes* d'Alexis Piron, édition Rigoley de Juvigny, Paris, Lambert, 1776, 9 vol. in-24.

85 B. Id., *Lettres et morceaux divers*, dans les *Œuvres inédites*, édition Honoré Bonhomme, Paris, Poulet-Malassis, 1859, 1 vol. in-8.

86. Duclos, *Les Confessions du Comte de* *** (1742), dans les *Œuvres complètes* [cf. nº 50], t. VIII.

87. Montesquieu, *Correspondance*, dans les *Œuvres complètes*, édition Laboulaye, Paris, Garnier, in-8, t. VII, 1879.

88*. *Chansons diverses relatives aux intrigues politiques de Mme de Tencin* (1742-1745).

A. *Recueil de chansons, anecdotes satyriques et historiques depuis 1709 jusqu'en 1756*, t. XVI (1742-4), Bibliothèque Mazarine, Mss fr., nº 3988.

B. *Autre recueil*, Id., Mss fr. nº 2356.

89. *Chronique du règne de Louis XV (1742-3)*, Revue rétrospective, Paris, Fournier, in-8, 1834, t. V.

90*. Benoît XIV, *Lettres au cardinal de Tencin (1742-1750)*, Archives des Affaires étrangères, *Rome*, t. 790-3, 796, 805 ; cf. Pierre Batiffol, *Inventaire des lettres inédites du pape Benoît XIV au cardinal de Tencin*, Paris, Picard, 1894, 1 broch. in-8.

90 *bis*. Lord Chesterfield, *Lettres à Mme de Tencin* (1742), ap. *Miscellaneous Works of the late Philip Dormer Stanhope, earl of Chesterfield*, édition M. Maty, London, Dilly, 1777, 2 vol. in-4, t. II, p. 37-45.

91*. Hamard [agent de la police secrète], *Rapports à M. de Marville* [lieutenant général de police] sur les entrevues nocturnes de Mme de Tencin avec le comte de Maurepas (février 1743), Bibliothèque de l'Arsenal, *Archives de la Bastille*, nº 11 540, fᵒˢ 165-6.

92. Duchesse de Châteauroux, *Lettres au duc de Richelieu* (1743-4), édition Eugène Asse, ap. *Mémoires de la duchesse de Brancas, suivis de la Correspondance de Mme de Châteauroux*, Paris, Jouaust, 1890, 1 vol. in-18. — Ne pas confondre ces lettres, qui semblent authentiques, avec la *Correspondance* apocryphe, publiée par Gacon-Dufour, [139].

93. *Documents relatifs à la prise de possession de la baronnie de l'île de Ré par Mme de Tencin* (1743).

A. Docteur Kemmerer, *Histoire de l'île de Ré, l'Insula Rhea*, 2ᵉ édition, La Rochelle, Mareschal, 1888, 1 vol. in-4.

B. Th. Phelippot, *Étude historique sur la baronnie de l'île de Ré*, Revue de la Saintonge et de l'Aunis, 1er novembre 1897, t. XVII, p. 433-454.

94. Tapin [exempt de police], *Rapport à M. de Marville du 21 décembre 1745, Archives de la Bastille*, t. XII [cf. n° 56 A], p. 264.

95. M. de Marville, lieutenant général de police, *Lettres au ministre Maurepas (1742-7)*, édition A. de Boislisle, Paris, Champion, 1896-1905, 3 vol. in-8, t. II (1745-6) et III (1746-7).

96 A. [François-Vincent Toussaint], *Mémoires secrets pour l'histoire de la Perse*, nouvelle édition, revue, corrigée et augmentée, Amsterdam, aux dépens de la Compagnie, 1746, 1 vol. in-8. — Cette édition des *Mémoires secrets* (la première est de 1745) est la seule qui contienne le portrait de Mme de Tencin, sous le nom de Khadigge.

96 B. François-Vincent Toussaint, *Anecdotes curieuses de la Cour de France sous le règne de Louis XV*, édition Paul Fould, Paris, Plon, 1908, 1 vol. in-8. — Cet ouvrage, publié d'après une copie du xviiie siècle (Bibliothèque Nationale, Mss fr., n° 13781) n'est autre que le numéro précédent; mais les noms y sont en clair, au lieu d'avoir reçu le déguisement oriental, qui permettait la publication du livre en 1745.

97. [Fréron], *Lettres de Mme la Comtesse de *** sur quelques écrits modernes*, Genève, Philibert, in-12, t. I, 1746.

97 bis*. Dortous de Mairan, *Lettres à Gabriel Cramer (1749)*. Bibliothèque de Genève, Mss, Supplément, n° 384.

98. *Billet d'enterrement de Mme de Tencin*, dans les *Affiches de Paris* du Lundy 8 décembre 1749, p. 8, Bibliothèque Nationale, Inventaire, V, 11518.

99. Duc de Luynes, *Mémoires sur la cour de Louis XV (1735-1758)*, édition Dussieux et Soulié, Paris, Didot, in-8, t. X, 1682.

100. Marivaux, *Lettre à la Comtesse de Verteillac du 14 décembre 1749*, reproduite en fac-simile dans l'*Isographie des hommes célèbres*, par Th. Delarue, Paris, Truttel et Wurtz, in-4, t. III, 1843.

101. Charles Collé, *Journal et Mémoires sur les hommes de lettres du règne de Louis XV*, édition Honoré Bonhomme, Paris, Didot 1868, 2 vol. in-8.

102. *Mémoire pour servir à l'histoire de M. le cardinal de Tencin jusqu'à l'année 1743*, plaquette in-12 de 5 p., s. l. n. d. [après 1749], Bibliothèque Nationale, Ln²⁷ 19421.

103. Grimm, Diderot, Raynal, Meister. etc. *Correspondance litté-

raire, philosophique et critique, édition Maurice Tourneux, Paris, Garnier, 1877-1884, 16 vol. in-8, t. I, VI, XI, XV.

104. Cardinal de Bernis, *Mémoires et lettres (1715-1758)*, édition Frédéric Masson, Paris, Plon, 1878, 2 vol. in-8, t. I.

105. Clément, *Les cinq années littéraires* ou Nouvelles littéraires des années 1748, 1749, 1750, 1751, 1752, La Haye, de Groot, in-12, t. II et III, 1754.

106. Le Président Hénault, *Mémoires*, recueillis et mis en ordre par son arrière-neveu, M. le baron de Vigan, Paris, Dentu, 1855, 1 vol. in-8.

107*. Id., *Mémoires inédits* (fragmentaires), suite des *Mémoires* manuscrits du marquis de Dangeau, t. VII et dernier, f°s 1932-2100, Bibliothèque de La Ferté-Macé, Armoire H-H, Rayon 4, n° 1 ; cf. la liste de ces fragments dans *Le Président Hénault*, par Henri Lion, Paris, Plon, 1903, 1 vol. in-8, p. 324-5 ; la plus grande partie en a été publiée dans Lucien Percy, *Le Président Hénault et Mme du Deffand*, Paris, Calmann-Lévy, [1893], 1 vol. in-8.

108. *Sécularisation et statuts du noble chapitre de Neuville-les-Dames-en-Bresse*, Lyon, Pierre Valfray, 1756, 1 vol. in-f°.

109. [L'abbé Barral, en collaboration avec les P. P. Guibaud et Valla], *Dictionnaire historique, littéraire et critique*, Avignon, 1758-9, 6 vol. in-8, article *Tencin*, t. VI. — Sur les tendances de ce dictionnaire qu'on appelait « le martyrologe des Jansénistes », cf. Voltaire, *Fragment sur l'histoire générale*, art. XVI, *Des dictionnaires de calomnie* [70], XXIX, 279, et *lettre à d'Argental* du 15 juillet 1767, id., XLV, 316.

110. Mme de La Ferté-Imbault, *Souvenirs inédits*, extraits publiés par Pierre de Ségur, *Le Royaume de la rue Saint-Honoré* [164].

111*. Nicolas-Louis Le Dran [garde du dépôt des Affaires étrangères au XVIIIe siècle], *Sur le progrès de la fortune de l'abbé de Tencin devenu archevêque d'Embrun et ensuite cardinal archevêque de Lion et primat de France et sur la religieuse Tencin, sa sœur* (1760 ?), Archives des Affaires étrangères, *Mémoires et documents*, Rome, t. 73-75. — Les premiers volumes ont disparu : l'ouvrage commence à la Ve partie. — Sur la valeur et l'exactitude des compilations historiques de Le Dran, cf. Armand Baschet, *Histoire du dépôt des archives des Affaires étrangères*, Paris, Plon, 1875, 1 vol. in-8, p. 292-319.

112. L'abbé Trublet [secrétaire du cardinal de Tencin], *Mémoires pour servir à l'histoire de la vie et des ouvrages de M. de Fontenelle*, Amsterdam, Rey, 1761, 1 vol. in-12.

112 *bis*. *Étrennes aux dames*, avec le calendrier de l'année 1763 : 1re partie, *Notice des femmes illustres dans les belles-lettres;* 2e partie, *Notice des livres composés par des femmes*, Paris, Musier fils, 1763, 2 vol. in-32.

113. [Dorat], *Lettres du Comte de Comminge à sa mère, suivie d'une lettre de Philomèle à Progné*, Paris, Jorry, 1764, 1 vol. in-8.

113 *bis*. [Baculard d'Arnauld], *Les Amants malheureux ou le Comte de Comminge*, drame en trois actes et en vers, précédé d'un *Discours préliminaire*, suivi des *Mémoires du Comte de Comminge* et de la *Lettre à sa mère*, Paris-Londres, Libraires du Palais-Royal, 1715, 1 vol. in-8.

114 A. Diderot, *Salon de 1765*, dans les *Œuvres complètes*, édition Assézat et Tourneux, Paris, Garnier, 1875-9, 20 vol. in-8, t. X.

114 B. Id., *Entretien entre d'Alembert et Diderot*, Id., id., t. II.

115. Horace Walpole, *Letters*, édition Charles Duke Yonge, London, Fischer, New-York, Putnam, 1890, 2 vol. in-8, t. II.

116. *Nouveau dictionnaire historique-portatif*, etc., par une société de gens de lettres, Amsterdam, Rey, 1766, 4 vol. in-8, article *Tencin*, t. IV.

117. [Abbé de Guasco], *Notes* des *Lettres familières du Président de Montesquieu*, s. l., 1767, reproduite au t. VII de l'édition Laboulaye [87].

118. [Abbé de La Porte], *Histoire littéraire des femmes françaises ou Lettres historiques et critiques*, Paris. Lacombe, 1769, 5 vol. in-8.

119. *Dictionnaire historique-portatif des femmes célèbres*, Paris, Cellot, 1769, 2 vol. in-12, article *Tencin*, t. II.

120. Duclos, *Mémoires secrets sur le règne de Louis XIV, la Régence et le règne de Louis XV*, dans les *Œuvres complètes* [50], V.

121. M. de La Chenaye-Desbois, *Dictionnaire de la noblesse*, seconde édition, Paris, Boudet, 1774, 12 vol. in-8, article *Guérin*, t. VII.

122. Abbé S[abatier] de Castres; *Trois siècles de la littérature française*, nouvelle édition, corrigée et augmentée considérablement, Paris, Hansy, 1774, 3 vol. in-8, article *Tencin*, t. III.

123. Rigoley de Juvigny, *Vie d'Alexis Piron*, en tête des *Œuvres complètes* [85 A], t. I.

124. Marquise du Deffand, *Correspondance complète*, édition M. de Lescure, Paris, Plon, 1865, 2 vol. in-8.

125. *Galerie de l'ancienne cour, ou Mémoires anecdotes pour servir à l'histoire des règnes de Louis XIV et de Louis XV*, s. l. (Paris), 1786, 3 vol. in-12.

126. Delandine, *Observations sur les romans et en particulier sur ceux de Mme de Tencin*, en tête du t. I, des *OEuvres* [27].

127. Le Solitaire des Pyrénées, *Variété, Aux Auteurs du Journal* (souvenirs sur Mme de Tencin), *Journal de Paris*, mardi 11 septembre 1787, n° 254 (cf. déjà le n° 52 du mercredi 21 février).

128. M. Levesque, *Éloge historique de l'abbé de Mably*, dans l'*Esprit de Mably et de Condillac*, par M. Berenger, Paris, Le Jay, 1789, 2 vol. in-8, t. I.

129. [Antoine Mongez], *Vie privée du Cardinal Dubois*, premier ministre, archevêque de Cambrai, etc., Londres, 1789, 1 vol. in-8. — Documents apocryphes.

130. A. [Soulavie], *Mémoires du maréchal duc de Richelieu, pair de France, etc.*, ouvrage composé dans la Bibliothèque et sous les yeux du maréchal de Richelieu, etc., Londres, Boffe, Paris, Buisson, 1791, 8 vol. in-8.

130 B. [Id.], *Mémoires du Maréchal duc de Richelieu, etc.*, seconde édition, avec des corrections considérables et des augmentations, Paris, Buisson 1792, 9 vol. in-8. — Sur la valeur de ces deux éditions et de l'ouvrage suivant, cf. les observations présentées sous le n° 2.

131, [Id.], *Mémoires du Comte de Maurepas, ministre de la marine, etc.*, seconde édition, Paris, Buisson, 1792, 4 vol. in-8.

132. L'abbé Barthélemi, *Mémoires secrets de Mme de Tencin*, ses tendres liaisons avec Ganganelli, ou l'heureuse découverte relativement à d'Alembert, pour servir de suite aux ouvrages de cette femme estimable, s. l., 1792, 2 parties en 1 vol. in-8. — Apocryphes.

133. Marmontel, *Mémoires*, édition Maurice Tourneux, Paris, Librairie des Bibliophiles, 1891, 3 vol. in-12.

134. Chamfort, *Caractères et Anecdotes*, dans les *OEuvres de Chamfort* [édition Ginguené], Paris, Imprimerie des sciences et arts, an III, 4 vol. in-8, t. IV.

135. La Harpe, *Lycée au Cours de littérature ancienne et moderne*, Paris, Agasse, An VII-XII, 16 vol. in-8, t. VII, IX, XIV.

136. L. S. Auger, *Notice sur la vie et les ouvrages de Mme de Tencin*, en tête du t. IV des *OEuvres complètes* [28].

137. Mme Fortunée Briquet, *Dictionnaire historique, littéraire et bibliographique des Françaises*, Paris, Treuttel et Würtz, An XII, 1804, 1 vol. in-8, article *Tencin*.

138. Goethe, *Rameau's Neffe, Anmerkungen*, dans les *Goethe's Werke*, édition publiée sous les auspices de la grande-duchesse de Saxe-Weimar, Weimar, Hermann, 1900, t. XLV.

139. Mme de Châteauroux, *Correspondance inédite* avec le duc de Richelieu, le maréchal de Belle-Isle, etc., précédée d'une notice historique par Mme Gacon-Dufour, Paris, Collin, 1806, 2 vol. in-12. — Apocryphe, mais conserve quelque valeur : Mme Gacon-Dufour, née en 1753, avait été lectrice de Louis XVI, et avait pu recueillir à la cour les souvenirs que Mme de Tencin y avait laissés.

140. M. de B[ois]jourdain, *Mélanges historiques, satiriques et anecdotiques*, Paris, Chèvre, 1807, 3 vol. in-8.

141. [Soulavie], *Pièces inédites sur le règne de Louis XIV, Louis XV et Louis XVI*, Paris, Collin, 1809, 2 vol. in-8.

142. [Mme Suard], *Essais de mémoires sur M. Suard*, Paris, Didot, 1820, 1 vol. in-12.

143. Etienne, *Notice sur Mme de Tencin*, en tête du t. IV des *Œuvres complètes* [32].

144. Mme de Genlis, *De l'influence des femmes sur la littérature française*, Paris, Lecointe et Durey, 1826, 2 vol. in-12.

145. Cardinal Dubois, *Mémoires* (Collection des *Mémoires secrets et inédits sur la cour de France aux XVe, XVIe, XVIIe, XVIIIe siècles*), Paris, Mâme et Delaunay-Vallée, 1829, 4 vol. in-8. — Apocryphes.

146. J. Delort, *Mme de Tencin*, dans l'*Histoire de la détention des philosophes et des gens de lettres à la Bastille et à Vincennes*, etc., Paris, Didot, 1829, 3 vol. in-8, t. II.

C. — Principales études modernes
sur madame de Tencin

147. A[zéma] de M[ontgravier], *Mme de Tencin*, dans l'*Album du Dauphiné*, 2e année, Grenoble, Prudhomme, 1836, 1 vol. in-4.

148. Villemain, *Tableau de la littérature française au XVIIIe siècle*, Paris, Didier, 1838, 4 vol. in-8, t. I.

149. Eugène Asse, *Mme de Tencin*, article de la *Nouvelle Biographie générale* sous la direction du D^r Hœfer, Paris, Didot, 1844, t. XLIII, in-8.

150. Eugène de Mirecourt et Marc Fournier, *Mme de Tencin*, Paris, Roux et Cassenet, 1847, 2 vol. in-8. — Roman.

151. Paul de Musset, *Femmes de la Régence*, 4e édition, Paris, Charpentier, 1858, 1 vol. in-18. — L'article sur *Claudine de Tencin* n'est qu'une fantaisie romanesque sans valeur.

152. A. Rochas, *Biographie du Dauphiné*, Paris, Charavay, 1860, 2 vol. in-8, t. II.

153. A. M. de Lescure, *Mme de Tencin*, Journal officiel, 8 et 29 septembre, 13 et 28 octobre 1875.

153 B. Id., *Id.* Le Correspondant, 10 septembre 1878.

154. Edmond et Jules de Goncourt, *La Duchesse de Châteauroux et ses sœurs*, nouvelle édition, revue et augmentée de lettres inédites, Paris, Charpentier, 1878, 1 vol. in-18. — Refonte de la Ire Partie des *Maîtresses de Louis XV* (1860).

155. [Baron Jérôme Pichon], *Vie de Charles-Henry, Comte de Hoym*, ambassadeur de Saxe-Pologne et célèbre amateur de livres (1694-1736), publiée par la société des bibliophiles français, Paris, Techener, 1880, 2 vol. in-8.

156. Abbé Audouy, *Notice historique sur le cardinal de Tencin*, Lyon, Vitte et Perrussel, 1881, 1 vol. in-8.

157 A. Gustave Larroumet, *Marivaux, sa vie et ses œuvres*, Paris, Hachette, 1882, 1 vol. in-8.

157 B. Id., *Id.*, nouvelle édition, Ibid. 1894, 1 vol. in-12.

158. M. de Lescure, *Notice sur Mme de Tencin*, en tête de son édition des *Mémoires du Comte de Comminge*, etc. [8].

159. Eugène Bard, *Mme de Tencin*, Le Mémorial de Saint-Marcellin, 13 et 20 janvier 1889.

160. Joseph Bertrand, *d'Alembert*, Paris, Hachette, 1889, 1 vol. in-12.

161. Paul Morillot, *Conférences sur Mme de Tencin*, Le Dauphiné, 21, 28 février et 6 mars 1892.

162. Emile Colombey, *Ruelles, salons et cabarets*, Paris, Dentu, 1892, 2 vol. in-12, t. II.

163 A. Un vieux bibliophile [A. Ungherini], *Manuel de bibliographie biographique et d'iconographie des femmes célèbres*, Turin, Roux, Paris, Nilsson, 1892, 1 vol. in-8.

163 B. Id., *Id.*, Supplément, ibid., 1900, 1 vol. in-8.

164. Pierre de Ségur, *Le Royaume de la rue Saint-Honoré, Mme Geoffrin et sa fille*, Paris, Calmann-Lévy, 1897, 1 vol. in-8.

165. Victor du Bled, *Madame de Tencin*, Nouvelle Revue, 15 février 1898.

166. Lucien Brunel, *Les salons, la société, l'Académie française*, au t. VI de l'*Histoire de la langue et de la littérature française* sous la direction de L. Petit de Julleville, Paris, Colin, 1898, in-4.

167. Paul Morillot, *Le Roman au XVIIIe siècle, Mme de Tencin et Mme de Graffigny*, Id., Id.

168. André Le Breton, *Le Roman français au XVIIIe siècle*, Paris, Société française d'imprimerie et de librairie, 1898, 1 vol. in-18.

169. A. Prudhomme, *Mme de Tencin*, article de la *Grande Encyclopédie*, Paris, Lamirault, s. d. [1901], t. XXX, in-f°.

170. Le P. P. Bliard, S. J., *Dubois, cardinal et premier ministre* (1656-1723), Paris, Lethielleux, s. d. [1901], 2 vol. in-8.

171. Maurice Boutry, *Intrigues et Missions du Cardinal de Tencin*, 2e édition, Paris, Emile-Paul, 1902, 1 vol. in-8.

172. Robert de Beauplan, *Une femme d'intrigues et de lettres au XVIIIe siècle; Claudine-Alexandrine Guérin de Tencin*, Revue du Temps présent, 25 janvier et 25 février 1908.

173. Maurice Masson, *Une vie de femme au XVIIIe siècle, Mme de Tencin*, Revue des deux mondes, 1er février et 1er juillet 1908.

174. Henri Potez, *Notice sur Mme de Tencin*, en tête de son édition des *Mémoires du Comte de Comminge* (Petite Bibliothèque surannée), Paris, Sansot, 1908, 1 vol. in-18.

IV. — NOTE ICONOGRAPHIQUE

175. « Déjeûné en chocolat donné et servi par Mme de Tencin », tableau de Jacques Autreau. — Je ne sais ce qu'est devenue cette toile. Une note manuscrite du XVIIIe siècle, conservée à la Bibliothèque de Lyon (Fonds Morin-Pons, n° 206. — 11), en donne une description, que j'ai utilisée plus haut, chap. IV, p. 176-7, et y ajoute les renseignements suivants : « On croit que ce tableau de deux pieds et demi de largeur sur deux pieds de hauteur, a été peint vers 1710 par Jacques d'Autreau, peintre et poète. Il a appartenu à Mme de Tencin; de là il a passé à M. de Boze, à M. l'abbé Leblanc, et aujourd'hui à M. l'abbé Barthélemy ».

176 A. Portrait appartenant à la Bibliothèque de Grenoble. M. Ed. Maignien, qui en est le conservateur, a bien voulu me donner sur ce tableau les renseignements suivants : « Notre portrait est ancien : dans un cadre ovale, Mme de Tencin est à mi-corps, tête nue. Je crois que ce portrait a été mal reproduit dans *l'Album du Dauphiné* à l'article de Mme de Tencin. Au dos du tableau, on lit : *acheté le 29 avril 1741* ».

176 B. Reproduction du précédent, gravure sur acier par Victor Cassien, *Album du Dauphiné* [147], pl. 56.

176 C. Id., lithographie, *Insula Rhea* [93 A], p. 108.

177. De Troyes [probablement Jean-François Detroy (1679-1752)]. Portrait en médaillon : de trois quarts, tête nue, cheveux dénoués et bouclés, draperie légère sur la gorge nue. L'original semble perdu. Les gravures suivantes le reproduisent ou paraissent s'en inspirer :

A. Gravure sur acier : De Troyes pinx^t. De Launay le j^e sculp. [Sans doute Robert de Launay (1754-1814)], Bibliothèque Nationale, Estampes, *N. 2. vol. Tempelhof-Termis*.

B. Esquisse légère au burin : Roger del^t, Landon direx^t, Bibliothèque Nationale, *id.*

C. Gravure sur acier : B. Roger sc., Id., *id.* ; cf. encore *OEuvres de Mme de Tencin* [28], frontispice du t. IV. *Mémoires secrets de Duclos* [120], 446-7, *Revue hebdomadaire*, 22 Août 1908 : n° 19455 de *L'Instantané*.

D. Id. (Signée) : Dequevauviller, Bibliothèque Nationale, *id.* ; cf. encore *OEuvres* de Mme de Tencin [32], frontispice du t. IV.

178. Portrait en buste, médaillon, eau forte de Rousselle, dans le *Chansonnier historique* de Raunié [43 D], V, 116-7.

179. Portrait à mi-corps, médaillon enguirlandé, eau-forte de Dubouchet, frontispice du recueil de Lescure [8].

V. — LE MARQUISAT DE Mme DE TENCIN

Les historiens du XIXe siècle appellent volontiers Mme de Tencin « la Marquise de Tencin » : cf. Raunié, *Chansonnier historique* [43 D], V, 116-7, L. Brunel, *Les salons, la société, l'Académie française* [166], 400, etc. Il est facile de montrer qu'elle ne l'était point : sa qualité de chanoinesse ne lui donnait pas droit à ce titre ; elle ne pouvait même pas le prendre abusivement, comme fille d'un marquis, son père ayant été simplement seigneur de Tencin ; elle ne l'a pas reçu par lettres patentes, comme la marquise de La Tournelle, qui fut faite duchesse de Châteauroux, ou la petite Poisson, marquise de Pompadour ; au reste, dans tous les actes officiels et documents contemporains, elle n'est désignée que sous le nom de « Mme de Tencin »; le seul titre nobiliaire, qu'elle ait pu revendiquer justement, c'est, à partir de 1743, celui de baronne de l'île de Ré; cf. plus haut, chapitre III, p. 122. — Il semble pourtant qu'elle ait aimé se faire appeler *Marquise*; et c'est le titre que lui donnaient déjà certains écrivains de la seconde moitié du XVIIIe siècle. Diderot, par exemple [114 A], 286, et la fille de Mme Geoffrin, Mme de La Ferté-Imbault [110], 25. Sur la couverture des *Anecdotes de la cour et du règne d'Edouard II* [26], on lit : « par Mme L. M. D. T. », ce qui doit se lire, je crois, « par Mme la marquise de Tencin ». Enfin, dans une lettre de Mme de Tencin à Richelieu, dont je possède l'original [3], le cachet, très bien conservé, est à ses armes : Ecartelé : aux 1 et 4, d'azur à la croix fleuronnée d'or; aux 2 et 3, d'argent à la bande d'azur, enfilée de trois couronnes d'or; sur le tout, d'or à l'arbre arraché de sinoples, au chef de gueules, chargé de trois besants d'argent. L'écu, — en losange, comme celui d'une femme non mariée, — est timbré de la couronne de marquis. C'est donc Mme de Tencin elle-même qui se donnait le titre de marquise, imitant en cela beaucoup de simples gentilshommes, qui, par un abus fréquent dès la fin du XVIIe siècle, se gratifiaient du titre qui leur convenait : cf. Pierre Palliot, *La Vraye et parfaite science des armoiries*, reproduction en fac-simile de l'édition de 1660, Paris, Rouveyre, 1895, 1 vol. in-fo, p. 207. Mme de Tencin s'est faite marquise, pour causer plus à son aise avec ses amis « ducs et pairs », et pour mieux « se soutenir dans l'imagination des hommes [1] ».

1. Marivaux, *La Vie de Marianne* [82], 294.

FIN.

INDEX DES NOMS PROPRES [1]

---

1. Les noms propres des *Appendices*, sauf ceux des libraires-éditeurs, ont été compris dans cet index. Les personnages de romans ou de théâtre, même historiques, en ont été exclus.

TABLE DES MATIÈRES

CHAPITRE II

AFFAIRES D'ARGENT, D'AMOUR ET D'ÉGLISE (1726-1736).

CHAPITRE III

DERNIÈRES INTRIGUES, DERNIÈRES ANNÉES (1736-1749).

CHAPITRE IV

LES ROMANS DE MME DE TENCIN.

Leur authenticité : la légende de la collaboration avec
Pont de Veyle et d'Argental. — Déception du lecteur
mal averti : ce ne sont pas des mémoires déguisés.
— Souvenirs involontaires de sa vie amoureuse et
de sa vie de couvent. — Objectivité classique de ces
romans. — Leur contenu : complication et enche-

CHAPITRE V

Le premier « Royaume de la rue Saint-Honoré ».

La cour de la jeune dame de Tencin. — Les quémandeurs d'amour, qui trouvent « bien fâcheux de finir leurs lettres par des respects » : le comte de Hoym. — Les débuts du salon parisien. — Les familiers de la rue Saint-Honoré : Fontenelle et La Motte. — Les autres habitués. — Services que leur rend Mme de Tencin. — Amitié qu'ils lui donnent. — La mort de la marquise de Lambert (1733), et la constitution définitive du salon. — Les Sept Sages : Fontenelle, Marivaux, Mairan, Mirabaud, De Boze, Astruc et Duclos. — Cercle docte, presque grave. — Les femmes s'y sentent mal à l'aise. — L'apprentissage de Mme Geoffrin, qui convoite la succession. — Les *mardis* : honnêtes gens et étrangers de distinction. —

CHAPITRE VI

Mme de Tencin épistolière.

APPENDICES

FIN DE LA TABLE DES MATIÈRES.

1-09. — Saint-Germain-lès-Corbeil. Imp. F. LEROY.